⌐ 전면 개정증보판 ⌐

거침없이 빠져드는 성경 테마 여행

거침없이 빠져드는 성경 테마 여행

저자 김창대

초판 1쇄 발행 2009. 10. 23.
개정판 1쇄 발행 2014. 12. 3.
개정증보판 1쇄 발행 2020. 12. 17.

발행처 도서출판 브니엘
발행인 권혁선

등록번호 서울 제2006-50호
등록일자 2006. 9. 11.

서울특별시 송파구 백제고분로28길 25 B101호 (05590)
마케팅부 02)421-3436
편집부 02)421-3487
팩시밀리 02)421-3438

ISBN 979-11-90308-36-6 03230

독자의견 02)421-3487
이메일 editorkhs@empal.com

북카페 주소 cafe.naver.com/penielpub.cafe
인스타그램 @peniel_books

도서출판 브니엘은 독자들의 책에 관한 아이디어나 원고를 설레는 마음으로 기다리고
있습니다. 책으로 엮기를 원하는 아이디어가 있으신 분은 위의 이메일로 간단한 개요와
취지, 연락처 등을 보내주십시오. 머뭇거리지 말고 문을 두드리세요. 길이 열립니다.

도서출판 브니엘은 갓구운 빵처럼 항상 신선한 책만을 고집합니다.

[125가지 테마와 함께 떠나는 바이블 이야기]

거침없이 빠져드는 성경 테마 여행

김창대 | 지음

이 책은 처음 신앙을 갖고 성경을 접하는 사람들로부터 어느 정도 수준 있는 성경 지식을 가진 성도들까지 그 대상을 넓혀 쓴 책이다. 그러다 보니 약간의 혼란과 시행착오도 있을 수 있다. 하지만 최대한 성경 말씀을 쉽게 이해할 수 있도록 하면서 동시에 구약과 신약을 전체적인 동일 선상에서 바라볼 수 있도록 노력했다.

이 책에서 지적했듯이 구약은 지리적으로, 그리고 시기적으로 동떨어진 과거의 이스라엘을 위한 책만은 아니다. 그것은 하나님이 역사 속에서 이스라엘 백성과 동행하시면서 인간에게 원하시는 것이 무엇이고, 인간은 그 하나님의 기준에 맞춰 어떻게 살아야 하는지 세대를 초월해서 계시하신 말씀이다. 더욱이 구약의 말씀은 신약에 와서 예수 그리스도를 통해 유기적인 진전 속에 더욱 뚜렷하게 드러났기 때문에 구약은 신약의 빛 아래에서 해석되어져야 한다.

그렇다고 신약이 구약보다 우월하다는 뜻은 아니다. 사실 신약의 말씀을 정확하게 이해하기 위해서는 그와 관련된 구약 말씀의 조명은 필수적이다. 예수 그리스도의 대속의 의미를 알기 위해서는 구약에서 언급된 제사들이 갖는 함의(含意)가 무엇인지 알아야 하기 때문이다. 이런 점에서 성경 말씀을 이해하기 위해서는 구약과 신약의 상호보완적인 관계 속에서 읽으려는 노력이 필요하다.

이 책은 이러한 요구에 부응하기 위해서 구약에서 신약까지 성경 말씀을 125가지 테마로 선별하여 설명하면서, 거기서 나오는 신학적인 통찰들이 어떻게 성경 전체의 시각에서 풍성한 의미를 갖는지 독자들이 볼 수 있도록 주의를 기울였다.

성경은 하나님의 영감으로 된 말씀이기에 서로 연결점이 많다. 종교개혁자들이 주장했듯 성경을 성경으로 해석하려는 노력은 바로 성경이 하나님의 말씀으로 서로 짝을 이루고 있기 때문이다. 이러한 점을 염두에 두고 이 책을 읽는다면 성경을 읽는 독자들의 시야는 그만큼 넓어질 것이다.

끝으로 성경 신학적 훈련을 받지 않은 독자들을 위해서 성경 전체의 핵심적인 주제를 요약한다면 그것은 한마디로 '하나님 나라의 성취'이다. 구약은 처음부터 하나님 나라의 시작을 선포했다. 하지만 아담과 하와의 범죄로 말미암아 하나님 나라는 위기를 맞이하였다. 참고로 하나님 나라는 단순히 인간의 역사뿐 아니라 자연 세계를 포함한 모든 창조를 아우르는 용어이다. 하나님 나라는 하나님의 백성, 영토, 그리고 주권으로 이루어져 있다.

여기서 가장 중요한 핵심은 하나님의 백성인 인간이다. 하지만 인간은 죄를 지음으로 말미암아 하나님의 형상을 잃었고 하나님 나라의 백성으로서 지위를 잃었다. 하나님 나라의 대리 통치자의 자격을 상실하게 되는 지경에 이른 것이다. 이런 상황 후에 성경 말씀은 하나님이 어떻게 인간을 다시 하나님의 형상으로 회복시켜 구원하시고, 다시 하나님 나라를 완성하느냐에 그 초점을 맞추고 있다.

여기서 하나님 나라의 완성은 단순히 인간을 회복시켜 구원하는 일뿐만 아니라 자연의 회복도 포함된다. 그렇기에 성경의 마지막 권인 요한계시록은 종말에 인간의 구원과 함께 새 하늘과 새 땅으로 끝날 것을 예언한다. 이런 성경 신학적 관점에서 구약과 신약의 주제들을 바라본다면 성경 배후에 하나님 나라의 성취 역사가 어떻게 진전되는지 흥미진진하게 바라볼 수 있을 것이다. 아무쪼록 이 책이 신앙의 순례길에 있는 성도들에게 성경을 통전적으로 이해하고 하나님 말씀의 오묘함을 더욱 깊이 체험할 수 있는 기회가 되었으면 하는 바람이다.

글쓴이 김창대

C·O·N·T·E·N·T·S
차 례

성경에 관한
재미있는 상식 여행

- 성경의 저자는 누구인가
- 성경이 쓰인 연대는 언제인가
- 성경은 어떻게 기록, 보존되었는가
- 성경이 현대어로 번역되어 온 과정
- 성경이 한글로 번역되어 온 과정

이것만은 알고 성경을 읽자

[성경의 저자는 누구인가]

성경의 실질적인 저자는 하나님이시다. 하나님은 성경의 많은 저자에게 성령의 영감을 통해 하나님의 말씀을 대언하도록 하셨기 때문이다. 편의상 구약과 신약을 분리해서 성경의 저자에 대해 살펴보기로 하자. 구약을 기록한 모세나 선지자들은 그들이 하나님의 명령과 계명을 기록하기 전에 그들의 말이 하나님의 말씀임을 서두에서 항상 언급하고 있다. "여호와께서 모세에게 이르시되 너는 이 말들을 기록하라. 내가 이 말들의 뜻대로 너와 이스라엘과 언약을 세웠음이니라 하시니라"(출 34:27).

모세는 자신의 기록이 하나님의 말씀이며, 따라서 하나님을 대언하여 기록한 것이라고 밝힌다. 혹자는 모세시대에 히브리어 문자가 발명되지 않았기 때문에 모세가 하나님의 말씀을 기록했다는 말은 허구라고 주장한다. 그러나 고고학적 연구를 통해 그런 주장은 설득력이 없다는 것이 증명되었다. 왜냐하면 모세시대 당시에 히브리 언어가 존재했다는 것이 밝혀졌기 때문이다. 모세의 기록 중에는 구전을 통해서 오랫동안 내려오는 내용들이 있다(창세기 족장들의 기록들). 그러나 그것은 오류 없이 전승되어 왔고 모세는 구전으로 내려오는 하나님의 말씀을 대신해서 기록한 것이다.

모세의 글에는 모세 이전에 내려오는 내용들도 포함되어 있다. 하지만 그 내용들은 하나님의 계시의 말씀으로 전승되어 온 것이기 때문에 모두 하나님의 말씀이다. 모세가 쓴 모세오경의 마지막 권인 신명기를 보면 모세가 죽은 이후의 모습을 기록하고 있다. 이러한 기록을 통해서 혹자는 모세의 글이 하나님의 말씀이 아니라 인간의 기록이라고 주장하기도 한다. 그러나 우리가 당시의 관례를 참고한다면 충분히 그러한 현상을 이해할 수 있다. 당시 고대 근동아시아의 기록의 관례에서는 그 기록에 덧붙여 기록자의 죽음을 제3자가 첨가하여 덧붙이는 관습이 있었다. 또한 선지서의 경우도 마찬가지다. "주 여호와께서는 자기의 비밀을 그 종 선지자들에게 보이지 아니하시고는 결코 행하심이 없으시리라"(암 3:7).

구약이 하나님의 말씀이라는 것은 예수님의 증거에서 더욱 확실해진다. 예수님은 구약성경을 하나님의 말씀으로 자주 인용하셨다. "내가 율법이나 선지자를 폐하러 온 줄로 생각하지 말라. 폐하러 온 것이 아니요 완전하게 하려 함이라"(마 5:17).

혹자는 이 말씀을 가지고 율법서인 모세오경과 선지서는 하나님의 말씀으로 예수님이 인정하셨지만 시편이나 욥기, 잠언, 전도서 같은 시가서는 하나님의 말씀으로 권위를 인정하지 않으셨다고 주장한다. 그러나 이것은 잘못이다. "성경은 폐하지 못하나니 하나님의 말씀을 받은 사람들을 신이라 하셨거든"(요 10:35). 여기서 예수님은 시편 82편의 말씀을 인용하심으로써 시편을 포함한 시가서(잠언, 욥기, 전도서, 아가서)도 하나님의 말씀에 포함됨을 암시하셨다.

신약의 경우도 사도들은 자신들의 기록을 자신들의 말이 아닌, 하나님의 말씀을 대언해서 기록한 것이라고 증거한다. 특별히 예수님은 복음서 기록자를 포함한 제자들에게 성령을 통해 바른 진리로 그들을 인도하고 자신의 말을 생각나게 하실 것이라고 친히 약속하셨다. "그러나 진리의 성령이 오시면 그가 너희를 모든 진리 가운데로 인도하시리니"(요 16:13).

신약성경의 대부분을 기록한 사도 바울도 자신의 글이 하나님의 계시에서 유래되었음을 밝히고 있다. "이는 내가 사람에게서 받은 것도 아니요 배운 것도 아니요 오직 예수 그리스도의 계시로 말미암은 것이라"(갈 1:12). 이러한 성경 자체의 내증을 통해 성경은 여러 사람을 통해 기록되었지만 성령의 영감으로 하나님의 말씀을 대언한 것이기에 성경의 저자는 궁극적으로 하나님임을 알 수 있다. 수십 명의 사람들을 통해서 기록된 성경의 내용이 하나님의 품성과 사역에 대해서 서로 모순되지 않고 일치된 증언을 한다는 사실은, 성경의 기록이 하나님 한 분의 역사를 통해서 기록되었다는 확실한 증거이다.

[성경이 쓰인 연대는 언제인가]

성경은 여러 시대에 걸쳐 기록된 하나님의 말씀이기에 성경의 각 권을 분리해서 그 연대를 생각하는 것이 바람직하다. 먼저 모세오경을 살펴보기로 하자. 진보적인 사람들은 모세오경의 기록이 모세에 기인된 것이 아니라 후대의 여러 집필가에 의해서 기록된 것이라고 주장하기도 한다. 그러나 그러한 주장은 고고학적 발견과 모세오경의 문학구조 분석을 통해 점차 잘못임이 증명되었다.

1929년 지중해 북동부 끝에서 고대 우가릿 비문을 발견함으로써 주전 1200년 전으로 추정되는 가나안 언어에 대한 새로운 정보를 갖게 되었다. 가나안어는 히브리어와 함께 셈족어로 같은 북서부계열에 속한 서로 유사점이 많은 언어이다. 따라서 이 정보는 히브리어에 대한 새로운 이해를 얻게 해주었다.

이 비문의 발견은 시편과 지혜문헌의 많은 단어와 구(句)가 기본적으로 가나안어와 유사하다는 점을 보여주었다. 그리고 이 언어와 구약 언어의 병행구와 시적구조의 유사성을 통해 모세오경에 나오는 미리암의 노래(출 15장), 발람의 신탁(출 22-24장), 야곱의 축복(창 49장), 그리고 모세의 노래(신 33장)가 고대 언어에서 비롯된 것임이 증명되었다.

이러한 고고학적 발견과 고대 히타이트 조약문서와 모세의 언약문서 사이에 유사성을 근거로 모세오경의 기록이 후대의 기록이 아니라 주전 1400년경 모세시대에 모세가 쓴 글임을 알 수 있다.

모세오경 외에 역사서와 선지서는 서로 차이는 있지만 대체로 왕국시대 이후 바벨론 포로기(주전 6세기경)의 전후기에 쓰였다. 그 외에 나머지 시편, 잠언, 전도서, 아가서 등 성문서가 정경으로 성경 안에 들어 온 것은 포로기 이후이지만 이전에 이미 팔레스타인에서 독자적으로 존재해 있었다. 신약 안에 들어 온 정경들은 초대 교부들의 증거들을 통해 그 기록들은 예수님이 부활하신 이후 주후 1세기 안에 모두 이루어졌다.

[성경은 어떻게 기록, 보존되었는가]

구약의 경우 고대에는 종이 기술과 인쇄술이 발달하지 않았기 때문에 성경의 기록은 주로 양피지를 통해서 이루어졌다. 그러나 그것들은 영구적이지 못하기에 기록을 영원히 후세대에 보존하기 위해서는 필사자들의 필사가 필요했다.

필사를 통해 성경의 기록과 보존을 담당한 사람들이 바로 서기관들이다. 서기관이란 히브리어로 '소페림'이다. 소페림이란 '세다' 라는 동사에서 나온 말로써 이들 서기관들의 특징을 잘 보여준다. 서기관은 성경을 기록하고 보존하기 위해서 기존의 성경을 필사하였다. 그런데 필사를 한 후 필사가 제대로 되었는지 확실하게 하기 위해서 필사본 본문의 문자, 단어, 절의 수를 세었던 것이다. 그래서 사람들은 그들을 소페림이라고 불렀다. 그렇게 해서 그들은 빠뜨린 문자나 단어를 미연에 방지했고 원본의 성경을 그대도 보존하는 데 많은 노력을 기울였다.

후대로 가면서 성경의 보존을 위해 서기관의 전통을 따르면서 그들보다 더욱 세심한 관심과 노력을 기울였던 사람들이 등장한다. 그들이 바로 마소라 학자들이다. 오늘날 우리가 간직하고 있는 히브리어 구약 성경은 이들 마소라 학자들이 보존한 히브리어 사본에 근거한 것이다. '마소라' 란 본문을 필사하면서 본문 스펠링의 수많은 차이점을 세밀하게 체크하기 위해 옆에다 달았던 일종의 난외주를 말한다. 마소라 학자란 그러한 주를 만들어 성경 말씀을 정확하게, 그리고 조심스럽게 읽을 수 있도록 발전시킨 사람들을 지칭한다. 이러한 마소라 학자들에 의해 계승된 히브리어 사본의 계열을 마소라 사본이라고 말한다.

마소라 학자들은 주로 주후 7~11세기에 본격적으로 활동하며 마소라 본문(마소라의 주를 단 히브리어 사본)을 완성시켰다. 이들은 한마디로 고대 서기관의 전통을 계승하여 고대 사본(원 마소라사본, 대략 주전 4세기경)을 충실히 보존하고 필사했다. 마소라 사본은 마소라 학자들이 필사하면서 보여주었던 노력 때문에 오늘날 믿을 수 있는 사본으로 인정받고 있다. 앞에서 말한 것처럼 현대인이 쓰는 구약 히브리 성경은 이 마소라 계통의 사본(특별히 주후 11세기에 필사된 레닌그라드 사본)을 기초로 하고 있다. 결국 성경은 이러한 서기관과 마소라 학자와 같은 성경 필사자들의 세심한 노력 때문에 원본과 거의 완벽하게 기록되고 보존되었다.

오늘날 우리가 갖고 있는 히브리어 사본의 완벽성은 1948년 쿰란 동굴에서 사해 사본을 발견함으로써 더욱 입증되었다. 이 사해 사본들은 주전 2세기에 작성된 구약 사본들인데 놀랍게도 히브리어 사본과 거의 차이가 없었다.

신약의 기록과 보존도 구약과 같은 세심한 노력에 의해서 이루어졌

쿰람의 유적지. 1948년에 쿰란 동굴에서 사해 사본이 발견됨으로써 오늘날 우리가 갖고 있는 히브리어 사본의 완벽성이 더욱 입증되었다. 위의 항아리는 쿰란에서 발견된 항아리다. 1947년에 이르러 사해 부근 쿰란 동굴 열한 곳에서 봉인된 항아리 속에 보존된 양피지 두루마리들을 발견했다. 박스 안의 두루마리는 쿰란 유적지에서 발견한 이사야서(1세기 후반)이다.

다. 신약의 경우도 인쇄술이 발달되지 않았기 때문에 구약처럼 필사자들에 의해서 필사되어 보존되었다. 신약이 최초로 기록된 이후로 여러 갈래의 필사본이 나오게 되었다. 그러나 기독교가 로마의 정식 국교가 되면서 신약의 필사작업은 국가적인 지원을 받게 되었다. 이러한 지원으로 깔끔한 언셜체(4-8세기 둥근 대문자 필사체)로 쓴 바티칸 사본과 시내 사본이 나왔다.

　당시에는 있었던 여러 갈래의 필사본 중에서 로마의 국가교회는 안디옥 계열의 교정본을 중심으로 좀 더 발전된 교정본을 만들고 필사했다. 이 교정본은 일명 수리아판, 또는 비잔틴판, 콘스탄티노플판이라고 불렸다. 9세기에 오면서 언셜체는 작은 초서체 헬라어 문자로 바뀌게 된다. 그 후 필사된 사본의 수는 중세 13세기에 와서 최고조에 이르렀다. 하지만 중세 서방교회에서는 신약성경의 헬라어 원문이 별로 알려지지 않았다. 오직 라틴어 성경만이 권위 있는 성경으로 인정받았다. 그러므로 신약의 헬라어 원문의 필사본은 주로 동방교회를 중심으로 보존되었다.

[성경의 형성 과정은 어떠한가]

모세오경 다음으로 여호수아, 사사기, 사무엘, 열왕기라는 역사서가 있다. 이 역사서들은 초기 선지서라고도 불린다. 역사서는 일반적으로 신명기의 율법적 관점에서 쓰였다. 그래서 율법대로 살면 하나님의 축복을 받지만 율법을 어기면 하나님의 저주가 임한다는 율법주의적 사관을 갖고 있다. 역사서는 연대로 따지면 여호수아의 정복 시작(주전 1400년경)으로부터 포로기까지(주전 6세기)로서 많은 역사적 사실과 함께 역사를 통해 주어진 하나님의 말씀을 기록했다.

그렇다면 이 역사서들의 최종적인 형태는 언제 이루어졌을까? 열왕기하의 마지막 부분을 보면 바벨론 포로기에 유다 왕 여호야긴이 옥에서 풀려 나오는 사실을 볼 수 있다. 그러므로 특별히 사무엘, 열왕기가 지금의 정경 형태로 완성된 것은 주전 6세기경 포로기로 생각할 수 있다. 그 외 선지서들은 포로기를 전후로 해서 다양한 선지자들에 의해

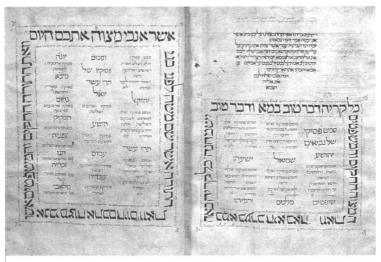
13세기 히브리 성경의 목차인 위 도표에는 성경을 구성하는 책 24권의 제목이 적혀 있다.

서 쓰였고, 이들이 포로 후에 정경으로 들어왔다고 여겨진다.

성경의 각 권이 정경으로 들어온 순서는 율법서가 먼저이고, 그다음으로 역사서를 포함한 선지서이다. 그러면 나머지 부분은 언제 쓰였고 언제 정경으로 인정되었을까? 누가복음 24장 44절은 성경이라는 정경이 어떤 순서로 형성되었는지에 대한 실마리를 제공한다. "모세의 율법과 선지자의 글과 시편." 예수님도 구약성경을 이와 같이 세 부분으로 나누어 설명하셨다. 이 예수님의 말씀을 통해서 학자들은 시편은 율법서와 선지서(여기에는 앞에서 언급한 역사서를 포함함) 다음으로 정경 속에 들어 왔다고 본다.

실제로 모든 책이 정경으로 지금의 성경 안에 들어온 것은 아니다. 어느 책이 정경이냐 하는 것은 에스라와 느헤미야시대에 팔레스타인 유대교를 대표하는 회당의 서기관들과 그들의 전통을 따르는 사람들에 의해 그 기준이 정해졌다. 율법서와 선지서를 제외한 나머지 부분들은 유대인들에 의해 소위 '성문서'라고 불렸다. 이 성문서에는 시편, 잠언, 전도서, 아가서, 예레미야애가, 역대기, 에스라, 느헤미야, 룻기, 에스더 등이 포함되어 있다. 물론 이 성문서의 많은 내용은 포로 이전의 시대에 기록된 것들이다. 그리고 시편의 경우는 포로 이후에도 많은 시편이 작성되어 추가되었다.

성문서는 포로 이후 독립적으로 전승해 오다가 정통 유대교에 의해서 정경으로 인정되어 성경 안에 율법서와 선지서와 함께 들어온 것이다. 성문서에 있는 역대기의 경우는 에스라서, 느헤미야서와 함께 한권으로 묶여져 있었다. 정경에 들어오지 못한 다른 문서들이 바로 '외경' 또는 '위경'이다.

학자들은 주후 90년경 얌니아회의에서 최종적으로 랍비들에 의해 구약성경이 공식 인준을 받아 정경화되었다고 보고 있다. 오늘날 개신교는 그 정통 유대교가 정경으로 인정한 구약만을 하나님의 말씀으로 취하고 있다. 반면 로마 가톨릭은 팔레스타인 유대인들이 정한 구약의 정경 외에 다른 외경을 첨가해서 성경으로 받아들이고 있다. 대표적인 것으로 마카비서나 토빗서 등이 있다.

신약의 형성은 예수 그리스도의 부활 이후 예수님의 말씀을 기록해야 된다는 필요성과 흩어진 교회에 성령의 영감으로 권면의 필요성을 느끼면서 시작되었다. 시간이 지나면서 그러한 저작물 중에 구약의 권위와 같은 성경의 권위를 부여받게 되었다. 여기서 어떤 책을 정경으로 인정하는 기준은 성령의 영감성, 사도성, 그리고 얼마나 많이 읽히느냐는 것이었다.

대체로 현재의 복음서가 정경으로 인정된 것은 주후 2세기 후반에 이루어졌다. 이에 반해 신약의 다른 책들은 복음서보다 더 빨리 정경으로 인정되었다. 특별히 바울 서신의 경우는 주후 1세기 말경부터 다른 구약과 같은 성경의 권위를 인정받기 시작했다.

[성경의 정경과 외경의 구분은]

외경이란 정경에 속하지 않은 유대인 저작물로서 성경으로 인정되지는 않지만 개인적으로 연구할 가치가 있다고 평가되는 유대 문헌이다. 이 외경은 로마 가톨릭에서는 16세기에 성경 안에 포함시켰지만 개신교에서는 인정하지 않는다. 외경을 소개하면 다음과 같다.

에스드라1서(1 Esdras)는 역대기와 에스라서, 느헤미야서에 수록된 일부 사건들을 기록하고 있는데 여기에 세 젊은이의 논쟁(3:1-5:6) 부분이 첨가되었다. 이 세 젊은이의 논쟁 이야기는 다리오 왕의 한 경호원이 포도주와 여인과 진리 중 가장 강한 것이 무엇인지 논쟁을 벌인 후에 왕에게 성전 재건의 의무를 상기시킨다는 내용이다.

에스드라2서(2 Esdras)는 에스라4서로서도 알려져 있으며, 유대 묵시 묵학적 내용에 기독교적 관점의 보충기록이 첨가되어 있다. 이 책에는 일곱 환상이 나온다. 이 환상들은 주로 이스라엘의 고난을 다루면서 장차 도래할 새 시대를 열망하는 내용을 담고 있다.

토빗서(Tobit)는 이스라엘 북왕국의 포로기간 중에 경건한 히브리인 토빗과 그의 아들 토비아스에게 일어난 이야기다. 토빗은 유배지에서도 유대 율법을 철저히 지킨다는 이유로 핍박을 받았으며, 우연히 실명하게 된 후 그의 아들 토비아스가 구해 온 물고기의 쓸개즙으로 시력을 회복한다는 내용이다.

유딧서(judith)는 느부갓네살의 수장인 홀로페르네스를 유혹하여 목을 자른 용감한 유대 과부에 관한 이야기로, 그녀가 홀로페르네스를 처단한 후 그의 군대가 포위망을 풀고 퇴각했다고 기록하고 있다. 그러나 이 이야기는 허구이다.

에스더 첨가서(Additions to Esther)는 에스더서의 내용 중 여섯 부분을 윤색하여 옮긴 책이다.

솔로몬의 지혜서(The Wisdom of Solomon)는 유대 지혜 문학서들 중 백미로 꼽히며, 헬라사상의 영향으로 형식과 구성이 뛰어난 면모를 보인다. 이 책은 지혜를 천상적인 존재로 인격화시키면서 그것을 찾도록 권면한다.

집회서(Ecclesiasticus)는 요수아 벤-시라(혹은 예수벤-시락)의 지혜서라고 하는데, 요수아는 기원전 180년경 예루살렘에 살았던 팔레스타인 사람이다. 이 책에는 여호와를 경외하는 것과 율법을 준수하는 것을 실제 삶의 지혜와 연결시키면서 어떻게 하면 성공적인 삶을 살 수 있는지에 대한 조언이 담겨 있다.

바룩서(Baruch)는 예레미야의 친구인 서기관에 의해 쓰인 것으로 알려져 있다. 그러나 일반적으로 학자들은 여러 사람이 쓴 혼합 저작물로 본다. 바벨론 포로민들을 염두하며 쓴 책으로서 예루살렘의 멸망을 애도한다.

외경의 지혜서 표지. 외경의 지혜서는 '솔로몬의 지혜'로 불리
기도 하지만 실제로는 그의 사후 수세기 뒤에 저술되었을 것
으로 추정한다.

예레미야 서신(The letter of Jeremiah)은 바벨론 포로민들에게
보내는 편지 형식이라는 점에서 예레미야 29장과 유사하며 우상 숭배
를 질타하고 있다.

아사랴의 기도(The Prayer of Azariah) 및 세 젊은이의 노래(Song
of the Three Holy Children)는 다니엘서에 나오는 풀무불 속에서 행
해진 기도와 찬양을 담고 있다. 특히 세 젊은이의 노래는 기독교 예배
에서 축복 기도로 사용되었다.

므낫세의 기도(The Prayer of Manasseh)는 역대하 33장 10절 이

하에 언급되는 기도의 구체적 내용으로 여겨진다.

마카비1, 2서(1, 2 Maccabees)는 기원전 175∼134년에 해당하는 역사를 담고 있는 역사서로서 하스몬 왕조의 전쟁과 요한 히르카누스의 통치 등을 수록하고 있다. 이 두 책에서는 불일치하는 내용들이 발견되었는데, 대체로 마카비1서가 좀 더 믿을 만한 것으로 여겨진다. 마카비 2서는 구레네 사람 야손의 역사서에서 많은 부분을 인용하고 있다.

정경과 외경에도 포함되지 않은 유대인의 저작을 위경이라고 한다. 위경은 예수님이 오신 당시의 유대적 배경을 보여준다는 점에서 가치가 있지만 많은 부분이 위조되었다. 위경에는 솔로몬의 시편(주전 1세기경 출현), 12족장들의 유언집, 에티오피아의 에녹서, 제2에녹서, 희년서, 아리스테아스의 서신 등이 있다.

[이스라엘 역사와 같은 구약이
하나님의 말씀으로 기록된 이유는]

성경에서 구약의 하나님 말씀은 다른 종교의 경전처럼 명제적 진리로 주어지지 않는다. 성경은 하나님과 인간과 이웃에 대해서 규범적 진리를 직접적으로 가르쳐주기보다는 이스라엘의 역사를 통해 구체적으로 이스라엘에게 하나님이 어떻게 자신의 뜻을 계시하셨는지를 말하고 있다.

그러므로 인생의 의미에 대해 하나님의 직접적인 가르침을 찾고자 무심코 성경을 펼친 사람들은 당황하지 않을 수 없다. 물론 예외는 있지만(십계명) 성경은 그런 물음에 대해 직접적으로 시원하게 말하지 않는다. 대신 우리와는 상관없고 시간적으로, 공간적으로 멀리 떨어진 작은 나라 이스라엘 민족의 역사에 많은 부분을 할애하고 있다. 그러면 이스라엘의 역사가 하나님과 인간에 대한 이해를 돕는 데 얼마나 도움을 줄 수 있는가?

이스라엘 역사가 하나님에 대한 진리를 보여주는 데 도움이 될 수 있다고 인정하는 사람들 중에도, 역사를 통해 하나님과 인간에 대한 진리를 얻는 것은 직접적인 진술보다 많은 제약이 따르고, 설령 무엇을 얻는다고 해도 불충분할 것이라고 쉽게 가정하는 사람들이 있다. 그러나 결론적으로 말해서 하나님이 이스라엘의 역사를 통해 자신의 말씀을 주신 것은 우리 인간에게는 큰 축복이고 큰 유익이다. 이제 역사를 통해서 하나님의 계시가 왜 유익이며 축복인지 살펴보기로 하자.

역사학자 에드워드 기번(Edward Gibbon)은 로마제국의 쇠퇴와 멸망의 특징을 다음과 같이 말했다. "쇼와 사치(즉 풍요)에 대한 고조되는 애호, 아주 부유한 자와 아주 가난한 자 사이에 넓어져가는 간격(빈부 격차), 성에 대한 집착, 예술에서 독창성으로 가장된 기형성, 창조성을 가장한 열정주의, 국가를 떠나려하는 욕구의 증대가 로마제국의 쇠퇴 특징이다."

이러한 특징은 우리나라 삼국시대에 백제의 멸망 모습과 너무나 유사하다. 역사의 흐름에서 국가들의 멸망을 보면 왜 이렇게 유사한가? 왜 국가의 지배계급들이 쇼와 사치로 치닫게 되었을 때 나라가 망하는가? 물론 이러한 이유에 대해 어느 정도 사회적, 경제적 해답을 찾을 수도 있다. 그러나 근본적으로 역사의 흐름에서 우리가 항상 같은 교훈을 반복하여 얻는다는 것은 어떤 사회학적 모델이나 우연에서 그 이유를 찾기보다는 역사 배후에 하나님의 섭리가 있다고 보는 것이 더 설득력이 있다. 이런 점에서 역사라는 매개체는 우리로 하여금 하나님의 섭리를 깨닫게 하는 데 큰 도움을 주는 산 교육장이다. 실로 역사를 통한 하나님의 말씀은 역사가 인간 삶의 현장이기 때문에 다른 어떤 것보다 확실한 실물 교훈이 된다.

또한 이스라엘 역사를 통해 구체적으로 하나님의 말씀이 주어진 것은 역사의 장점을 살려서 사람들로 하여금 하나님으로부터 오는 진리와 교훈을 더욱더 분명하게 기억하도록 해준다. 역사를 통해 하나님의 말씀이 주어지고 하나님의 계시가 주어진 것은 하나님에 대한 추상적 진술보다 더욱 하나님의 뜻을 분명하게 보여주는 장점이 있다. 하나님에 대한 추상적, 명제적 진술은 언뜻 매우 심오하고 깊은 것처럼 보인다. 그러나 과연 우리가 그러한 진술을 통해 하나님을 올바로 이해할수 있는가는 또 다른 문제이다. 하나님을 정의할 때 인간의 한계로 추상적인 개념을 사용하게 되면, 결국 우리는 하나님에 대해 막연한 관념만을 가질 수밖에 없다. 그래서 구체적으로 하나님이 어떤 존재이며 어떠한 영향을 주는지가 모호해지게 된다.

그러나 인간의 역사를 통해서 인간과 동행하시는 하나님의 모습과 그런 모습 속에서 주어지는 말씀은 하나님에 대한 추상적인 진술이 아니기에 더 이해하기 쉽고 더욱 명료해진다. 그래서 보다 더 명확하고 구체적, 객관적인 이해를 가져다준다. 예를 들어 하나님에 대한 추상적인 진술은 하나님의 사랑과 관련할 때 너무 막연하기 때문에 하나님의 사랑이 구체적으로 어떤 사랑인지 인간 편에서 헤아리기가 쉽지 않다.

그러나 역사를 통해 인간생활에 간섭하시고 구원을 베푸시는 하나님의 모습은 하나님의 사랑을 더 객관적으로 잘 보여준다.

마지막으로 역사를 통한 하나님의 말씀은 하나님은 역사의 주관자이시며 세상 역사는 하나님의 섭리와 목적을 향해 움직인다는 사실을 보여준다. 그러므로 우리로 하여금 역사 배후에 있는 하나님의 뜻과 하나님의 계획(구속)을 발견하도록 깨닫게 해준다.

이스라엘의 역사를 다룬 구약은 신약과 비교해서 가치가 떨어져 보인다. 신약은 원수까지도 사랑하라고 하는데 구약에서는 전쟁과 싸움이 빈번히 하나님의 이름으로 이루어지고 있기 때문이다. 그리고 구약의 내용은 지리적으로 이스라엘 사람들을 위한 기록이고 시대적으로 과거여서 오늘날과 맞지 않는 부분이 너무나 많다. 그래서 초대교회 이단자 중에 말시온은 구약을 성경으로 받아들이기를 거부했다. 그러나 구약의 말씀과 예언이 여전히 우리를 위해 있기 때문에 바울은 구약의 소중함을 다음과 같이 강조했다. "무엇이든지 전에 기록된 바는 우리의 교훈을 위하여 기록된 것이니 우리로 하여금 인내로 또는 성경의 위로로 소망을 가지게 함이니라"(롬 15:4).

요약컨대 구약은 신약을 위한 그림자이다. 그러므로 이스라엘의 역사를 다룬 구약에서 우리는 하나님 뜻의 원리를 찾을 수 있다. 그리고 이스라엘 민족은 오늘날 하나님의 백성인 그리스도인들의 예표로 이해될 수 있다. 성경을 읽는 바른 태도는 구약을 신약의 빛에서 보면서 동시에 신약은 구약의 빛 안에서 읽는 것이다.

[성경이 현대어로 번역되어 온 과정]

구약은 히브리어, 신약은 헬라어로 기록되어 있다. 물론 구약이 오직 히브리어로만 기록되어 있는 것은 아니다. 에스라서, 다니엘서, 그리고 예레미야서 일부분은 아람어로 기록되어 있다. 아람어는 아시리아제국 당시 국제외교의 통용어로 사용된 언어로서 그 영향이 성경에 들어온 것이다.

성경이 현대어로 번역되어 오기 전에 고대 성경 번역의 역사를 추적해 볼 필요가 있다. 먼저 구약의 고대 번역을 살펴보기로 하자. 이스라엘 백성들은 바벨론 포로 이후 외국으로 흩어져서 살게 되었는데, 이들이 바로 디아스포라 유대인들이다. 이들이 외국에서 헬라문화의 지배를 받게 되면서 모국어를 모르고 헬라어를 사용하는 후세대인들이 등장했다. 따라서 이들이 이해할 수 있는 헬라어 번역본이 필요했다. 그 결과로 70인역(Septuagint)이 출연했다. 이 번역은 주전 2세기경에 이루어졌다. 또한 유대인들의 통용어인 아람어로 구약을 번역하게 되었는데, 그것이 주후 2세기 초반에 팔레스타인에서 등장한 아람어 탈굼이다.

주후 2세기 후반에 헬라어로 된 신약이 처음 수리아어로 번역되었다. 수리아어는 아람어계열의 방언이다. 이 수리아 번역본은 발전되어 5세기경에 수리아어로 된 페쉬타 성경이 나왔다. 또한 2세기에 신약이 라틴어로 번역되었다. 하지만 구체적으로 그 번역자가 누군지는 알려지지 않았다.

주후 4세기에 교황의 위임을 받은 제롬은 구약과 신약을 라틴어로

성경을 라틴어로 번역한 성 제롬. 제롬은 언어에 대한 해박한 지식과 문학적 자질로 번역에서 독특한 재능을 보여주었다. '불가타 역'이라고 부르는 그의 번역 덕분에 라틴어권의 서양 세계는 서구 문화의 중요한 토대의 일부를 그에게 빚진 셈이 되었다.

번역하였다. 그 후 그의 라틴어 번역본은 중세교회에 공식적인 성경이 되었다. 그의 번역본을 불가타라고 하는데 '불가타'란 라틴어로 '공통된'이라는 뜻이다.

성경은 중세시대에 다시 약 33개 어로 번역되었다. 그중에 유럽에서 22개의 언어로 번역되었다. 특별히 앵글로 색슨어로 처음 번역된 것은 주후 7세기의 일이었다. 그러나 이것은 고대영어로 부분적인 번역이었다. 윌리엄 1세가 영국을 정복하여(1066년) 영어에 많은 불어 단어가 차용되었고, 중세 영어시대를 맞이하면서 위클리프는 14세기에 중세 영어로 성경 전체를 처음으로 완역하였다. 그 후 틴데일과 코버데

구텐베르크 성경. 1455년 완성된 소위 구텐베르크 성경은 그 연대가 인쇄술의 역사에서는 중요한 의미일 수 있어도 성경의 역사에서는 그리 큰 사건이 되지 못한다. 기존의 판본을 그대로 인쇄한 것에 지나지 않기 때문이다.

일, 토마스 마태 등에 의해 번역이 이루어졌고, 틴데일 번역본, 코버데일 성경, 마태 성경, 제네바 성경 등의 영어성경이 출현했다.

그러나 영어성경 번역에 큰 이정표를 세운 번역본은 제임스 1세의 명령에 의해 표준성경으로 만들어진 킹 제임스판 영어성경이었다 (KJV, 1611년). 이 킹 제임스판 성경에는 원래 구약의 외경도 포함되어 있었다. 그 후 킹 제임스판 성경은 2세기 반 동안 독보적인 위치를 차지했다. 그러나 언어의 변천과 원어 성경의 연구로 이 성경도 다시 개정되어야 했다. 오늘날 영어성경은 개역 표준성경(The Revised Standard Version)과 NASB(New American Standard Bible), NIV(New

International Version), NEB(New English Bible) 등이 있다.

독일어 번역은 루터 이전에도 있었지만 성경원어에서 직접 성경 전체를 현대 독일어로 번역한 사람은 루터였다(1534년). 19세기에 선교의 관심과 함께 성경은 더 많은 언어로 번역되었다. 중국어 성경 완역본이 1823년 로버트 모리슨에 의해서 이루어졌고, 일본의 경우는 1879년 사무엘 브라운에 의해서 신약이 일본어로 번역되었다. 한국의 경우는 1887년 존 로스에 의해서 신약이 한글로 번역되었다.

성경 번역은 앞으로도 계속 진행될 것이다. 왜냐하면 언어가 세월에 따라 변하고 원문에 대한 성경 연구가 계속 발전하며, 더군다나 어떤 번역도 원어에 완벽할 수가 없기 때문이다. 한때 킹 제임스판이 오랫동안 표준성경으로 군림하였으나 시대가 지나면서 결국 그 성경도 개정되어야 했다. 성경은 고대의 문헌이 아니라 현재를 살아가는 이들을 위한 생동감 있는 하나님의 말씀이다. 따라서 말씀이 살아 움직이도록 번역 작업을 위한 끊임없는 노력은 필연적인 것이라고 하지 않을 수 없다.

〔 성경이 한글로 번역되어 온 과정 〕

한글 성경 번역은 1877년 만주 선교사 로스가 어학교사 이응찬과 함께 본격적으로 시작했다. 로스는 원래 스코틀랜드 연합장로교에 의해 1872년 중국 만주에 영구로 파송된 선교사였다. 중국에 온 로스는 마음이 바뀌어 한국 선교에 관심을 가지면서 어학교사 이응찬을 만나게 되었던 것이다. 로스는 이응찬과 함께 번역을 시작했는데,

뒤이어 이응찬의 소개로 김진기를 비롯한 의주청년들이 번역에 가담하게 되었다. 결국 로스는 1887년까지 신약을 번역하여 한국 최초로 「예수성교전서」라는 신약 완역본을 출판하게 되었다(1887년). 로스본이라고 불리는 이 성경 번역본은 그 후 1890년대까지 한국교회 출발과 형성에 큰 영향을 미쳤다.

한편 1882년에 임오군란의 뒤처리를 위해 박영효 일행이 일본에 수신사로 갈 때 수행했던 이수정은 일본으로 건너가서 1883년 미국인 선교사 낙스(Knox)로부터 세례를 받았다. 그 후 그는 미국성서공회의 지원을 받아 새로운 성경 번역을 시도했다. 그가 번역한 이 수정본은 「신약마가젼복음셔언해」로서 마가복음만을 한글로 번역한 것이었다(1885년). 이때까지의 번역은 국외에서 이루어졌기 때문에 시기적으로 이 기간을 국외번역기라고 한다.

본격적으로 국내 번역에 눈을 뜬 것은 1885년 선교사들이 내한하면서부터이다. 언더우드를 비롯한 한국 선교사들은 국외에서 이루어진 로스본과 이수정본의 개정과 새 번역의 필요성을 느끼기 시작했다. 마침내 선교사들은 1887년 상임성서위원회를 조직하고 이수정의 마가복음 개정본인 「마가의젼한복음셔언해」를 출간했다. 그 후 언더우드는 새로운 표준 번역본을 추진했다. 당시 아펜젤러와 스크랜턴 등은 로스본을 약간 수정하여서 계속 사용할 것을 주장했지만 언더우드는 즉각적인 새 번역을 주장했던 것이다.

결국 상임성서위원회는 1890년 6월 11일 신약의 새 번역을 위해 언더우드와 스크랜턴을 전담 번역자로 임명했다. 이 결정을 통해 국내 번역 시대가 새롭게 열리게 되었다. 그러나 이 두 사람은 도중에 미국으로 돌아감으로써 새 번역은 중단되었다. 1891년 이 두 사람은 마태복음 7장도 끝내지 못한 채 아내의 건강 때문에 미국으로 돌아갔던 것이다.

돌연한 중단으로 새 번역 사업은 난관에 부딪쳤다. 그러나 1893년 켄뮤어의 방한과 중재로 상임성서위원회는 상임성서실행위원회로 개편되고, 게일 목사가 위원으로 추천되어 새 번역이 본격적으로 시작되었다. 이 새 번역은 한국교회에게 성경 번역 외에 또 다른 의미를 주었다. 새 번역이 나옴으로써 이제 한국교회의 흐름이 로스본의 후원자였던 스코틀랜드 기독교에서 새 번역의 주체자인 미국 기독교와 미국 선교사들에게 넘어가게 되었던 것이다.

새 번역은 개정을 거쳐 1906년에 비로소 공인역본인 「신약젼서」가 나왔다. 구약은 이보다 다소 늦은 1910년에 번역이 완료되어 이듬해에 출간되었다. 이렇게 해서 번역되어 나온 신구약 합본이 바로 「구역성경」이다(1911년). 이 「구역성경」은 1938년에 다시 전면 개정되어 「개역성경」이 나오게 되었다. 이후 다시 1956년에 편집이 시작되어 1961년에 「개역한글판」이 나왔고, 몇 차례의 수정을 거쳐 1998년에 「개역개정판 성경전서」가 나오게 되었다.

이제 한글로 번연된 한글성경은 과연 성경의 원본에 얼마나 충실한가 하는 문제를 생각해보기로 하자. 결론적으로 오늘날 학자들은 한글성경을 보고 하나님의 섭리와 은혜에 감탄한다. 당시에 헬라어와 히브리어에 대한 미약한 지식에도 불구하고 번역된 한글성경은 상당히 원문에 충실하게 번역되었기 때문이다. 그러므로 여기서 우리는 한글성경 번역과정에서 하나님의 도움의 손길을 발견하게 된다.

구약 성경 분류표로 한눈에 꿰뚫기

1. 모세오경

성경	저자	기록 연대	핵심 내용
창세기	모세	BC 1446-1406년	우주의 시작과 히브리 민족의 기원
출애굽기	모세	BC 1446-1406년	히브리 민족의 출애굽과 언약
레위기	모세	BC 1446-1406년	히브리 민족 율법의 자세한 내용
민수기	모세	BC 1446-1406년	광야생활과 약속된 땅으로 나아감
신명기	모세	BC 1446-1406년	히브리 민족의 율법 종합 정리

2. 역사서

성경	저자	기록 연대	핵심 내용
여호수아	여호수아	BC 1451-1426년	이스라엘 민족의 가나안 정복
사사기	사무엘 추정	BC 1050-1000년	사사가 치리하던 그 땅에서의 300년
룻기	미상 (사무엘 추정) (다윗 왕 치세기에 기록된 것으로 추정)	BC 1010-970년	사사시대 여인 룻의 이야기
사무엘상	사무엘(1-24장), 나머지 나단과 갓	BC 1171-1017년	이스라엘에 왕이 세워지는 과정
사무엘하	나단과 갓	BC 1156-1017년	다윗 왕의 통치
열왕기상	미상 (예레미야 저작설)	BC 561-537년	솔로몬 왕 이후 유다와 이스라엘로 분열되는 과정
열왕기하	미상 (예레미야 저작설)	BC 561-537년	남유다와 북이스라엘이 멸망해가는 과정
역대상	에스라	BC 5세기 중엽 추정	다윗 왕이 다스리기까지의 과정
역대하	에스라	BC 450년경	솔로몬과 남유다 왕들의 이야기

125가지 테마와 함께 떠나는 바이블 이야기
거침없이 빠져드는 성경 테마 여행

에스라	에스라	BC 444년 이후	바벨론 포로귀환 후 성전 재건 이야기
느헤미야	느헤미야	BC 420년경	바벨론 포로귀환 후 성벽 재건 이야기
에스더	모르드개	BC 436-435년경	포로시대 에스더 왕비의 이야기

3. 시가서

욥기	욥	BC 2000년경	의인 욥의 고난과 승리 이야기
시편	다윗 외	BC 1500년에서 포로기까지	다윗 외에 여러 사람이 쓴 시 모음집
잠언	솔로몬 외	BC 950-700년경	솔로몬이 쓴 지혜의 교훈집
전도서	솔로몬	BC 935년	하나님을 떠난 인생의 허무함
아가	솔로몬	BC 970-960년경	솔로몬이 지은 남녀 간의 사랑

4. 대선지서

성경	저자	기록 연대	핵심 내용	활동 시기
이사야	이사야	BC 700-680년경	남유다 백성의 회개를 부르짖는 예언	남유다 아하스, 히스기야 왕 때
예레미야	예레미야	BC 629-586년경	예루살렘을 구하려는 마지막 노력	남유다 멸망기 : 요시야, 여호아하스, 여호야긴, 시드기야 왕 때
예레미야애가	예레미야	BC 586년	예루살렘의 멸망에 대한 비가(悲歌)	
에스겔	에스겔	BC 593-570년경	남유다에 내릴 심판과 회복에 대한 예언	포로시대 : 남유다의 여호야긴, 시드기야, 바벨론의 느브갓네살 왕 때
다니엘	다니엘	BC 530년경	이방세계와 이스라엘에 대한 예언	포로시대 : 남유다의 여호야김, 여호야긴, 시드기야 왕, 바벨론의 느브갓네살 왕, 바사의 고레스 왕 때

5. 소선지서 (연대순)

오바댜	오바댜	BC 848-841년경	에돔의 멸망과 이스라엘의 회복에 대한 예언	남유다의 여호사밧 왕
요엘	요엘	BC 830년경	미래에 있을 하나님의 심판과 영광에 대한 예언	남유다의 여호사밧 왕
요나	요나	BC 760년경	니느웨를 원하시는 하나님과 요나 이야기	북이스라엘 여로보암 2세
아모스	아모스	BC 767-745년경	범죄한 이스라엘의 심판과 회복에 대한 예언	북이스라엘 여로보암 2세
호세아	호세아	BC 755-722년경	이스라엘의 죄악에 대한 꾸짖음과 회복에 대한 예언	북이스라엘 여로보암 2세
미가	미가	BC 700년경	남유다와 북이스라엘의 심판과 회복에 관한 예언	남유다 아하스, 히스기야 왕
나훔	나훔	BC 621-612년경	니느웨의 심판에 대한 예언	남유다 요시야 왕
스바냐	스바냐	BC 640-622년경	여호와의 날에 임할 심판과 회복에 관한 예언	남유다 요시야, 여호야김 왕
하박국	하박국	BC 610년경	신앙문제의 해답에 대한 설명	남유다 여호야김 왕
학개	학개	BC 520년경	파괴된 성전을 재건하는 의미와 축복에 관하여	포로귀환 후 : 바사의 고레스 이후 다리오 1세
스가랴	스가랴	BC 520-518년 BC 480-470년경	다가올 메시아 왕국에 관한 예언	포로귀환 후 바사의 고레스 이후 다리오 1세
말라기	말라기	BC 430년경	형식적인 신앙을 고치기 위한 교훈	포로귀환 후 : 바사의 다리오 2세

- 강하롱 외 7인 공저, 「성경 100배 즐기기 _ 구약편」,(서울: 브니엘, 2017), 27-30쪽 발췌

신약 성경 분류표로 한눈에 꿰뚫기

1. 복음서

성경	저자	기록 연대	핵심 내용
마태복음	마태	AD 70-80년	유대인 / 왕으로 오신 예수님
마가복음	마가	AD 65-70년	로마인 / 종으로 오신 예수님
누가복음	누가	AD 62년경	헬라인 / 인자로 오신 예수님
요한복음	요한	AD 85-90년	세계인 / 하나님의 아들로 오신 예수

2. 역사서

사도행전	누가	AD 63년경	교회가 세워지고 전도와 선교가 이루어지는 과정

3. 바울의 일반서신서

로마서	바울	AD 58년	구원에 대해서 체계적으로 설명함 (구원론)
고린도전서	바울	AD 56년	고린도교회에 발생한 문제를 다룸
고린도후서	바울	AD 56-57년	바울의 사도권에 대한 변명
갈라디아서	바울	AD 52년	율법이 아니라 은혜로
데살로니가전서	바울	AD 52년	데살로니가 교인들에 대한 칭찬과 교훈 (종말론)
데살로니가후서	바울	AD 52년	재림에 대한 올바른 지식과 생활 (종말론)

4. 바울의 옥중서신서

에베소서	바울	AD 62-63년	그리스도 몸으로서의 교회 (교회론)
빌립보서	바울과 디모데	AD 62-63년	고난 가운데 얻는 초월적인 기쁨
골로새서	바울과 디모데	AD 62-63년	예수 그리스도의 신성과 우월성 (기독론)
빌레몬서	바울과 디모데	AD 62-63년	용서와 사랑을 부탁하는 개인적인 편지

5. 목회서신서

디모데전서	바울	AD 65년경	올바른 교회의 모습에 대한 교훈 (교회론)
디모데후서	바울	AD 67년경	그리스도 예수의 좋은 군사로 승리하라는 교훈
디도서	바울	AD 65년경	이단의 잘못된 가르침에 관해

6. 일반서신서

히브리서	바울	AD 67년경	새 언약의 중재자이신 그리스도
야고보서	야고보	AD 57년 이후	믿음의 구체적인 실천에 대한 권면
베드로전서	베드로	AD 64년경	믿음과 소망을 굳게 잡고 핍박을 이기라는 권면
베드로후서	베드로	AD 66년경	진리의 말씀을 사모함으로 장성한 분량까지 성장
요한일서	요한	AD 90-95년	복음의 진리 가운데 굳게 서서 사랑을 실천하라
요한이서	요한	AD 90-95년	거짓 교사들에 대한 경고와 그리스도에 기초한 사랑

125가지 테마와 함께 떠나는 바이블 이야기
거침없이 빠져드는 성경 테마 여행

요한삼서	요한	AD 90-95년	복음의 진리를 가르치는 자들에 대한 대접
유다서	유다	AD 66년경	영지주의 거짓 교사들에 대한 엄격한 비판

7. 예언서

요한계시록	요한	AD 90년경	장차 되어질 일에 대한 사도 요한의 예언

※ 성경 각 권에 대한 저자와 기록 연대 등은 학자에 따라 견해를 달리할 수 있다. 위의 내용은 가장 보편적으로 받아들이는 내용이다. 위의 내용은 지금도 계속 발굴되는 고고학적 자료에 의해서 차후에 변경될 수 있다.

- 강하룡 외 7인 공저, 「성경 100배 즐기기 _ 신약편」(서울: 브니엘, 2017), 37-39쪽 발췌

거침없이 빠져드는
구약성경 여행

- 천지창조에서 족장시대로의 여행
- 애굽의 탈출에서 사사시대로의 여행
- 왕국의 시작에서 멸망까지 테마 여행

천지창조에서 족장시대로의 여행

[하나님이 창조하신 천지의 크기는]

"태초에 하나님이 천지를 창조하시니라"(창 1:1). 창세기 서두는 "하나님이 천지를 창조하셨다"라고 말씀한다. 여기서 천지는 문자 그대로 하늘과 땅을 가리키기보다는 우주 전체를 의미하는 히브리어 용법이다. 그러므로 이 말씀을 오늘날 현대어로 좀 더 정확하게 바꾸면 "하나님이 태초에 모든 것을 만드셨다"라고 번역할 수 있다.

여기서 '창조하다'라는 동사(히. 빠라)는 일차적으로 하나님이 자유롭게 자신의 주권으로 전혀 새로운 것을 만드셨다는 의미를 갖는다. 그리고 이 동사는 하나님의 창조행위가 무에서 유를 창조하는 행위임을 암시해준다. 시편 기자는 무에서 유를 창조하신 하나님의 창조를 다음과 같이 말한다. "그것들이 여호와의 이름을 찬양함은 그가 명령하시므로 지음을 받았음이로다"(시 148:5). 즉 하나님은 말씀으로 만물을 만드셨다고 증거하고 있는 것이다.

한편 고대 근동아시아의 창조설화는 창조자가 무에서 유를 창조하는 것이 아니라 어떤 매개 물질을 가지고 창조한 것으로 묘사한다. 메소포타미아의 창조설화를 기록한 에누마 엘리시 서사시에는 신 마르둑이 그와 싸운 신 티아마트(바다 또는 바다의 괴물로 등장)를 죽이고 그 시체로 우주와 땅을 만들었다고 기록한다. 물론 성경에도 하나님이 창조하실 때 땅 위에 수면이 있었다고 말한다(창 1:2). 그러나 그 물(바다)은 또 다른 하나님의 창조물이며 창조의 매개물은 아니다. 잠언서는 하나님이 지혜로 땅과 산과 하늘과 바다까지 만드셨다고 분명하게 강조한다(잠 8:22-30).

하나님의 천지창조는 어떤 물질을 매개로 이루어진 것이 아니라 완전히 무에서 이루어진 것이다. 이 하나님의 창조 안에는 시간과 공간, 그리고 그 속에 있는 모든 만물이 포함된다. 그렇기 때문에 만물과 같이 시간도 하나님의 주권 안에 있는 것이다. "주여 주는 대대에 우리의 거처가 되셨나이다. 산이 생기기 전 땅과 세계도 주께서 조성하시기 전 곧 영원부터 영원까지 주는 하나님이시니이다. 주께서 사람을 티끌로 돌아가게 하시고 말씀하시기를 너희 인생들은 돌아가라 하셨사오니 주의 목전에는 천 년이 지나간 어제 같으며 밤의 한순간 같을 뿐임이니이다"(시 90:1-4).

시편 기자는 하나님은 피조물인 시간과 공간으로부터 독립된 영원한 주권자임을 선포한다. 성경의 다른 곳에서 하나님은 시간을 움직여 여호수아와 히스기야에게 기적을 일으키셨다고 말한다. 과학자들도 아인슈타인의 일반상대성이론을 통해 시간도 공간과 같은 역학적 양이라는 사실을 발견했다. 즉 물체가 움직이고 힘이 작용할 때 시간과 공간의 곡률에 영향을 주고, 시공간의 구조는 물체의 운동과 힘의 작용에 영향을 주게 된다는 것이다. 따라서 시간은 공간과 불가분의 관계에 있고, 어느 시점에서 공간과 함께 시작되었다는 것이다. 성경은 바로 그 시간과 공간의 시작이 하나님의 창조로부터 이루어졌다고 증거하고 있다.

앞에서 말한 바와 같이 어떤 사람들은 창세기 1장 2~3절의 "땅이 혼돈하고 공허하며 흑암이 깊음 위에 있고 하나님의 영은 수면 위에 운행하시니라. 하나님이 이르시되 빛이 있으라 하시니 빛이 있었고"라는 말씀을 통해 하나님이 빛을 만들기 전 이미 땅이 존재했기 때문에 하나님의 창조 범위는 제한적이었다고 주장한다. 그러나 이미 창세기 1장 1절에 하나님은 모든 만물을 만드셨다고 선언하기에 창조의 범위를 제한하는 것은 잘못이다. 히브리어의 문장구조상 창세기 1장 2절은 상황절로서 구체적으로 형체를 갖고 있지 않은 땅을 초점으로 하나님의 창조과정을 설명하기 위한 도입부분이다.

과학자들은 허블의 관찰을 통해 우주가 팽창한다는 것을 발견했다. 그리고 그것을 근거로 우주의 시작이 대폭발(Big Bang)에 의해 이루어졌다는 가설을 세웠다. 이러한 대폭발이론에 대해서 가톨릭교회는 1951년 그 이론이 빛으로 세상의 창조가 시작되었다는 성경의 취지와 일치한다고 성명서를 발표했다. 그러나 성경은 그 빛의 성격에 대해서 명확히 말을 하고 있지 않기 때문에 지나친 상상은 금물이다.

[천지창조 7일 동안 행하신 일은]

창세기 1장을 보면 하나님의 천지창조는 일정한 순서에 의해서 진행되어진 것을 알 수 있다. 하나님은 6일 동안 천지만물을 창조하시고 제7일에는 안식함으로써 창조를 마무리하셨다. 혹자는 성경에 기록한 날이라는 히브리어는 24시간의 시간보다 더 긴 시간을 의미할 수 있기 때문에 문자적인 하루가 아니라 긴 세대를 의미한다고 주장한다. 그러나 성경은 저녁과 아침을 명시하며 "저녁이 되며 아침이 되니"라는 말을 되풀이하고 있다. 그렇기 때문에 원칙적으로 여기서 하루는 문자 그대로 하루 24시간을 의미한다. 하지만 해와 달이 제4일에 만들어졌기 때문에 1~3일까지에서 날의 시간 길이는 24시간이 아닐 가능성도 있다.

또한 창세기 1장은 하나님이 창조를 위해 얼마의 시간을 소비했는가에 초점이 있기보다는 정연한 순서에 의해 창조가 이루어졌음을 강조하는 데 그 목적이 있다. 그 때문에 여기서 꼭 날을 24시간으로 생각하지 않을 수도 있다. 이런 관점에서 성경학자 브루스 월키는 창세기 1장에서의 날은 인간적인 날이 아니라 하나님의 날이기 때문에 인간적인 생각에서 24시간으로 규정하는 것은 심사숙고해야 한다고 주장한다. 어쨌든 창세기 1장에서 날의 길이는 오늘날 보수주의 학자들 사이에서도 논란의 대상이 되고 있다.

첫째 날의 상황은 땅이 혼돈하고 공허했다. 그리고 그 위에 하나님의 신이 수면 위에 운행하시고 있다고 진술한다. 여기서 '혼돈하고 공허하다' 라는 말은 아직 땅이 형체를 갖추지 않고 채워지지 않은 상태를 의미한다. 이 말은 보통 황무지와 같은 모습을 묘사할 때도 사용된다(렘 4:23-26). 하나님의 신이 수면 위에 운행하신다고 할 때 그 동사는 새가 자신의 새끼 위를 감싸고 도는 동작을 뜻한다.

이 동사는 모세가 이스라엘을 광야 황무지에서 인도하시는 하나님의 행동을 묘사할 때 다시 등장한다. "마치 독수리가 자기의 보금자리를 어지럽게 하며 자기의 새끼 위에 너풀거리며 그의 날개를 펴서 새끼를 받으며 그의 날개 위에 그것을 업는 것같이 여호와께서 홀로 그를 인도하셨고 그와 함께 한 다른 신이 없었도다"(신 32:11-12).

이것은 하나님이 출애굽을 통해 이스라엘을 광야로 인도하시는 행위는 하나님이 태초에 천지를 창조하신 것과 같은 차원에서 새로운 창조였음을 암시한다. 그러므로 출애굽사건은 이스라엘이 하나님의 백성으로 하나님의 창조적 능력을 통해 새롭게 창조되는 사건이었음을 보여준다.

이날에 하나님은 빛을 만드셨다. 그리고 그 빛은 말씀으로 창조되었다. 그 빛에 대해서 하나님은 보시기에 좋았더라고 판단하셨다. 이러한 창조의 모습은 하나님이 창조자뿐만 아니라 선의 판단자임을 보여준다.

둘째 날에 하나님은 물 가운에 궁창을 만들고, 궁창 위의 물과 궁창 아래의 물로 나뉘게 하셨다. 이 궁창은 일차적으로 지구의 대기권을 가리키는 것처럼 보인다. 하나님은 이 궁창을 하늘이라고 칭하셨다. 그러나 창세기 1장 14절에서 하나님은 이 하늘에 광명을 만드셨기 때문에 여기서 창조된 하늘은 우주 공간을 포함한다고 말할 수 있다.

셋째 날에 하나님은 물을 한 곳으로 모이게 하고 육지를 드러나게 하셨다. 그 모인 물을 바다라 칭하시고 드러난 육지를 땅이라고 칭하셨다. 또한 이날에 하나님은 땅에 풀과 씨 맺는 채소와 각기 종류대로 씨 가진 열매 맺는 과목을 내게 하셨다.

넷째 날에 하나님은 큰 두 광명인 해와 달을 만드셨고 별을 만드셨다. 당시 고대 근동아시아에서는 해와 달은 중요한 신이었고 별은 인간의 운명을 지배하는 신적 존재였다. 그러므로 해와 달과 별의 창조는 반대로 그런 것들이 미신임을 보여주는 선언이었다. 한편 태양이 이날에 창조되었는데 그 전에 어떻게 아침과 저녁이 생겨 하루가 있을 수 있느냐고 반문할 수도 있다. 이에 대해 신학자 카수토는 고대 히브리인들의 사고는 태양과 낮을 반드시 서로 연결시키지 않았다고 지적한다. 그래서 태양이 없어도 낮을 생각할 수 있었다는 것이다. 어쨌든 태양이 만들어지기 전에는 첫째 날에 만들어진 빛을 통해 낮과 밤이 이루어졌다고 생각할 수 있다. 그리고 넷째 날에 와서 태양을 통해서 주야를 주관하게 하셨다고 설명할 수 있다.

다섯째 날에는 바다에 물고기와 하늘에 각종 새들을 만드셨다.

여섯째 날에는 땅의 짐승과 육축과 기는 것들을 만드셨고, 하나님의 형상대로 사람을 만드셨다. 그리고 제7일에 안식하셨다.

하나님이 6일 동안 창조하신 일을 보면 계획적이라는 것을 알 수 있다. 즉 첫째 날에 빛, 둘째 날에 하늘(바다도 포함될 수 있다), 셋째 날에 땅과 풀과 채소와 과목을 창조하시고, 다음 날에는 거기에 맞는 창조물을 대칭적으로 만드셨던 것이다. 그래서 넷째 날에는 첫째 날에 빛을 만드신 것처럼 좀 더 구체적으로 광명과 별을 만드셨고, 다섯째 날에는 둘째 날에 만든 하늘과 바다를 채울 수 있는 새와 물고기를 만

바티칸 시스티나성당에 있는 미켈란젤로의 〈아담의 창조〉(1511-1512년 作)

드셨다. 그리고 마지막으로 여섯째 날에는 셋째 날 만드신 땅과 식물을 이용할 수 있는 동물과 사람을 만드신 것이다. 하나님은 전능하신 분이기에 이러한 순서를 갖지 않고도 한순간에 마음만 먹으면 모든 것을 만드실 수 있었다. 하지만 하나님은 먼저 계획을 세우시고 그 순서에 따라 창조를 실행에 옮기셨다.

이러한 사실은 하나님의 성품에 대해서 많은 것을 시사해준다. 우리는 때때로 하나님이 우리의 기도에 당장 응답하시지 않는다고 불평한다. 그러나 하나님의 창조사역은 하나님이 순서에 따라 행하시는 분임을 보여주기 때문에 우리로 하여금 조급해하지 말고 하나님의 때를 기다리는 자세를 견지할 것을 가르쳐준다.

[너무나 궁금한 에덴동산의 위치는]

에덴동산의 위치를 알기 위해서는 먼저 창세기 2장 10~14절에 나오는 네 강의 위치를 알아야 한다. "강이 에덴에서 흘러 나와 동산을 적시고 거기서부터 갈라져 네 근원이 되었으니"라고 말하는 것을 보아 한 강이 네 강으로 갈라졌음을 알 수 있다. 이 강들의 이름은 비손강, 기혼강, 힛데겔강, 그리고 마지막으로 유프라테스강이다.

기혼이란 '풍부하다' 라는 뜻이다. 그 강은 구스 온 땅을 둘렀다고 성경은 말한다. 구스는 에티오피아를 지칭함으로 아마도 나일강을 가리키는 것처럼 보인다. 하지만 지형학자들은 이 강이 페르시아만으로 지형 변화 전에 에티오피아와 연결되었을 것으로 보기도 한다. 또 다른 한편에서 구스가 알메니안 지경에 코시인 땅의 원명일 수 있기 때문에 이 강은 알메니안 고지에서 흘러 카스피해로 들어가는 아락세스강이라고 보기도 한다. 게다가 아락세스란 '터져 나온다' 라는 뜻으로 '기혼' (풍부하다)이라는 히브리어의 뜻과 비슷하다.

힛데겔강은 그 뜻이 '결실하다' 라는 의미를 갖고 있다. 그 강은 앗수르 동편으로 흘렀다고 성경은 말한다. 힛데겔은 아라비아어로 다글라트, 수리아어로 데클라트, 헬라어로 티그리스이다. 음성학적으로 힛데겔은 티그리스와 같은 근원이다. 티그리스라는 말은 힛데겔의 첫 음절인 '힛' 이 생략되고 나머지 음절인 '데겔' 에서 발전한 형태라고 볼 수 있다. 그러므로 힛데겔은 오늘날 티그리스강이라는 데는 의심의 여지가 없다. 이 강은 유프라테스강 북동편에 위치하고 있으며 성경에 앗수르와 바사의 발원지라고 기록되어 있다.

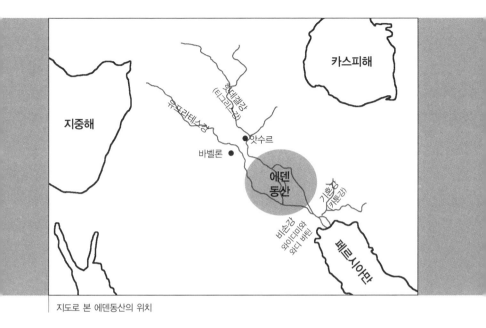

지도로 본 에덴동산의 위치

에덴동산의 위치에 대해서는 일반적으로 세 가지 설이 있다.

첫 번째는 알메니안 고원지대라는 설이다. 비손강이 알메니안 고원
지대에서 서북으로 흘러 흑해로 들어가는 파시스, 혹은 할리스강으로
생각하고, 기혼강이 카스피 해로 흘러 들어가는 아락세스강이라고 생
각하면, 힛데겔강은 티그리스강으로 유프라테스강과 함께 거기서 남
쪽으로 흘렀다고 보는 것이다. 노아의 방주가 머물렀던 아라랏산도 이
곳이기 때문에 노아는 홍수 이후 하나님의 새로운 창조의 시작에서 아
담과 하와가 있었던 곳으로 다시 돌아왔다고 볼 수 있다.

두 번째 가설은 바벨론 평원지대이다. 바벨론은 인류의 고대 문명
이 꽃피었던 곳이다. 고대 바벨론 비문에 의하면 아브라함의 고향인 갈

대아 우르에서 남쪽으로 20km 떨어진 곳인 에리투에 대해 다음과 같이 말하고 있다. "에리투 안에는 한 동산이 있었으며, 그 안에는 신이 심은 신비로운 생명나무가 있었다. 그 뿌리는 깊고 가지는 하늘에 닿았는데 사람들이 들어가지 못하도록 수호신이 보호하고 있다." 이 비문의 증거로 에덴동산이 바벨론 평원지대에 있을 것이라고 추정할 수도 있다.

세 번째 가설은 신비로운 지역으로 알 수 없다고 하는 것이다. 성경은 아담의 타락 이후 에덴동산에 대해서 다음과 같이 말하고 있다. "이같이 하나님이 그 사람을 쫓아내시고 에덴동산 동쪽에 그룹들과 두루 도는 불 칼을 두어 생명나무의 길을 지키게 하시니라"(창 3:24). 하나님은 에덴동산에 들어가지 못하도록 천사들로 그 길을 보호하셨기 때문에 비밀에 부쳐졌다는 설명이다.

[인간은 왜 타락했을까]

하나님은 아담과 하와를 에덴동산에 거처를 두게 하시고 생육하고 번성하라고 말씀하셨다. 성경은 "여호와 하나님이 그 사람을 이끌어 에덴동산에 두어 그것을 경작하며 지키게 하시고"(창 2:15)라고 기록하고 있다. 하나님은 아담과 하와에게 동산에 있는 모든 나무의 실과는 먹어도 좋으나 중앙에 있는 선악과는 먹지 말라고 경고하셨다.

여기서 '다스리다' 라는 동사는 '섬기다' 라는 히브리어와 같은 말이다. 또한 '지키다' 라는 말은 율법을 지킬 때에 항상 사용되는 단어이다. 그래서 성경신학자 존 H. 세일해머(John H. Sailhamer)는 에덴동산에서 아담의 모습은 예배하고 하나님의 말씀을 지키는 자의 모습이라고 주장한다. 하지만 불행하게도 아담과 하와는 하나님의 명령을 어기고 뱀의 꾐을 받아 선악과를 먹고 에덴동산에서 쫓겨났다. 이것이 바로 인간의 타락이다.

아담과 하와는 타락하기 전 하나님의 형상으로 지음을 받았다. 형상의 의미는 창조자인 하나님의 피조물로서 하나님의 주권 밑에 살아야 함을 의미한다. 고대 근동아시아에서 형상이라는 단어는 본체를 반사해주고 드러낸다는 의미를 가진다. 달의 경우 달은 그 자체에 빛은 없지만 태양 빛을 받아서 지구를 비춘다. 그와 같이 하나님의 형상은 하나님은 아니지만 하나님으로부터 오는 영광의 빛을 받아 하나님 대신 그 영광을 세상에 비추는 역할을 하는 것이다. 그러므로 하나님의 형상이란 인간에게 하나님의 영광을 세상에 나타내고 그분의 주되심을 선포하는 의미를 내포한다.

또한 하나님 형상의 의미는 하나님의 대리 통치자의 뜻을 갖고 있다. 창조 시 하나님은 인간을 자신의 형상으로 만드시고 그들에게 생육하고 번성하며 땅을 다스리라고 말씀하셨다. 하나님 스스로 직접 땅을 다스릴 수도 있었지만 인간을 대리자로 세우시고 다스리게 하셨던 것이다. 이런 의미에서 하나님의 형상은 하나님의 대리 통치자를 의미한다.

요약컨대 '하나님의 형상으로 지음 받았다'는 의미는 하나님의 피조물로서 하나님의 주권 밑에서 그 주권에 순종하며 하나님의 영광을 나타내고 하나님을 대신해서 세상을 다스린다는 뜻이다.

이 의미를 기능적인 측면에서 보면 하나님의 형상은 세 가지 기능으로 설명될 수 있다. 도덕적이고 윤리적 기능(하나님의 성품인 의와 거룩함, 그리고 지식을 가지고 하나님의 주권에 복종하며 살아가는 것), 제사장적 기능(하나님의 주권을 인정하고 참된 의와 거룩함을 가지고 살면서 세상에서 그의 영광을 나타내고 그의 주권을 드러내는 것), 그리고 마지막으로 왕적 기능(하나님의 주권에 전적으로 복종하면서도 동시에 하나님을 대신해서 세상을 다스리는 것)이다.

하지만 이런 하나님의 형상이 아담과 하와의 타락으로 부패해지고 제기능을 발휘하지 못하게 되었다. 그러나 신약성경은 예수 그리스도를 통해서 우리가 믿음으로 다시 하나님의 형상을 회복하게 되었다고 말한다. 그래서 베드로전서 2장 9절은 하나님의 형상으로 다시 지음받은 우리를 "왕 같은 제사장"이라고 말하고 있다. 하나님의 형상으로서 왕적, 제사장적 기능이 회복된 것이다.

구체적으로 아담과 하와의 범죄는 외형상으로는 선악과를 따먹은 불순종이었지만 더 깊은 의미에서는 하나님의 형상대로 살지 못한 것이었다. 그들은 하나님의 형상으로서 하나님의 주권에 전적으로 순종하지 않고 자신과 세상을 제대로 다스리지 못했다.

아담에게 하나님이 선악과를 금하신 이유는 하나님의 형상으로 그들이 하나님의 주권에 순종하며 사는지를 보기 위한 것이었다. 그러나 아담과 하와는 하나님의 말씀에 순종하지 않았다. 하나님의 주권에 불순종한 것이다. 하나님의 형상으로서 하나님의 주권 밑에서 순종하며 자신과 세상을 다스려야 했던 그들은 자신을 자제하지 못했다. 오히려 그들은 선악과를 먹음으로써 스스로 하나님이 되려고 했다. 또한 그들은 유혹하는 뱀을 하나님의 대리 통치자로서 다스리지 못했다. 한마디로 하나님의 형상대로 사는 데 실패했던 것이다.

아담과 하와의 타락으로 인간은 뱀과 원수가 되었다. 그리고 하나님의 형상으로 세상에서 후손을 번성하게 할 책임이 있는 하와는 해산의 고통과 수고를 당해야 했다. 또한 그녀는 뱀을 제대로 다스리지 못한 대가로 이제 남편의 다스림을 받아야 했다. 아내가 남편의 지배를 받는 것은 하나님의 창조계획이 아니었다. 그리고 아담은 그가 다스려야 할 세상으로부터 수고와 고통을 당해야 했다.

선악과를 먹음으로써 하나님의 명령에 불순종하고 하나님의 형상으로 사는 데 실패했던 아담과 하와는 이제 하나님을 두려워하기 시작했다. 창세기 3장 8절에 보면 "그들이 그날 바람이 불 때 동산에 거니시는 여호와 하나님의 소리를 듣고 아담과 그의 아내가 여호와 하나님의 낯을 피하여 동산 나무 사이에 숨은지라"고 말하고 있다.

여기서 '거니신다'라는 의미는 한가롭게 하나님이 다가오시는 모습을 가리키는 말이 아니다. 히브리어 원문을 보면 '바람'이라는 단어가 사용되고 있다. 이 말은 하나님이 그날에 바람 가운데서 임재하시는 모습을 가리킨다. 바람으로 임재하시는 하나님의 모습은 일반적으로 심판의 모습을 의미한다. 예를 들어 욥기에 보면 자신의 무죄를 주장하며 불평하던 욥에게 하나님은 폭풍 가운데 나타나셔서 욥의 무지를 깨우쳐주고 꾸짖으셨던 것을 볼 수 있다(욥 38:1-2).

따라서 하나님의 명령에 불순종했던 아담과 하와는 바람 가운데 심판자의 모습으로 나타나신 하나님을 보고 무서워 동산나무 사이에 숨을 수밖에 없었다. 인간의 타락으로 말미암아 하나님과 인간 사이에 깊은 단절이 생겼음을 보여주는 단면이다.

[하나님은 인간이 죄를 지을 것을 알면서도 왜 그냥 놓아두셨을까]

하나님은 전지전능하시기에 충분히 아담과 하와가 선악과를 따먹을 것을 알고 계셨고, 그것을 막을 수도 있었을 것이다. 하지만 하나님은 그렇게 하지 않으셨다. 인간은 하나님의 노예가 아니라 하나님의 형상으로 지음을 받았기에 자유의지가 있기 때문이었다. 즉 죄를 지을 수도 있고 짓지 않을 수도 있는 선택권이 있었던 것이다. 호세아 6장 7절에 보면 "그들은 아담처럼 언약을 어기고 거기에서 나를 반역하였느니라"는 말씀이 나온다. 이 말씀은 하나님이 아담과 언약을 했다는 것을 암시해준다. 언약이란 당사자가 서로에게 의무를 규정하고 자발적으로 실행하겠다는 표시이다. 하나님은 아담과 언약하면서 아담이 언약을 자발적으로 지킬 수 있도록 자유를 주셨다.

만약에 자유가 없었다면 그것은 언약이 아니라 구속이다. 하나님은 아담을 자신의 형상으로 지었기 때문에 구속하기를 원하지 않으셨다. 하나님은 아담이 하나님의 형상으로서 자발적으로 하나님의 명령에 순종하고 하나님을 대신해서 세상을 다스리기를 원하셨다.

실로 하나님은 아담과 하와에게 처음부터 죄를 짓지 않도록 그들의 죄를 원천봉쇄할 수도 있었다. 만약 그랬다면 아담과 하와는 더 이상 하나님의 언약의 파트너가 아니었다. 언약이란 이중적인 얼굴을 가지고 있다. 언약을 이행할 때는 축복이지만 언약을 이행하지 못할 때는 저주가 임한다. 하나님은 아담과 하와가 죄를 범하게 되었을 때 그들을 에덴동산 밖으로 내쫓으셨다. 이것은 아담과 하와가 죄를 지을 수도 있고 죄를 짓지 않을 수도 있는 가능성을 전제로 한다. 따라서 우리는 하나님이 인간을 자발적으로 책임을 이행해야 하는 언약의 당사자로 삼기 위해서 자신 스스로의 선택을 통해 죄를 지을 수 있도록 허락하셨다고 이해할 수 있다.

더욱이 하나님은 인간이 죄지을 가능성을 대비해서 창세 전에 예수 그리스도의 대속의 사역을 준비하셨기 때문에 인간에게 죄를 범할 수도 있고 범하지 않을 수도 있도록 자유를 허락하셨다고 말할 수 있다. "곧 창세 전에 그리스도 안에서 우리를 택하사 우리로 사랑 안에서 그 앞에 거룩하고 흠이 없게 하시려고 그 기쁘신 뜻대로 우리를 예정하사 예수 그리스도로 말미암아 자기의 아들들이 되게 하셨으니"(엡 1:4-5).

하나님은 창세 전에 그리스도를 통해 자신의 백성을 미리 선택할 것을 준비하셨다. 여기서 우리는 선택과 유기의 문제에 부딪히게 된다. 이 문제를 이 짧은 글에서 다룰 수는 없지만 기본적으로 선택과 유기의 문제 앞에서 창세 전에 하나님이 어떤 자는 선택하고 어떤 자는 버릴 것을 계획하셨기에 구원에 있어서 전적으로 인간의 책임을 물을 필요는 없다는 식으로 단정짓는 것은 신중하지 못한 태도이다.

오히려 성경에서 선택은 믿는 자들로 하여금 구원의 확실성을 보여주고, 그 하나님의 은혜를 찬양하기 위한 역할에 그 초점이 맞춰져 있다. 그러므로 창세 전에 선택했다는 말을 통해 운명론과 같은 이론을 도출하는 것은 잘못이다. 예수 그리스도를 통해서 아담의 범죄가 속죄함을 얻고 하나님의 형상으로 다시 회복되었기에 바울은 예수 그리스도를 제2의 아담으로 묘사했다.

[인류 최초의 살인자 가인]

성경은 최초의 살인자로서 자기 동생 아벨을 죽인 가인을 이야기한다. 가인은 농사일을 했고 아벨은 양치는 일을 했다. 창세기 4장에 보면 가인이 아벨을 죽인 직접적인 원인이 나온다. 그 원인은 땅의 소산으로 드린 가인의 제물보다 양의 첫 새끼와 그 기름으로 드렸던 아벨의 제물을 하나님이 기쁘게 받으셨기 때문이다.

이 이야기를 보고 외관상 가인이 아벨을 죽인 것은 하나님이 가인의 것보다 아벨의 제사를 열납했기 때문이라고 볼 수 있다. 그러나 요한일서 3장 12절에서는 가인이 살인하게 된 이유를 더 구체적으로 가인의 죄악 때문이라고 말한다. 그리고 덧붙여서 가인에 비해 아벨은 의로웠다고 말하고 있다. "가인같이 하지 말라. 그는 악한 자에게 속하여 그 아우를 죽였으니 어떤 이유로 죽였느냐. 자기의 행위는 악하고 그의 아우의 행위는 의로움이라." 또한 예수님도 아벨을 의인이라고 말씀하셨다. "그러므로 의인 아벨의 피로부터 성전과 제단 사이에서 너희가 죽인 바라갸의 아들 사가랴의 피까지"(마 23:35).

이런 성경 말씀을 통해서 가인이 동생 아벨을 죽인 것은 그가 악했고(죄인이고), 아벨이 가인보다 의로웠기 때문이다. 그러면 어떤 점에서 가인은 악했고 아벨은 의로웠을까? 언뜻 창세기 4장에서 그 해답을 찾기란 쉽지 않다. 가인이 동생 아벨을 죽이기 전 그도 아벨과 같이 하나님께 제사를 드렸다. 단지 차이는 하나님이 가인의 제물은 열납하시지 않았고 아벨의 제물만 열납하셨다는 사실 뿐이다.

혹자는 하나님에 대한 제사는 피 흘리는 제사여야 했기 때문에 가인의 제사인 농산물을 하나님은 받을 수 없었다고 주장한다. 이에 비해 아벨은 양을 드렸기 때문에 그것을 의로 여기시고 아벨의 제사를 받으셨다고 설명한다. 결국 가인이 악한 것은 제사를 올바로 드리지 못했기 때문이고, 아벨이 의롭다 칭함을 받은 것은 올바른 제사를 드렸기 때문이라는 것이다. 그러나 이런 식의 해석은 잘못된 해석이다. 피 흘림의 제사는 모세 이후에 제사법을 통해 주신 하나님의 명령이기 때문에 그런 설명은 시대적으로 맞지 않다. 그리고 모세를 통한 제사법에도 농작물을 가지고 제사하는 규례가 있다. 그러므로 피 흘림이 없는 제사를 드렸기 때문에 가인이 악했고, 그래서 하나님이 그의 제사에 열납하시지 않았다는 주장은 신빙성이 떨어진다.

그러면 왜 하나님은 가인을 악하다 하고 그의 제물을 받지 않으셨을까? 한마디로 가인의 제물을 받지 않으셨던 것은 제사를 드릴 때 그의 악한 마음 상태 때문이었다고 할 수 있다. 실로 가인은 하나님과의 올바른 관계 속에서 하나님을 진정한 섬김의 대상으로 삼지 않았다. 단지 하나님께 제사를 드리면 자동적으로 하나님으로부터 복을 받을 수 있다고 여겼던 것이다. 제사가 감사의 표시가 아니라 복을 받는 수단이 되었던 셈이다. 그의 이런 태도는 자신의 제물이 열납되지 않았을 때 분노하게 된 것에서 잘 드러난다.

만약 가인이 진정 감사하는 마음으로 제사를 드렸다면 하나님이 제물을 받지 않는다고 화를 내지는 않았을 것이다. 어디까지나 그것은 감사의 표시이며 섬김의 표시였기 때문이다. 그가 분노한 것은 제사를 통해 자신이 받고자 했던 하나님의 복이 멀어졌기 때문이다. 그가 하나님과 진정한 개인적인 관계를 맺기보다는 대가를 주고 복을 받는 기계적인 관계로 살았다는 증거이다.

반면에 아벨을 의롭게 여기고 하나님이 그의 제물을 받으신 것은 아벨이 믿음 안에서 하나님을 의지하고 하나님과 올바른 관계 속에서 감사하는 마음으로 제물을 드렸기 때문이다. "믿음으로 아벨은 가인보다 더 나은 제사를 하나님께 드림으로 의로운 자라 하시는 증거를 얻었으니 하나님이 그 예물에 대하여 증언하심이라. 그가 죽었으나 그 믿음으로써 지금도 말하느니라"(히 11:4). 결국 히브리서 기자의 증언처럼 아벨은 믿음으로 하나님께 제물을 드렸다. 그래서 하나님은 그의 제물을 받으면서 그를 의인이라고 칭하셨던 것이다.

여기서 우리는 믿음이란 무엇인가에 대한 답을 얻을 수 있다. 믿음이란 형식적인 것에 있지 않다. 물론 형식도 중요하다. 그러나 믿음에서 중요한 것은 마음이다. 즉 어떤 생각을 가지고 하나님을 바라보느냐 하는 것이다. 아벨은 올바른 믿음이 있었기에 가인과 달리 하나님을 진정한 섬김의 대상으로 바라보았고 감사하는 마음으로 제물을 드렸다. 행위로 보면 가인도 의인이 될 수 있었다. 그도 아벨처럼 제사를 드렸기 때문이다. 그러나 행위로 의인이 되는 것이 아니다. 가인과 아벨의 예는 신약에서 믿음으로 의인이 된다는 이신칭의의 교리가 이미 구약의 초두에서 나타난 사례이다.

결국 가인은 아벨을 죽이고 말았다. 그 죄의 결과는 무엇이었는가?

한마디로 분리였다. 먼저 가인은 하나님으로부터 분리되었다. 즉 죄로 말미암아 하나님과의 관계가 단절된 것이다. 그리고 두 번째는 그의 형제와의 분리였다. 아벨을 죽임으로써 더 이상 그에게는 피를 나눈 형제가 없었다. 거기에 그치지 않았다. 결국 그는 부모 곁을 떠나서 유리하는 자가 되었다. 부모와의 결별이었다. 최초의 살인자 가인의 사건을 통해 우리는 하나님을 섬기는 것이 무엇이고, 죄의 결과가 무엇인지를 깨달을 수 있다.

[재난 블록버스터 홍수의 증거들]

성경에서 노아의 홍수사건은 너무나 유명하다. 하나님은 사람의 죄악이 세상에 관영하고 그 모든 생각이 악함을 보시고 인간을 물로 멸망시킬 것을 작정하셨다. 하지만 오직 의인 노아와 그의 식구들만은 살리기 위해 하나님은 노아에게 방주를 짓도록 명령하셨다. 그리고 방주가 완성된 후에 하나님은 40주야 동안 땅에 비를 내리셨다. 재미있게도 이 홍수의 증거는 성경뿐만 아니라 전 세계의 홍수벽화 등을 통해 다양하게 입증되고 있다. 이것은 홍수가 전 세계적인 사건이었음을 보여준다.

흥미로운 사실은 성경이 아닌 고대 메소포타미아의 문서에도 홍수사건의 기록이 남아 있다는 점이다. 그것은 바로 홍수이야기를 담고 있는 고대 바벨론의 〈길가메시 서사시〉이다. 이 문서는 우연하게 발견되었다. 1853년 호르무즈드 라삼은 이라크 지역에서 고대 아시리아의 왕이었던 아슈르바니팔의 궁전과 그의 도서관을 발굴했다. 아슈르바니팔은 당시 고대 토판들을 수집하여 자신의 도서관에 보관했다. 라삼은 도서관에 소장되어 있던 아슈르바니팔의 토판들을 발견하고 그것들을 영국 박물관으로 옮겼다. 1872년 그 토판들에 대한 본격적인 분류가 시작되었다. 그 분류를 맡은 사람은 젊은 아시리아 학자 조지 스미스였다. 그는 토판을 읽고 분류하는 과정에서 자신의 눈을 의심하지 않을 수 없었다. 홍수로 배가 산 위에 머물게 되고 땅이 드러났는지를 보기 위해 비둘기가 보내지는 내용을 읽게 된 것이다. 성경의 내용과 너무나 유사했다. 실로 바벨론판 홍수이야기였다.

이 홍수이야기는 우룩 왕 길가메시에게 홍수의 주인공 우트나피슈팀이 들려주는 자신의 경험담이었다. 그 내용은 슈루팍의 신들이 홍수를 보내기로 결정했는데, 신들의 회의에 참석했던 공기의 여신 에아가 우트나피슈팀에게 다른 신들 몰래 그 계획을 알려주며 120큐빗의 7층 배를 만들라고 말했다. 7일 7야 동안 홍수가 끝나고 배가 니스르산에 머물렀다. 이튿날 우트나피슈팀이 비둘기 한 마리를 내보냈으나 쉴 곳을 찾지 못하고 돌아왔다. 제비도 돌아왔다. 그러나 까마귀를 내보냈더니 물이 줄어든 것을 보고 돌아오지 않았다. 산꼭대기에서 우트나피슈팀이 제사를 드릴 때 홍수 동안 제사에 굶주렸던 신들이 향기를 맡고 주인공 주위에 파리 떼처럼 모여들었다. 신 엔릴은 사람이 홍수를 피한 것에 화를 냈다. 그러나 신 에아는 의인을 악인들과 함께 멸하는 것이 옳지 않다고 그를 설득했다. 신 엔릴은 결국 우트나피슈팀의 손을 잡고 배에서 인도해내어 그와 그의 아내에게 불사의 축복을 해주었다.

혹자는 이 이야기를 통해 성경의 홍수 기사가 고대 바벨론의 홍수

〈길가메시 서사시〉가 적힌 돌판. "7일 밤낮으로 광풍과 폭우, 천둥 번개가 계속되었고 땅은 뒤죽박죽 엉망으로 변해버렸다. 일곱째 날이 오자 세상 여기저기에 충격적인 흔적을 남긴 후 폭풍우와 홍수로 인한 대 살육이 드디어 멈췄다." 홍수설화를 담은 〈길가메시 서사시〉에 나오는 이 구절은 돌판 위에 설형문자로 새겨져 있다. 이 판본은 기원전 1635년, 대홍수에 관해 메소포타미아어로 쓴 수많은 판본 중 하나이다. 창세기의 홍수이야기가 이 문화권 안에서 공통적으로 전해지고 있음을 증명해주고 있다.

이야기를 모작한 것이라고 주장한다. 그러나 〈길가메시 서사시〉에 나온 홍수이야기를 보면 성경의 홍수이야기와 차이가 있다. 전자는 많은 신이 등장하고 있다. 그러나 후자는 오직 창조주 한 분 하나님에 의해 홍수사건이 이루어진다. 또한 홍수의 원인도 성경은 인간의 도덕적 타

베네치아 성마가바실리카 성당에 장식된 〈비둘기를 날려 보내는 노아〉 모자이크. 노아는 홍수 후 땅에 물이 얼마나 있는지 확인하기 위해서 비둘기를 날려 보냈다. 비둘기는 감람나무 잎사귀를 물고 돌아와서 물이 빠지고 있다는 사실을 알려주었다.

락이었지만 전자의 이야기에서는 뚜렷한 이유가 없다.

당시 이스라엘도 고대 근동아시아의 다신론적 종교체계 속에서 살고 있었다. 그런 상황에서 이스라엘이 다신론을 배격하고 유일신 하나님을 섬길 수 있었다는 것은 인간적인 관점에서 종교학적으로 설명이 불가능하다. 오직 그것은 하나님의 계시에 의해 이스라엘이 유일신 하나님을 알았기 때문이라고 설명할 수밖에 없다. 또한 바벨론의 홍수이야기는 옛날부터 내려오는 홍수에 대한 기억을 다신론적 색채에 의해 채색한 것이고, 성경의 홍수이야기는 하나님의 계시에 따라 과거의 홍수사건을 그대로 보존한 이야기라고 말할 수 있다.

홍수사건은 오늘날 과학적인 발견을 통해서 더욱 입증되고 있다. 지구 곳곳에서 홍수의 흔적들이 발견되고 있는 것이다. 예를 들어 히말라야 산맥 눈 덮인 고지에서 조개껍질이 발견되었는데, 창조과학협회 학자들의 말을 인용하면 이것은 홍수가 전 세계적인 사건이었으며 성경의 진술대로 온 세상이 물속에 잠겼다는 것을 간접적으로 보여주는 방증이라고 말한다.

「 노아 자손(셈, 함, 야벳)의 족속들 」

창세기에서 노아는 아담의 범죄 이후에 홍수라는 새로운 창조를 거쳐서 하나님이 새롭게 규정한 제2의 아담이라고 말할 수 있다. 실로 하나님은 예전에 아담에게 했던 말처럼 생육하고 번성할 것을 노아에게 말씀하셨다(창 9:1). 하지만 노아는 술에 취하여 벌거벗는 수치스러운 모습을 드러냈다. 이런 모습은 선악과를 먹은 후 아담이 자신의 벌거벗음을 보고 수치스러워했던 사건을 연상시킨다. 이런 의미에서 노아도 아담과 같이 부정적인 면을 지녔다.

이 노아에게는 세 아들이 있었다. 그 세 아들의 이름은 셈, 함, 그리고 야벳이다(창 6:10). 이들의 운명은 아버지 노아가 술에 취하여 장막에서 벌거벗은 채로 누워 있을 때 그것을 보고 어떻게 반응했느냐에 따라 결정되었다. 함은 아버지를 보고 조롱했지만 셈은 야벳과 더불어 아버지의 나체를 보지 않으려고 뒷걸음으로 들어가 아버지의 벗은 몸을 가렸다. 그래서 성경은 이들에 대해서 다음과 같이 말한다. "셈의 하나님 여호와를 찬송하리로다. 가나안은 셈의 종이 되고 하나님이 야벳을 창대하게 하사 셈의 장막에 거하게 하시고 가나안은 그의 종이 되게 하시기를 원하노라"(창 9:26-27).

셈은 메소포타미아와 아라비아 지방에 흩어져 살게 되었고, 여기서 오늘날 아시아 인종인 황인종이 나왔다. 성경에 나오는 셈의 후손은 다음과 같다. 엘람, 앗수르, 아르박삿, 룻, 아람, 우스, 훌, 게델, 마스, 셀라, 에벨, 욕단, 알모닷, 셀렙, 하살마웰, 에화, 하도람, 우살, 디글라, 오발, 아비마엘, 스바, 오빌, 하윌라 등이다. 엘람은 수리아 남방과 바사 동편 지방에 사는 사람들을 가리킨다. 우스는 팔레스타인 동부의 시리아 사막에서 다메섹과 에돔의 사이에 위치한 곳이라 여겨진다. 에벨은 '건너편 지역'이라는 뜻으로 아마도 유프라테스강 건너편 지역이라고 추정하기도 하나 혹자는 바벨론을 가리킨다고 말한다. 성경신학자 세일해머는 에벨은 히브리라는 말과 동일한 자음을 사용하고 있기에 히브리인들의 조상을 가리킬 가능성이 있다고 주장한다.

노아의 둘째 아들인 함은 저주를 받았다. 그의 후손은 남부 및 중부 아라비아, 애굽, 지중해의 동해안, 아프리카 동해안 지역에 정착했다. 함의 후손은 다음과 같다. 구스, 미스라임, 붓, 가나안, 스바, 하윌라, 삽다, 라아마, 삽드가, 니므롯, 루딤, 아나님, 르하빔, 납두힘, 바드루심, 가슬루힘, 갑도림, 시돈, 헷, 여부스, 아모리, 기르가스, 히위, 알가, 신, 아르왓, 스말, 하맛 등이다. 가나안은 원래 자주색 염료로 유명했다. 그래서 그리스 사람들이 그리스어로 자주색이라는 뜻의 낱말인 페니키아로 그 지역의 명칭을 지었다. 니므롯은 성경에 세상의 영걸이라고 하였다. 그의 나라는 시날 땅의 바벨과 에렉과 악갓과 갈레에서 시작되었다고 한다. 또한 그는 앗수르로 나아가서 니느웨를 건설했다고 기록하고 있다. 미스라임은 그 후예가 이집트에 거주했다. 미스라임이란 히브리 방언으로 이집트를 부르는 말이다.

야벳은 노아의 셋째 아들로 가장 큰 복을 받았다. 야벳 족속의 후예들은 북쪽으로 가서 흑해와 카스피안 해안에 정착했다. 오늘날 유럽과 아시아에 거주하는 코카사스의 조상이 되었다. 야벳의 후손은 고멜, 마곡, 마대, 야완, 두발, 메섹, 디라스, 아스그나스, 리밧, 도갈마, 엘리사, 달시스, 깃딤, 도다님 등이다. 고멜은 인도 유럽의 유목민인 김메리아인이다. 마곡은 에스겔서에서 다시 언급되는데(겔 38장), 오늘날 러시아 땅으로 여겨진다. 깃딤은 오늘날 지중해 구브로섬 주민을 가리킨다.

⌈ 마천루의 비극 바벨탑사건 ⌉

성경은 노아의 홍수 이후에 사람들이 동방으로 이동하면서 시날 평지를 만나 바벨탑을 쌓았다고 기록하고 있다. 창세기 10장 9～10절을 보면 이 시날 지역은 광범위한 지역으로 여러 개의 도성이 있었던 것 같다. 아마도 시날 지역은 원래 고대 수메르와 아카드(성경에서는 악갓으로 불림)로 나뉘어졌고, 후에 바벨론 지역이 포함된 곳으로 보인다. 혹자는 수메르를 시날과 음성학적으로 비슷한 점을 착안하여 서로 연결시키려고 하나, 아직 근거는 없다.

바벨탑을 쌓은 목적은 사람들이 자신들의 이름을 내고 온 지면에 흩어짐을 면하기 위함이었다(창 11:4). 아마도 니므롯의 지도 아래 바벨탑이 건조되었다고 추정할 수 있다. 니므롯은 홍수 이후 아브라함까지 400년 동안 가장 탁월한 지도자였으며, 그의 나라가 시날 지역 바벨에서 시작되었다고 말하고 있기 때문이다.

가인이 동생 아벨을 죽이고, 부모를 떠나 에덴 동쪽 놋 땅에 거하며, 성을 쌓아 성 이름을 지은 것처럼 홍수 이후에 사람들도 동방으로 가서 바벨탑을 쌓았던 것이다. 이와 같이 성경의 문맥에서 바벨탑을 쌓는 행위는 하나님의 명령을 어긴 가인의 행동에 비유된다. 그러므로 '동방으로 갔다'는 말은 그들의 행동과 동기가 불순함을 처음부터 암시해준다.

바벨탑을 쌓은 이유는 앞에서 말한 것처럼 이름을 내기 위함이었다. 그들은 스스로 자신들을 위해서 이름을 내려고 했다. 하나님을 의지함으로써 하나님으로부터 복을 받고 이름을 떨치기보다는 자신들의 노력으로 하나님 없이 이름을 내려고 했던 것이다. 이것은 하나님이 보시기에 명백한 교만이었다.

바벨탑사건을 다루는 창세기 11장에 이어 창세기 12장에서는 바벨탑을 쌓고 이름을 내려는 행동이 얼마나 큰 교만인지를 잘 보여준다. 하나님은 아브라함을 부르시고 그에게 다음과 같이 말씀하신다. "내가 너로 큰 민족을 이루고 네게 복을 주어 네 이름을 창대하게 하리니 너는 복이 될지라"(창 12:2). 이 말씀은 이름을 내는 것은 오직 하나님의 도움과 축복으로 이루어진다는 사실을 보여준다. 결국 바벨탑을 쌓으려는 사람들의 잘못은 하나님 없이 스스로 이름을 내려고 했다는 데 있었다. 한마디로 불신앙이었다.

또한 그들의 또 다른 목적은 흩어짐을 면하기 위함이었다. 흩어짐

빈 미술사박물관에 있는 브뤼겔의 〈바벨탑〉(1563년 作). 사람들이 자신들의 이름을 내고 온 지면에 흩어짐을 면하기 위해서 바벨탑을 쌓자, 하나님은 사람들이 모두 다른 말을 쓰게 만들어서 사람들을 전 세계에 흩어지게 만드셨다.

을 면하기 위해 바벨탑을 쌓는 행위는 명백히 하나님의 명령을 위반한 것이었다. 하나님은 분명히 창세기 1장 28절에 생육하고 번성하며 땅에 충만하라고 말씀하셨다. 그러므로 땅에 충만해야 할 그들이 흩어짐을 면하기 위해서 바벨탑을 쌓으려고 했던 것은 하나님의 창조계획에 어긋나는 행동이었다.

그 결과 하나님은 그들의 언어를 혼잡하게 하여 그들을 땅에서 흩어지게 하셨다. 사람들은 그곳의 이름을 바벨이라고 하였다. 바벨이란 명칭은 '혼잡하다'라는 히브리어 단어 '발랄'과 같은 어근이다. 결국 흩어짐을 면하기 위해서 바벨탑을 쌓았던 사람들은 오히려 자신들의 목적과 반대로 흩어지게 되는 아이러니의 주인공이 되었다.

창세기 10장 25절에 보면 "에벨은 두 아들을 낳고 하나의 이름을 벨렉이라 하였으니 그때에 세상이 나뉘었음이요"라는 말씀이 나온다. 에벨은 셈의 후예로서 두 아들을 낳았는데 하나는 벨렉이고 다른 하나는 욕단이다. 우리는 창세기 11장에 나오는 아브라함의 계보에서 아브라함이 벨렉의 후예였다는 사실을 알 수 있다. 창세기 10장 25절에서 "세상이 나뉘었음이요"라는 말은 아마도 에벨이 벨렉을 낳았을 때에 바벨탑사건이 일어났음을 암시해주는 것처럼 보인다.

[하나님은 왜 아브라함을 부르셨는가]

창조 이후 인간의 타락으로 하나님의 창조계획은 위협을 받게 되었다. 아담과 하와의 타락으로 인간은 에덴동산에서 쫓겨나 하나님과의 관계가 단절되었다. 하지만 하나님은 그들에게 여자의 후손이 뱀과 원수가 되어 뱀의 머리를 상하게 할 것이라는 복음의 말씀(일명 원시 복음이라고 함)을 주셨다. 하나님의 구원계획의 시작이었다. 또한 가죽옷을 입혀 그들의 수치를 가림으로써 하나님의 구원이 사탄을 멸하고 피의 희생을 통해 죄 가림이 이뤄질 것을 예고하셨다.

그러나 인간은 에덴동산에서 쫓겨난 이후에 더욱 악해졌다. 하나님은 사람들의 죄악이 관영하고 그 모든 생각과 계획이 악한 것을 보시고 홍수로 인간을 쓸어버리려 작정하셨다. 이제 하나님의 피조물인 인간이 사라지게 될 위험에 처하게 된 것이다. 이때 하나님은 노아를 통해 다시 인간으로 하여금 살 수 있는 길을 열어주셨다. 그리고 노아는 새로운 아담이 되었다. 하지만 노아의 행적은 아담처럼 벌거벗은 모습에서 볼 수 있듯이 부정적이었다. 그래서 성경의 문맥에서 보면 노아도 제2의 아담으로서 온전히 하나님의 형상을 구현하지 못하고 있는 것을 보게 된다. 설상가상으로 바벨탑사건은 어휘적으로 노아 홍수 이전의 상황과 매우 유사하다. 이런 죄악의 혼란 앞에서 하나님은 물은 아니지만 불로 세상을 멸망시킬 수밖에 없는 상황에 이르렀다.

하지만 이런 상황에서 하나님은 세상을 다시 멸망시키지 않고 자신의 구원을 이루기 위해 창세기 12장에서 아브라함을 부르셨다. 이 아브라함은 어떤 의미에서 다시 새로운 제2의 아담이라고 말할 수 있다. 아브라함은 갈대아 우르에서 살고 있었다. 우르는 고대 메소포타미아에 있었던 나라이다. 메소포타미아란 헬라어로 '강 사이의 땅'이라는 뜻이다. 아브라함은 이 갈대아 우르에서 하나님의 부르심을 받았다. 우르를 떠난 그는 잠시 하란에 머물러 부친 데라의 별세를 지켜본 다음, 다시 하나님이 지시하시는 땅인 가나안으로 갔다.

하나님은 아브라함에게 "땅의 모든 족속이 너로 말미암아 복을 얻을 것이라"고 말씀하셨다. 즉 모든 민족의 복의 근원이 되게 하겠다는 약속이었다. 그리고 아브라함에게 땅과 자손이라는 축복을 약속하셨다. 하나님은 아브라함에게 그를 부르신 목적을 분명하게 보여주셨다.

갈대아 우르 지역. 갈대아는 메소포타미아의 남부지역을 통칭하던 고대 지명으로 갈대아 우르란 메소포타미아 남부지역에 위치한 우르라는 뜻이다. 1922년 영국인 고고학자 레너드 울리가 13년 동안 발굴 활동을 하여 2천 년 이상 땅 속에 묻혀 있던 이곳을 세상에 알렸다.

즉 그를 통한 열방의 축복이었다. 여기서 축복은 물질적인 축복을 의미하지 않는다. 그것은 열방의 사람들이 하나님의 백성이 되어 하나님과 관계를 맺는 축복을 지칭한다.

아브라함을 통해 모든 민족을 축복하시려는 하나님의 목적은 시간이 가면서 구체적으로 그 계획들이 드러났다. 하나님은 이삭을 바치는 시험에 통과한 아브라함에게 다음과 같이 말씀하셨다. "내가 네게 큰 복을 주고 네 씨가 크게 번성하여 하늘의 별과 같고 바닷가의 모래와 같게 하리니 네 씨가 그 대적의 성문을 차지하리라. 또 네 씨로 말미암 아 천하 만민이 복을 받으리니 이는 네가 나의 말을 준행하였음이니 라"(창 22:17-18).

하나님은 아브라함에게 그의 씨를 통해 천하 만민이 복을 받을 것 이라고 말씀하고 계신다. 그러면 이 씨가 누구인가? 하나님은 다시 그 씨가 누구인지 구체적으로 가르쳐주셨다. "규가 유다를 떠나지 아니하 며 통치자의 지팡이가 그 발 사이에서 떠나지 아니하기를 실로가 오시 기까지 이르리니 그에게 모든 백성이 복종하리로다"(창 49:10).

이 말씀에서 하나님은 아브라함의 씨가 구체적으로 아브라함의 손 자인 야곱의 아들 유다의 계통에서 나올 것을 보여주셨다. 그리고 다시 유다 족속의 다윗 왕을 통해 하나님은 좀 더 구체적으로 그 씨가 다윗 의 자손임을 명시하셨다. "네 수한이 차서 네 조상들과 함께 누울 때에 내가 네 몸에서 날 네 씨를 네 뒤에 세워 그의 나라를 견고하게 하리 라"(삼하 7:12).

다윗은 이 말씀을 듣고 감격하여 하나님이 이것을 모든 인간과 민 족을 위한 법으로 삼았다는 사실에 감사했다(삼하 7:19). 다윗은 다윗 의 후손에 대한 하나님의 선택이 인류를 위한 사건이었음을 알았던 것 이다. 신약은 그 다윗의 후손이 바로 예수 그리스도라고 증거한다. 그 예수 그리스도를 통해 온 민족이 구원을 받고 복을 받게 되었다고 말한 다. 그래서 사도 바울은 온 민족을 구원할 아브라함의 자손이 바로 메시아 예수 그리스도라고 다음과 같이 지적한다. "이 약속들은 아브라함과 그 자손에게 말씀하신 것인데 여럿을 가리켜 그 자손들이라 하지 아니하시고 오직 한 사람을 가리켜 네 자손이라 하셨으니 곧 그리스도라"(갈 3:16).

[독자 이삭을 바친 아브라함]

그리스도인의 삶은 하나님의 약속을 믿고 따라 가는 삶이다. 아브라함의 삶은 바로 그러한 삶의 전형이었다. 신학자 자크 엘룰은 그리스도인의 삶을 시간의 흐름 속에서 하나님의 약속대로 살아가고 그 가운데 소망을 갖는 삶이라고 강조했다.

아브라함은 그러한 약속을 믿고 살았다. 그러나 그도 인간인지라 의심도 했고, 그래서 많은 시련도 겪어야 했다. 창세기 22장에서 아브라함이 이삭을 바치는 사건은 하나님께서 아브라함이 진정으로 약속을 받을 자격이 있는지를 최종적으로 시험하는 사건이었다. 이 사건에서 그려지는 하나님의 모습은 불신자들이 보기에 정말로 피도 눈물도 인정도 없는 분으로 비쳐질 수 있다. 어떻게 자식을 바치라고 하는가? 너무나 냉정하다고 말할 것이다.

그러나 이 사건의 참된 의미를 알기 위해서는 아브라함이 하나님의 부르심을 받고 가나안 땅에 정착하면서 그에게 베푸신 하나님의 역사와 그에 대한 아브라함의 반응을 꼼꼼히 추적할 필요가 있다. 그러면 이제부터 가나안 이후 아브라함의 삶의 여정을 추적해 보기로 하자.

베네치아 성마가성당에 있는 모자이크. 아브라함과 사라, 그의 조카 롯이 하인들과 함께 하나님이 그들에게 약속한 땅 가나안으로 향하는 모습을 묘사했다.

아브라함은 하나님의 약속을 믿고 따라가기 위해 본토 친척 아비집을 떠났다. 검증되지도 않은 하나님의 말씀만 믿고 간다는 것은 쉬운 일이 아니었다. 더구나 믿고 따라가는 그 길은 보통 힘든 여정이 아니었을 것이다. 그 길에는 많은 위협이 도사리고 있었다. 그는 메소포타미아에서 가나안 땅으로 가기 위해서는 비옥한 초승달 지역을 따라 여행했어야 했는데, 그 지역 주위에는 광야 유목민들의 침입과 강도의 위협이 항시 존재해 있었다. 그래서 히브리서 기자는 아브라함에 대해서 다음과 같이 말하고 있다. "믿음으로 아브라함은 부르심을 받았을 때에 순종하여 장래의 유업으로 받을 땅에 나아갈새 갈 바를 알지 못하고 나아갔으며"(히 11:8).

하나님이 아브라함을 위해 직접적으로 주신 약속은 두 가지로 요약된다. 땅과 자녀의 축복이다. 그러나 그 약속을 붙잡고 따라갈 때 아브라함의 믿음이 확고부동한 것은 아니었다. 그는 가나안 땅에 흉년이 들었을 때 약속의 땅인 가나안을 저버리고 이집트로 피난했다. 또한 창세기 15장 2절의 말씀처럼 하나님이 자식을 주시지 않자 의심도 했다. "아브람이 이르되 주 여호와여 무엇을 내게 주시려 하나이까. 나는 자식이 없사오니 나의 상속자는 이 다메섹 사람 엘리에셀이니이다."

또한 창세기 16장 1~3절 말씀을 보면 아브라함은 아내 사래의 권고로 하나님의 방법이 아닌 인간적인 방법으로 하갈을 취하여 아들을 낳았다. 실로 사래가 하갈을 취하여 아브라함에게 건네줄 때 사용되는 동사들은 하와가 선악과를 취하여 아담에게 건네줄 때 사용되는 히브리어 동사와 동일한 단어들이다. 이런 의미에서 아브라함이 하갈을 취하는 행위는 마치 아담이 선악과를 따먹는 행위처럼 하나님 앞에서 커다란 불순종이었음을 알 수 있다.

그러나 하나님은 흔들리는 아브라함에게 자신의 약속을 재차 확인시켜주셨다. 여기서 우리는 한 가지 교훈을 얻을 수 있다. 약속을 믿고 따라가는 삶에는 세 가지 방애물이 있다는 것이다. 약속한 대로 이루어지지 않는 상황, 약속이 이루어질까 의심하는 인간적인 흔들림과 원망, 그리고 하나님의 방법에 맡기지 않고 인간적인 방법으로 행동하려는 태도이다. 우리는 항상 이와 같은 세 가지를 경계해야 한다.

마침내 하나님은 아브라함과 이전의 약속보다 더 강도 높은 언약을 맺으셨다. 원래 창세기 12장과 13장에서 하나님은 아브라함에게 땅과 자손에 대해 구두로 약속만 하셨다. 그러나 15장과 17장에서는 약속보다 더 강한 언약을 아브라함에게 주셨다. 아브라함이 흔들리지 않도록 하기 위해서였다. 언약이란 기본적으로 하나님의 맹세를 일컫는다. 그러므로 약속보다 더 강한 것이다. 사도 누가는 아브라함에게 한 하나님의 언약은 약속보다 더 강한 하나님의 자기 맹세임을 지적하고 있다. "우리 조상을 긍휼히 여기시며 그 거룩한 언약을 기억하셨으니 곧 우리 조상 아브라함에게 하신 맹세라"(눅 1:72-73).

창세기 15장과 17장에서 하나님은 아브라함과 두 번 언약을 맺으셨다. 왜 이렇게 두 번 언약을 맺으셨을까? 15장에서 하나님은 자식을 얻지 못한 아브라함에게 하나님의 약속을 굳게 잡을 것을 촉구하셨다. 이에 아브라함은 그 말씀을 믿었고, 하나님은 그 믿음을 그의 의로 여기셨다. 그리고 이어서 하나님은 약속을 더욱 굳건하게 하기 위해서 아브라함과 언약을 맺으셨다. 하지만 17장에 와서도 상황은 나아지지 않았다. 왜냐하면 16장에서 아브라함은 약속대로 살지 않고 인간적인 방법으로 자식을 낳기 위해 하갈을 취했기 때문이다.

이런 상황에서 하나님은 17장에서 다시 언약을 맺으셨다. 하지만 여기서 하나님은 15장과 달리 새로운 것을 추가하셨다. 즉 언약의 표징으로써 할례를 행할 것을 명하셨던 것이다. 이 할례는 아브라함으로 하여금 하나님의 언약을 다시는 잊지 말고 기억하도록 하는 언약의 표징이었다. 마치 노아 언약에서 하나님이 무지개라는 언약의 표징을 보고 언약을 기억하듯이 아브라함에게 할례의 표징을 보고 자신의 약속을 잊지 말라는 하나님의 애틋한 요구였던 것이다.

창세기 17장에서 하나님의 언약을 통해 자손의 약속을 다시 받은 아브라함은 하나님 말씀대로 할례를 행하였으나 여전히 중심에서 하나님의 말씀을 따른 것은 아니었다. "아브라함이 엎드려 웃으며 마음속으로 이르되 백 세 된 사람이 어찌 자식을 낳을까. 사라는 구십 세니 어찌 출산하리요"(창 17:17).

마침내 하나님의 은혜로 아브라함은 이삭을 아들로 얻었다. 하지만 하나님 편에서는 아브라함이 진정으로 하나님의 약속을 믿고 하나님을 전적으로 사랑하는지 시험할 필요성을 느끼지 않을 수 없었다. 그래서 창세기 22장에서 하나님은 아브라함을 시험하시고 이삭을 바치라고 명하신다. 이 시험은 지금까지 아브라함이 중심에서 하나님을 경외하고 약속을 따라간 사람인지를 알기 위한 테스트였다. 또한 이 시험의 목적은 아브라함에게 약속의 축복을 인준하기 위함이었다.

결과적으로 아브라함이 이 시험을 통과했을 때 성경은 다음과 같이 기록하고 있다. "사자가 이르시되 그 아이에게 네 손을 대지 말라. 그에게 아무 일도 하지 말라. 네가 네 아들 네 독자까지도 내게 아끼지 아니하였으니 내가 이제야 네가 하나님을 경외하는 줄을 아노라"(창 22:12). 여기서 하나님의 말씀인 '이제야'라는 말에 주의할 필요가 있다. 그동안 아브라함은 하나님의 말씀을 따라왔지만 하나님의 부르심을 받고 지금까지 그의 행동이 진정으로 말씀을 따르는 행동이었는지는 의구심을 떨칠 수가 없다. 그만큼 그는 하나님의 약속에도 불구하고 많은 의심을 했고 흔들렸기 때문이다. 물론 중간 중간 하나님의 언약을 준행하고 믿었기 때문에 하나님은 그를 의로 여기셨다. 하지만 그것은 순전히 하나님의 은혜였지 그가 보여준 의로운 행동 때문은 아니었다. 그러므로 최종적으로 하나님은 아브라함에게 축복을 인준하기 위해서 그가

이탈리아 피렌체 바르젤로미술관에 있는 기베르티의 〈이삭의 희생〉(1401년 作)이란 작품

진정으로 하나님을 사랑하고 믿는지를 시험하게 되었다. 그리고 아브라함이 그 시험을 믿음으로 통과했을 때 하나님은 '이제야' 비로소 아브라함을 하나님을 경외하는 자로 인치셨던 것이다.

[죄악으로 멸망당한 소돔과 고모라]

소돔과 고모라는 아브라함의 조카 롯의 거주지였다. 일찍이 죄악이 관영하여 동성애와 교만과 탐식과 나태와 음욕의 죄로(겔 16:49-50, 벧후 2:6,9) 유황불에 의해 멸망당했다(창 19장). 오늘날 그곳의 위치는 사해이다.

하나님은 소돔과 고모라를 멸하시기 전에 먼저 멸망을 경고하기 위해 소돔성에 사는 롯에게 두 천사를 보내셨다. 두 천사가 롯의 집에 왔을 때 그들을 본 성 사람들은 롯에게 와서 두 천사를 이끌어내라고 소리쳤다. 그들은 동성애자들로서 낯선 두 남자들을 보자 성적 욕구가 일어났던 것이다. 소돔성이 얼마나 타락했는지를 잘 보여주는 대목이다. 두 천사는 롯의 식구들에게 하나님의 심판으로 소돔과 고모라가 멸망당할 것과 피할 것을 말했다.

우리는 소돔과 고모라의 사건을 통해 한 가지 교훈을 배울 수 있다. 소돔과 고모라 사람들에게 두 천사가 전한 메시지는 구원을 위한 복음이었다. 그러나 구원의 메시지에 대해 사람들의 반응은 똑같지 않았다. 복음의 소식을 듣고도 다양한 반응이 있음을 알 수 있다. 오늘날 하나님의 구원의 메시지를 전할 때도 마찬가지다. 어떤 사람들은 복음을 듣고 그것을 믿는가 하면, 어떤 사람들은 들어도 믿지 않으며, 또 다른 사람들은 처음부터 들을 기회를 빼앗긴다. 소돔과 고모라 사건은 그러한 진리를 우리에게 보여준다.

먼저 소돔 백성들을 살펴보자. 그들은 복음의 메시지도 듣지 못하고 유황불로 멸망당했다. 그들이 그렇게 된 것은 그들의 죄악, 즉 세상의 정욕대로 살았기 때문이기에 자신들의 잘못을 변명할 수는 없다. 사람들은 죽어서 하나님 앞에 섰을 때 자신들이 생전에 복음을 듣지 못했기 때문에 핑계를 댈 수 있을 것이라고 생각한다. 그러나 소돔과 고모라의 사건은 우리가 복음을 듣든 듣지 못하든 간에 죄의 대가로 멸망당하는 것은 핑계할 수 없음을 교훈한다.

한편 소돔성에는 롯의 사위들이 있었다. 롯의 사위들은 다른 소돔 사람들과 달리 복음을 들었다. 하지만 그들은 복음을 듣고 비웃었다. "롯이 나가서 그 딸들과 결혼할 사위들에게 말하여 이르기를 여호와께서 이 성을 멸하실 터이니 너희는 일어나 이곳에서 떠나라 하되 그의 사위들은 농담으로 여겼더라"(창 19:14). 롯의 사위들은 복음을 농담으로 여겼던 것이다. 오늘날도 복음을 접했을 때 롯의 사위처럼 비웃는 사람들이 있다.

세 번째로 롯의 아내와 같은 사람이다. 롯의 아내는 복음을 듣고 어느 정도 반응을 보였다. 그녀는 남편의 말대로 딸들과 함께 소돔성을 빠져나왔다. 하지만 소돔성에 대한 미련을 버리지 못했다. 그래서 소돔성을 나올 때 "뒤돌아보지 말라"는 하나님의 명령을 마지막에 어겼다. 그녀는 끝까지 하나님의 말씀을 따르지 못하고 도중하차했던 셈이다. 그 결과 성경은 그녀가 소금기둥이 되었다고 말한다(창 19:26). 이 롯의 아내는 하나님을 따르면서 세상을 사랑하는 자의 표본이다. 이런 자를 성경은 두 주인을 섬기는 자라고 말한다. "롯의 처를 기억하라. 무릇 자기 목숨을 보전하고자 하는 자는 잃을 것이요 잃는 자는 살리리라"(눅 17:32-33).

마지막으로 복음을 듣고 구원을 받은 롯을 생각할 수 있다. 롯은 천

소돔 근처에 있는 '롯의 처'라 불리는 석화한 소금 기둥

사들이 전하는 하나님의 말씀을 듣고 그대로 순종했다. 그러나 사실상 롯이 순종하여 구원을 받은 것은 그의 공로나 그의 훌륭한 행동 때문은 아니었다.

　　롯이 소돔성을 빠져나가는 과정을 보면 롯도 지체를 했다. 세상에 대한 동경을 떨쳐버리지 못하고 의심하였다. 롯이 말씀에 따라 구원을 받은 것은 하나님의 은혜와 인자하심 때문이었다. "롯이 지체하매 그 사람들이 롯의 손과 그 아내의 손과 두 딸의 손을 잡아 인도하여 성 밖에 두니 여호와께서 그에게 자비를 더하심이었더라"(창 19:16). 그래서 롯은 하나님의 인자하심에 대해 다음과 같이 다시 고백했다. "주의 종이 주께 은혜를 입었고 주께서 큰 인자를 내게 베푸사 내 생명을 구원하시오나"(창 19:19).

성경은 롯이 구원을 받게 된 것은 롯 때문이 아니라 제3자인 아브라함 때문이었음을 밝힌다. "하나님이 그 지역의 성을 멸하실 때 곧 롯이 거주하는 성을 엎으실 때에 하나님이 아브라함을 생각하사 롯을 그 엎으시는 중에서 내보내셨더라"(창 19:29).

이 말씀은 롯의 구원이 하나님의 은혜와 인자하심과 함께 제삼자의 공로로 이루어졌음을 증거하는 말씀이다. 이 삼자의 공로는 신약에서 그리스도의 대속적 공로를 통해 우리가 구원을 얻는다는 진리를 간접적으로 예표한다. 이런 의미에서 롯의 구원은 그가 자랑할 수 있는 것이 아니었다. 이 이야기에서 우리는 은혜로 구원하신 하나님의 사랑의 모습을 발견할 수 있다.

[어찌 팥죽 한 그릇에 장자권을 팔다니]

창세기 25장 29~34절에서 우리는 형 에서가 동생 야곱에게 팥죽 한 그릇에 자신의 장자권을 파는 사건을 읽을 수 있다. 에서는 야곱과 함께 이삭의 아들로 둘은 쌍둥이로 태어났다. 형은 태에서 나올 때 몸이 붉고 전신에 털이 있어 에서라 하였고, 동생은 손으로 에서의 발꿈치를 잡았다고 하여서 이름을 야곱이라고 하였다(창 25:25-26). 후에 에서가 차지한 세일산은 털이라는 히브리어 어근과 같은 말에서 나왔다. 에서는 털 사람이었기 때문에 '에서'라고 불리게 되었고, 야곱은 손으로 에서의 발꿈치를 잡았다고 해서 '야곱'으로 불리게 된 것이다. 에서와 야곱은 장성하자 에서는 사냥꾼이 되어 바깥에서 주로 생활했지만 야곱은 장막에 거하며 집안에서 생활했다.

어느 날, 사냥에서 돌아온 에서는 배가 고파 붉은 팥죽을 쑤는 야곱을 보고 팥죽을 달라고 요구했다. 성경은 에서가 붉은 것을 달라는 요구를 통해서 후에 그가 에돔('붉다'라는 뜻)이라는 별명을 가지게 되었다고 말한다. 하지만 야곱은 형의 요구를 쉽게 들어주지 않았다. 야곱은 형 에서에게 그 대가로 형의 장자의 명분을 팔라고 말한다. 히브리어 원문의 형태를 보면 야곱은 형의 장자권에 대해 오랫동안 생각했던 것을 알 수 있다. 장자권은 이스라엘 사람들에게 특별한 축복을 의미했다. 장자는 아버지의 재산을 다른 아들보다 두 배나 상속할 수 있었고 하나님께 직접적으로 바쳐진 사람으로 여겨졌다.

에서는 배가 고팠기 때문에 장자의 명분이 무슨 소용이 있는가 말하며 야곱에게 장자의 명분을 팔았다. 성경은 이런 에서의 행동에 대해 다음과 같이 말한다. "야곱이 떡과 팥죽을 에서에게 주매 에서가 먹으며 마시고 일어나 갔으니 에서가 장자의 명분을 가볍게 여김이었더라"(창 25:34). 히브리서 기자도 에서의 행동에 대해 이와 같이 말한다. "음행하는 자와 혹 한 그릇 음식을 위하여 장자의 명분을 판 에서와 같

바티칸 시스티나성당에 있는 미켈란젤로의 〈야곱〉(1511-1512년 作). 야곱은 팥죽한 그릇에 형 에서의 장자 명분을 빼앗았고 시력이 나쁜 아버지 이삭을 속여 기업을 이을 장자의 축복을 받았다.

이 망령된 자가 없도록 살피라. 너희가 아는 바와 같이 그가 그 후에 축복을 이어받으려고 눈물을 흘리며 구하되 버린 바가 되어 회개할 기회를 얻지 못하였느니라"(히 12:16-17).

결국 야곱은 태어나기 전에 큰 자는 어린 자를 섬기리라 하는 하나님의 예언에 따라 에서 대신에 하나님의 축복을 받고 하나님 백성의 조상이 되었다. 여기서 우리는 하나님의 선택에 대해 생각할 필요가 있다. 창세기 4장에서 하나님은 가인의 제물보다 아벨의 제물을 더 기뻐하셨다. 아벨이 죽자 하나님은 막내아들인 셋을 택해 구원의 백성의 계보를 잇도록 하셨다. 그 후 하나님은 아브라함의 장자인 이스마엘을 선택하지 않고 이삭을 선택했고, 야곱의 열두 아들 중에는 장자가 아닌 요셉과 유다를 선택하여 자신의 구원 계획을 이루어가셨다. 이러한 하나님의 주권적인 선택의 원리를 볼 때 하나님은 그분의 뜻에 따라 에서보다 야곱을 선택했다고 말할 수 있다. 자격 있는 자가 아니라 자격 없는 자를 통해 하나님은 자신의 축복과 구원의 통로가 되도록 하셨던 것이다.

장자의 축복권이 에서에게서 야곱으로 옮겨진 것은 결국은 하나님의 선택에 의해 이루어진 것이다. 하지만 야곱은 그 장자권을 더욱 공고히 하기 위해 인간적인 방법을 사용했다. 창세기 27장에서 야곱은 눈이 어두운 아버지 이삭을 속이기 위해 형 에서의 복장을 하고 아버지에게로 나아가 에서 대신 장자의 축복을 받았던 것이다. 혹자는 야곱의 행동을 정당화하기도 한다. 하지만 이후 성경은 부모를 속인 야곱의 행동이 잘못되었음을 말한다. 실로 이런 속임의 대가로 야곱은 외삼촌 라반의 집에서 20년 동안 라반으로부터 많은 속임을 당해야 했다. 그리고 나중에는 자신의 아들들에게도 속임을 당했다.

창세기 27장 16절에 보면 야곱은 아버지 이삭을 속이기 위해서 염소 가죽을 사용했다. 그래서 성경은 "염소 새끼의 가죽을 그의 손과 목의 매끈매끈한 곳에 입히고"라고 말한다. 야곱은 아버지 이삭을 속일 때 털 사람인 형으로 위장하기 위해 자신의 몸을 염소 새끼의 가죽으로 꾸몄던 것이다. 그러나 아이러니하게도 야곱의 아들들도 요셉을 애굽으로 가는 대상에 팔고 야곱을 속일 때 야곱이 이삭을 속인 방법과 같은 방법으로 속이는 것을 볼 수 있다. "그들이 요셉의 옷을 가져다가 숫염소를 죽여 그 옷을 피에 적시고 그의 채색옷을 보내어 그의 아버지에게로 가지고 가서 이르기를 우리가 이것을 발견하였으니 아버지 아들의 옷인가 보소서 하매 아버지가 그것을 알아보고 이르되 내 아들의 옷이라"(창 37:31-33). 염소로 자신의 아버지 이삭을 속였던 야곱은 이제 자신의 아들들로부터 염소로 속임을 당했던 것이다.

갈라디아서 6장 7~9절에 나오는 "심는 대로 거둔다"는 진리를 여기서 다시 깨달을 수 있다. "스스로 속이지 말라. 하나님은 업신여김을 받지 아니하시나니 사람이 무엇으로 심든지 그대로 거두리라. 자기의 육체를 위하여 심는 자는 육체로부터 썩어질 것을 거두고 성령을 위하여 심는 자는 성령으로부터 영생을 거두리라. 우리가 선을 행하되 낙심하지 말지니 포기하지 아니하면 때가 이르매 거두리라."

[꿈 해몽으로 이루어진 하나님의 구원]

요셉이 애굽에서 옥에 갇히게 되었을 때 바로는 이상한 꿈을 꾸게 되었다. 아름답고 기름 진 일곱 마리의 암소가 하수에서 올라와 풀을 뜯고 있는데, 그 뒤에 흉악하고 파리한 일곱 마리의 암소가 나와 아름답고 살찐 일곱 암소를 먹는 꿈이었다. 그리고 바로는 또다시 꿈을 꾸었다. 그 꿈에서 한 줄기 무성하고 충실한 일곱 이삭이 나오는

데, 후에 세약하고 동풍에 마른 일곱 이삭이 나와 충실한 일곱 이삭을 삼키는 것을 보았다.

바로는 그 꿈을 이상히 여기고 번민하여 술객과 박사들을 불러 해석하도록 했다. 하지만 그들은 꿈을 해석하지 못했다. 이때 술 맡은 관원장이 전에 자기가 옥에 갇혀 있을 때 꿈을 해몽해주었던 요셉을 왕에게 소개했다. 바로는 요셉을 불러 자신의 꿈을 해몽하도록 했다. 요셉은 바로의 꿈을 듣고 두 가지 꿈이 미래에 일어날 한 가지 일을 예견한다고 대답했다. 앞으로 일곱 해에 큰 풍년이 있겠지만 후에 일곱 해 동안 흉년이 들어 애굽 땅이 기근을 당할 것이라는 해몽이었다. 요셉은 이 일을 대비해서 지혜 있는 사람을 치리자로 삼아 미리 곡물을 저장할 것을 바로에게 충고했다. 덧붙여 이 일이 하나님에 의해 정해졌음으로 속히 이루어질 것을 말했다.

결국 꿈 해몽으로 요셉은 옥에서 풀려나와 애굽 온 땅을 다스리는 총리가 되었다. 바로의 꿈에서 후에 나온 일곱 암소들은 흉악했다고 말한다(창 41:19,21). 이들은 앞서 나온 선한 암소들을 삼키는 악한 소들이었다. 여기서 '흉악하다' 고 한 단어는 히브리말로 '악하다' 라는 뜻이다. 이런 점에서 요셉의 꿈 해몽사건은 창세기 전체 주제와 연관해서 설명될 수 있다. 창세기 서두에서 하나님은 천지를 선으로 창조하셨다. 그러나 인간이 선악과를 따먹음으로써 악이 들어오자 하나님의 선은 악으로 변하게 되었다. 그래서 이제 그 악을 다시 선으로 바꾸시는 하나님의 구원 계획이 필요하게 되었다.

요셉은 악한 것이 선한 것을 삼키는 꿈 해몽을 통해 미래를 대비하는 길을 제시했다. 이런 의미에서 그의 꿈 해몽은 인간의 타락 이후 악

피렌체대성당 산조반니 세례당에 있는 기베르티의 〈요셉이야기〉(1425-1452년 作, 동 주조에 금박)

을 다시 선으로 바꾸시려는 하나님의 은혜의 모습을 암시한다. 요셉은
미래를 대비해서 지혜로운 자에게 일을 맡기도록 했다. 이런 점에서 악
을 선으로 바꿀 수 있는 일은 하나님의 지혜와 연관됨을 제시한다. 결
국 요셉의 꿈 해몽은 선이 악으로 바뀐 상황에서 하나님의 구원을 통해

다시 악이 선으로 바뀔 수 있는 길이 있음을 예시하는 사건이었다.

후에 총리가 된 요셉에게 형들이 찾아왔다. 가나안 땅에 흉년이 들어 곡식을 얻기 위해서 애굽으로 찾아왔던 것이다. 그들은 나중에 자신들의 동생인 요셉이 총리가 된 사실을 보고 놀라지 않을 수 없었다. 다시 요셉은 아버지 야곱과 재회하고 형들은 요셉과 함께 애굽에서 살게 되었다. 그러나 야곱이 죽게 되자 형들은 요셉을 두려워했다. 그동안은 살아 있는 아버지 야곱 때문에 보복당하지 않았지만 이제 아버지가 돌아가신 상황에서 혹시나 요셉이 애굽에 팔아넘긴 자신들을 복수하지 않을까 두려워했던 것이다.

그러나 두려워하는 형들에게 요셉은 다음과 같이 대답한다. "당신들은 나를 해하려 하였으나 하나님은 그것을 선으로 바꾸사 오늘과 같이 많은 백성의 생명을 구원하게 하시려 하셨나니"(창 50:20). 실로 요셉은 형들에게 인간의 악을 선으로 바꾸시는 하나님과 그것을 통해 모든 인간에게 구원을 베푸시는 하나님의 모습을 보여주었다. 요셉은 하나님으로부터 자신의 사명이 무엇인지를 알았다. 그는 인간의 타락으로 선이 악으로 바뀐 상황에서 다시 악을 선으로 바꾸시려는 하나님의 도구임을 깨달았던 것이다. 결론적으로 요셉의 꿈 해몽도 이러한 맥락에서 인간의 타락으로 멸망할 수밖에 없는 악한 인간에게 다시 선을 베푸시려는 하나님의 손길과 구원의 예표였다.

애굽의 탈출에서 사사시대로의 여행

[갈대상자 속의 모세와 바로의 딸]

요셉이 총리대신이 된 후 애굽으로 이주한 이스라엘은 후에 애굽에서 큰 민족을 이루게 되었다. 그러나 요셉을 알지 못하는 왕조가 애굽에 나오면서 이스라엘은 핍박을 받기 시작했다. 이스라엘 민족이 커가는 것을 두려워한 바로는 산파들에게 히브리 여인이 해산할 때 남자아이는 모두 죽일 것을 명령했다. 바로를 통해 하나님의 백성을 없애려는 사탄의 계략이었다.

그러나 하나님의 은혜로 산파들은 바로의 말대로 순종하지 않았다. 그들은 바로에게 아이를 낳은 히브리 여인은 자신들이 도착하기 전에 먼저 아이를 낳는다고 변명했다. 그러자 바로는 더 가혹한 방법을 사용했다. 히브리 남자아이들을 모두 하수에 던지라는 지시였다. 이 악랄한 사탄의 방법에서 자신의 백성을 구원하기 위해 하나님의 섭리 속에 태어난 아이가 바로 모세였다.

　모세는 레위 족속의 사람이었다. 그의 어머니는 모세를 낳고 몰래 3개월 동안 숨기며 그를 키웠지만 아이가 성장하면서 더 이상 숨길 수가 없었다. 그녀는 아이를 갈대상자로 만든 방주 속에 놓고 하수가에 내려놓았다. 그리고 자신의 딸에게 아이가 어떻게 되는지 지켜보도록 했다. 그때 마침 바로의 딸이 목욕을 하러 하수가에 시녀들과 함께 왔다. 바로의 딸은 아이를 보자 그 아이가 히브리인의 아기임을 직감할 수 있었다. 애굽인들은 바로의 명령을 알고 있었기에 그녀는 그 아이를 죽여야 했다. 정말로 위기였다.

　하지만 하나님은 바로의 딸의 마음을 움직였다. 바로의 딸은 아이를 보고 불쌍한 마음이 들었다. 이를 지켜 본 아이의 누나는 바로의 딸에게 아이를 키울 유모를 소개해주겠다고 제안했다. 결국 아이는 다시 어머니의 품으로 돌아가 바로의 궁전에서 바로의 딸의 입양아로서 히브리인의 교육을 받으며 자랄 수 있었다. 이것은 전적으로 하나님의 은혜였다.

　모세는 물로부터 건져냈다고 해서 모세라는 이름을 갖게 되었다. 그러나 모세는 또한 애굽인의 이름이기도 했다. 즉 아들이라는 의미의 이집트 단어에서 나온 파생어였다. 우리는 이집트 문헌을 통해서 프타모세라는 이름을 볼 수 있다. 특별히 이집트 제18왕조에는 유프라테스 강까지 세력을 펼쳤던 투트모세(Thutmosis Ⅲ)라는 유명한 왕이 있었다. 이것은 모세라는 이름의 기원이 이집트에서 나왔음을 증명해준다.

　모세의 출생을 통해 다시 한 번 애굽 왕 바로의 계획은 무너지게 되었다. 이후 하나님은 모세를 통해 이스라엘 백성들을 출애굽시키는 구

아부심벨 신전. 이집트의 왕들은 궁전이나 공공건물을 건축하는 것을 좋아했다. 도로와 병영, 수로는 계속 건설되었으며 왕국을 건축할 일꾼도 늘 필요했다. 이집트인들은 보수가 적은 이런 노동을 꺼렸기 때문에 유대인들이 이 힘든 일을 맡아 하게 되었다. 람세스 왕이 통치하던 기원전 13세기에는 이집트인과 유대인의 관계가 좋지 않았다. 상황은 점점 어려워져 유대인들은 애굽을 벗어나고자 하는 욕구가 생기기 시작했다.

원을 이루셨다. 모세의 출생이 교훈하는 것은 하나님은 예상치 못하게 보잘것없고 힘이 없는 것을 통해 구원을 이루신다는 사실이다. 모세의 출생은 어떤 의미에서 예수 그리스도의 출생과 유사하다. 예수님도 비천한 가운데 출생하여 당시 통치자 헤롯으로부터 생명의 위협을 받았다. 마찬가지로 모세도 억압받는 민족의 일원으로 태어나 당시 통치자인 바로에 의해 생명의 위협을 받았다. 이런 의미에서 모세의 출생은 신약의 예수 그리스도를 예표한다.

모세는 장성하여 자신이 히브리인이라는 사실을 잊지 않았다. 그래서 자기 형제인 히브리인을 애굽인이 치는 것을 보고 애굽인을 죽였다. 이 사건 때문에 모세는 미디안 광야로 도망쳐야 했다. 모세의 생애는 40년 동안의 바로의 궁전에서의 생활, 40년 동안의 미디안 광야생활, 그리고 다시 애굽으로 돌아와 이스라엘 백성을 출애굽시킨 후 가나안 땅까지 인도하는 40년의 광야생활로 나눠진다.

하나님은 모세를 사용하여 이스라엘을 구원하실 때 바로의 궁전에 있는 모세를 사용하지 않으셨다. 대신 모세로 하여금 40년 동안 고독한 미디안 광야생활을 거치게 하여 그를 단련시킨 후 모세를 사용하셨다. 모세가 자신의 처지를 알고 겸손해지고 하나님의 능력을 의지하는 사람으로 변하게 될 때 비로소 그를 사용하셨던 것이다.

[애굽에 내린 열 가지 재앙은]

40년 동안 미디안 광야에서 하나님의 사람으로 훈련받은 모세는 때가 되자 하나님의 부름을 받고 바로 앞에 서게 되었다. 모세는 하나님의 명령대로 이스라엘 백성을 이끌고 애굽 땅에서 나가도록 허가해 줄 것을 요구했다. 그러나 바로는 마음이 강퍅하여 이스라엘 백성을 보내주기를 거절했다. 그러자 하나님은 모세를 통해 애굽에 열 가지 재앙을 내리셨다.

첫 번째 재앙은 애굽의 하수가 피로 변하는 재앙이었다. 애굽의 하수가 피로 변하고 하수의 고기가 죽고 물에서 악취가 나자 애굽 사람들은 물을 마시지 못하게 되었다. 성경은 애굽의 술객들도 그와 같이 물을 피로 만들었다고 기록한다. 고대 이집트의 문헌에 보면 옛날에(주전 1300-1250년경) 나일강이 피로 변했다는 기록이 있다. 어떤 학자들은 나일강이 피로 변했다는 기록은 홍수로 인해 인근에 붉은 토양의 침전물이 들어와서 생긴 적조현상 때문이라고 말한다. 그러나 출애굽기 7장 19절에 의하면 애굽의 모든 물이 피가 될 것이라고 말했기 때문에 적조현상으로 설명될 수는 없다. 애굽의 술객들도 물을 피로 변하게 했지만 모세를 통한 하나님의 재앙처럼 광범위한 것은 아니었다. 그러나 이 재앙 앞에서 바로의 마음은 움직이지 않았다.

두 번째 재앙은 개구리 재앙이었다. 개구리를 하수로부터 올라오게 하여 애굽 사람들이 사는 곳을 휩쓸도록 했다. 애굽의 술객들도 개구리를 하수에서 올라오도록 했다. 그러나 모세와 달리 술객들은 개구리를 다시 하수에 머무르게 하지는 못했다. 결국 바로는 모세에게 개구리를 돌려보내 줄 것을 애원했다. 그리고 이스라엘 백성들을 보내줄 것을 약속했다. 그러나 개구리들이 모두 죽자 바로의 마음은 다시 강퍅해졌다. 개구리는 고대 애굽 사람들이 섬기는 신이었다. 개구리는 그들에게 생명을 상징했다. 그런 개구리를 하나님은 하수에서 올라오도록 하여 모두 죽였던 것이다. 이것은 애굽 신들에 대한 하나님의 징벌이며 하나님만이 참신임을 보여주는 증거였다.

세 번째 재앙은 티끌이 이가 되는 재앙이었다. 그러나 이번에는 술객들도 따라할 수 없었다. 술객들은 이것이 하나님의 권능이라고 바로에게 말하기까지 했다. 그러나 바로는 듣지 않았다.

네 번째 재앙은 이스라엘 백성들이 사는 고센 지역을 제외한 온 애굽에 파리 떼가 집집마다 가득하게 하는 재앙이었다. 바로는 모세에게 부탁하여 재앙을 멈추게 했으나 다시 완강하게 이스라엘 백성들을 보내지 않았다.

다섯 번째 재앙은 이스라엘의 생축을 제외한 모든 애굽의 생축에 악질이 생겨나는 재앙이었다. 그러나 바로는 완강하게 버텼다.

여섯 번째 재앙은 사람과 짐승에 독종이 발하는 재앙이었다.

일곱 번째 재앙은 우박이었다. 집에 들어오지 않는 사람이나 짐승은 우박을 맞아 죽는 재앙이었다. 이 재앙에서 하나님은 온 천하에 자신과 같은 신이 없음을 알게 하겠다고 말씀하셨다(출 9:14). 하나님이 바로를 계속 강퍅하게 하여 재앙을 내리시는 목적은 하나님만이 자연과 사람을 주관하시는 참 신임을 보여주기 위함이었다.

여덟 번째 재앙은 메뚜기로 온 지면을 덮게 하는 재앙이었다. 이 재앙에 앞서 하나님은 다음과 같이 말씀하셨다. "네게 내가 애굽에서 행한 일들 곧 내가 그들 가운데에서 행한 표징을 네 아들과 네 자손의 귀에 전하기 위함이라. 너희는 내가 여호와인 줄을 알리라"(출 10:2). 이때 바로는 오직 이스라엘의 남자들만을 보내줄 수 있다고 말했다. 하지

영국 대영박물관의 이집트관에 있는 람세스 2세 흉상. 이집트의 제19왕조의 파라오가 기원전 1279년부터 기원전 1213년까지 이집트를 통치했다. 이 파라오가 출애굽기에 등장하는 파라오일 것이라고 추정하는데 그의 이름은 람세스이다.

만 메뚜기 재앙이 왔을 때 바로는 손을 들고 항복하지 않을 수 없었다. 바로는 모세에게 백성들을 모두 보내겠다고 약속하고 재앙이 멈춰지기를 요구했다. 하지만 재앙이 지나가자 바로는 다시 마음을 바꾸었다.

아홉 번째 재앙은 흑암이었다. 바로는 모세에게 다시는 자신 앞에 나타나지 말라고 경고했다. 또다시 나타나는 날에는 죽음이 있을 것이라는 위협이었다. 애굽의 신은 태양신으로서 빛의 신이었다. 애굽인들은 태양신 레(또는 라)가 매일 아침 동쪽에서 태양을 떠오르게 함으로써 어둠의 신인 아포피스를 물리친다고 생각했다. 이런 애굽의 종교 앞에서 하나님이 흑암을 보낸 것은 애굽의 신을 무력화시킨다는 의미가 있었다. 이로써 하나님 여호와만이 참신임을 보여주었다.

마지막 재앙은 애굽의 장자를 죽이는 재앙이었다. 결국 이 재앙으로 말미암아 이스라엘 백성들은 애굽에서 나올 수 있게 되었다.

출애굽을 위한 하나님의 열 가지 재앙은 하나님의 권능을 이스라엘 백성들에게 보여주어 믿음을 심어주고, 동시에 애굽 사람들에게는 그들의 신을 징벌하고 하나님만이 참신이라는 사실을 보여주는 하나님의 기적적인 사건이었다.

[열 번째 재앙과 유월절의 기원]

유월절은 하나님이 모세를 통해 열 번째 재앙을 내리실 때 이스라엘 백성들에게 지키게 했던 규례이다. 하나님은 열 번째 재앙으로 애굽의 장자를 치실 때 이스라엘 백성들에게는 재앙을 피하고 구원 받은 사실을 기억하도록 하기 위해서 유월절 규례를 주셨다. 먼저 가족의 식구대로 제10일에 양을 잡아 제14일까지 간직하고 저녁 무렵에 양을 죽여 피로 집 문 좌우 설주와 인방에 바르도록 했다. 그러므로 이스라엘의 유월절은 저녁부터(아비월 제15일) 시작하는 절기였다.

아비월은 후에 니산월로 불리게 되었다(느 2:1). 이것은 오늘날 양력으로 3, 4월에 해당하는 시기이다. 그 후 이스라엘은 유월절을 지키는 달을 새로운 해의 시작으로 삼았다. 어떤 의미에서 유월절은 이스라엘이 민족으로서 새롭게 탄생되는 것을 기념하는 절기였다.

유월절이란 용어는 애굽의 장자를 치기 위해 여호와의 사자가 지나갈 때 피가 묻은 집은 그냥 넘어갔다는 데서 유래되었다. 유월절이란 바로 '넘어간다' 라는 뜻이다. 유월절에 이스라엘 사람들은 각기 자기 집안에서 식구들과 모여 죽은 양의 고기를 불에 굽고 무교병과 쓴 나물을 함께 먹었다(출 12:8). 고기를 먹고 남은 것은 아침까지 소화해야 했다. 또한 그들은 하나님의 명령대로 허리에 띠를 띠고 발에 신을 신고 손에 지팡이를 잡고 급히 먹었다. 양의 음식은 피로 구원받은 것을 기억하고 감사하기 위한 것이었고, 무교병과 쓴 나물은 그들의 구원이 급히 이루어졌음을 기억하며 애굽에서 그들의 고통을 잊지 않기 위함이었다.

이 후에 유월절 규례는 시간이 지나면서 약간 변형되었다. 모세의 법에 따라 모든 희생제물은 성막에서 제사장에 의해 드려지게 되었다(레 17:1-6). 이제 유월절 양은 자신의 집에서 죽일 수 없고 오직 성막/성전에서 제사장에 의해 잡을 수 있게 되었다. 따라서 모든 사람은 각기 자기의 양을 제단에 가져와 제사장으로 하여금 희생제물을 드렸다(대하 35:1-11).

예수님 당시에 유월절 규례를 보면 양을 성전에서 희생제물로 드리고 집에서는 무교병으로 유월절 음식을 대신했던 것처럼 보인다. 예수님 당시 사람들은 손에 지팡이를 들고 서둘러서 유월절 음식을 먹지 않앉던 것 같다. 누가복음 22장 14절에 보면 예수님은 제자들에게 음식을 베풀고 편안한 자세로 식사하셨다. 그 후 70년 성전이 파괴되면서 유대인들은 유월절에 더 이상 양을 희생제물로 드릴 수 없게 되었다. 그때 이래로 무교병이 유대인들에게서 유월절에 중요한 위치를 차지하게 되었다.

유대인들의 전승에 의하면 유대인들은 하나님의 새로운 구원이 다시 유월절에 이뤄질 것을 고대한다. 반면 신약은 예수님을 바로 유월절의 어린 양이라고 증거한다. 그리고 실제로 예수님은 유월절에 예루살렘에서 유대지도자들에 의해 십자가에서 돌아가셨다.

세례 요한은 예수님에 대해 "세상 죄를 지고 가는 하나님의 어린 양"이라고 증거했다. 또한 사도 바울도 예수님에 대해서 다음과 같이 말했다. "너희는 누룩 없는 자인데 새 덩어리가 되기 위하여 묵은 누룩을 내버리라. 우리의 유월절 양 곧 그리스도께서 희생되셨느니라"(고전 5:7). 예수님의 수제자 베드로는 베드로전서 1장 19절에서 "오직 흠 없고 점 없는 어린 양 같은 그리스도의 보배로운 피로 된 것이니라"고 예수 그리스도를 유월절 어린 양으로 말했다.

유월절의 어린 양은 이스라엘 백성들이 애굽의 속박에서 하나님의 은혜로 구원받도록 하는 대속의 양이었다. 그리고 그것은 이제 신약에서 죄의 속박에서 구원하기 위해 오신 예수님의 대속의 죽음을 상징하는 예표가 되었다.

[갈라진 홍해의 기적과 증거들]

이스라엘 백성은 애굽에서 나왔지만 바로 가나안 땅으로 들어가지는 못했다. 사실 가나안 땅으로 빨리 가기 위해서는 지중해 해안을 따라 펼쳐진 블레셋 사람의 길(출 13:17)로 가야했다. 하지만 하나님은 그 길을 이스라엘에게 허락하지 않으셨다. 그 이유를 성경은 "이 백성이 전쟁을 하게 되면 마음을 돌이켜 애굽으로 돌아갈까 하셨음이라"고 말하고 있다. 고고학적으로 보면 그 지중해 해안길은 애굽의 군사도로로서 많은 애굽의 군대들이 진을 치고 있었다. 그러므로 모세가 백성들을 이끌고 그 길로 갔다면 애굽 군대와의 전면전이 불가피했다. 그런데 그 해안길 주변은 늪지대로 이루어졌기 때문에 이스라엘이 애굽 군대와 전쟁을 했다면 불리할 수밖에 없었을 것이다.

또한 하나님이 보시기에 아직 이스라엘은 전쟁을 수행할 정도로 믿음이 강하지 못했다. 하나님은 그들이 참 구원자로서 하나님의 능력을 깨닫도록 하기 위해서는 홍해의 기적이 필요하다는 것을 알고 계셨다. 결국 이 홍해의 기적을 통해서 이스라엘은 진정으로 하나님을 믿을 수 있게 되었다. "이스라엘이 여호와께서 애굽 사람들에게 행하신 그 큰 능력을 보았으므로 백성이 여호와를 경외하며 여호와와 그의 종 모세를 믿었더라"(출 14:31).

이스라엘 백성들은 모세의 인도를 받아 숙곳에서 출발하여 광야 끝 에담에 도착했다. 아마도 이곳은 오늘날 수에즈 운하 근처인 것처럼 보인다. 그리고 다시 거기서 홍해에 도착했다. 홍해의 위치에 대해서는 아직도 학자들 간에 논란이 있다. 이스라엘 백성들이 출애굽할 때 레위 족속을 뺀 장정만 60만 명이었다. 여기에 여자와 어린아이, 그리고 노약자들을 합산한다면 약 200만 명이 출애굽을 했다는 계산이다. 그 많은 수가 홍해를 밤새도록 건넜다면 홍해는 넓이가 수 킬로미터가 되는 깊은 바다였을 것으로 추정된다. 하지만 일각에서는 홍해가 내륙에 있었던 큰 호수라고 주장하기도 한다.

당시 애굽은 애굽과 미디안 광야의 경계선에 운하를 팠다. 이것은 고고학 발굴을 통해서 증명되었다. 그 당시 운하는 여러 호수와 연결되어 있었는데, 이런 호수들은 주위의 홍해가 범람할 때 바닷물이 흘러들어 왔기 때문에 실제로 호숫물은 바닷물처럼 염분이 있었다. 또한 호수 주위에는 갈대들이 많이 있었다. 성경에서 홍해는 히브리어로 '얌숲'인데 그 뜻은 '갈대의 바다'이다. 그러므로 호수의 물은 홍해와 같은 명칭이었다.

시나이 반도의 내륙 안에 갈대바다로 명명된 호수들이 홍해와 같은 염수였기에 그 갈대바다라는 명칭을 전체 홍해에 적용한 것으로 추정할 수 있다(출 13:18). 실로 이스라엘이 진을 친 비하히롯은 '운하의 입구'라는 뜻을 가지고 있다. 이 운하와 호수 주위에는 물들이 짰기 때문에 홍해를 건너 광야에서 이스라엘이 먹을 물을 찾지 못했다는 것은 충분히 설명이 가능하다.

애굽의 마병들은 호수인 갈대바다를 건너려는 이스라엘 백성들을 쫓아왔다. 혹자는 이미 열 가지 재앙을 통해 애굽의 가축들이 다 죽었는데 어떻게 애굽 사람들이 말을 이끌고 올 수 있는가 하고 반문한다. 그러나 출애굽기 9장 20절 말씀을 보면 살아남은 가축들이 애굽에 있었음을 보여준다. "바로의 신하 중에 여호와의 말씀을 두려워하는 자

영국 버밍엄미술관에 있는 데이비드 로버츠의 〈이집트를 떠나는 히브리인들〉(1828년 作)

들은 그 종들과 가축을 집으로 피하여 들였으나."

　뒤쫓아오는 애굽의 군대를 뒤로 하고 하나님은 모세를 통해 바다를 갈라지게 하셨다. 그리고 그 밤에 이스라엘 백성들은 그 갈대바다를 마른 땅과 같이 건넜다. 이스라엘 백성들이 홍해를 건너자 하나님은 다시 모세를 통해 물을 원 위치로 합치게 하여 뒤따라오는 애굽의 군대를 수장시키셨다.

　출애굽기 15장은 이 홍해 기적을 통한 출애굽사건을 하나님이 자신의 백성을 창조하신 창조사건으로 기술한다. "놀람과 두려움이 그들에게 임하매 주의 팔이 크므로 그들이 돌같이 침묵하였사오니 여호와여

주의 백성이 통과하기까지, 곧 주께서 사신 백성이 통과하기까지였나이다"(출 15:16).

여기서 "주께서 사신 백성"이라는 구절에서 '사다'라는 말은 히브리어로 '낳다'라는 뜻이다. 이 단어는 고대 근동아시아의 문헌에서 창조의 뜻을 가지고 있다. 따라서 이 구절은 "주님께서 백성을 창조하셨다"라고 해석할 수 있다. 창세기 1장은 땅이 창조될 때 수면 아래 있었다고 말한다. 그러므로 이스라엘 백성이 홍해를 건너서 하나님의 백성으로 탄생되는 과정은 하나님이 물에서 땅을 드러냄으로써 땅을 창조하신 하나님의 창조 행위와 비유될 수 있다.

여기서 우리는 이스라엘의 창조관을 볼 수 있다. 당시 이집트를 포함한 고대 근동아시아의 창조관은 '자연은 여전히 신들에 의해 주관된다'고 생각했다. 그리고 창조 이후 시간의 흐름은(역사) 창조의 질서가 무너지는 과정으로 여겨졌다. 따라서 그들은 원래의 창조 질서를 회복하기 위해 해마다 신년 축제 때 신들에게 제사를 드렸다. 그런 제사를 통해 창조의 질서가 다시 재현된다고 생각했던 것이다. 즉 창조의 반복이었다.

그러나 이스라엘은 달랐다. 이스라엘은 홍해사건을 통해 하나님이 역사 안에서 새롭게 창조하시는 행위를 목격했다. 그것은 원래 창조의 반복이 아니라 역사의 완성을 위해서 하나님의 목적을 성취하기 위한 새로운 창조였다. 따라서 이스라엘은 역사 안에서 새로운 창조의 역사를 자연스럽게 목도하고 역사에 의미를 두었다. 역사에 대한 이스라엘의 관심은 결국 역사의 끝에서 하나님의 나라가 새롭게 창조될 것이라는 종말론으로 이어졌다. 이 마지막의 새 창조는 원래의 창조 이상의 의미를 가지고 있다. 결론적으로 홍해사건을 통해 이스라엘은 역사 안에서 하나님의 구원의 손길을 보고 당시 자연에게만 관심이 있었던 근동아시아 민족들과 달리 역사의식을 가질 수 있었다.

[광야의 음식, 만나와 메추라기]

이스라엘 백성들은 출애굽을 한 후 홍해를 건너 엘림과 시내산 사이 신 광야에 도착하였다. 여기서 신 광야는 시나이라는 말과 연관된다. 홍해를 건넌 지 약 1개월이 지났다. 시간이 지나면서 양식이 떨어지자 이스라엘 백성들은 원망하기 시작했다. 그들은 모세와 아론에게 애굽에서 고기와 떡을 먹으며 죽는 것이 광야에서 죽는 것보다 더 낫다고 불평했다.

하나님은 그들의 원망을 들으시고 저녁에는 메추라기와 아침에는 만나를 보내주셨다. 만나는 이스라엘 백성들이 그것을 보고 '무엇이냐' 라는 말에서 유래되었다(출 16:15). 메추라기는 아프리카에서 시나이 반도 쪽으로 잦은 이동이 있었다는 보고가 있다. 아프리카에서 광야로 온 메추라기는 힘이 없기 때문에 사람들이 손쉽게 잡을 수 있었다고 전한다. 아마도 하나님이 보내신 메추라기도 사람들이 쉽게 잡을 수 있었던 것처럼 보인다.

하나님은 만나를 한 사람의 몫으로 한 오멜씩만 거두고 다음 날까지 집에 남겨 두지 말라고 명령하셨다. 또한 제7일은 안식일이기 때문에 전 날에 두 배의 만나를 거두라고 말씀하셨다. 그리고 안식일에는 만나를 내리지 않을 것이며 처소에서 나와서는 안 된다고 명하셨다. 하나님은 원망하는 그들에게 "그들이 내 율법을 준행하나 아니하나 내가 시험하리라"(출 16:4)고 모세를 통해 말씀하셨다.

그러나 이스라엘 백성들은 하나님의 명령을 어겼다. 그래서 더 많은 만나를 거두고 다음 날까지 남겨 두는 사람들도 있었다. 그러자 거기서 벌레가 생기고 악취가 심하였다. 더군다나 안식일에 만나를 거두려고 나오는 사람들도 있었다. 이처럼 하나님의 명령을 거역하는 이스라엘 백성들에게 하나님은 모세를 통해 다음과 같이 책망하셨다. "여호와께서 모세에게 이르시되 어느 때까지 너희가 내 계명과 내 율법을 지키지 아니하려느냐"(출 16:28).

만나와 메추라기는 하나님이 이스라엘 백성들이 광야에서 살 수 있도록 내려주신 음식이었다. 그러면서 하나님은 매일 한 사람 당 한 오멜씩 만나를 거둘 것과 안식일에 대한 규례를 따로 주셨다. 이런 모습은 하나님의 율법의 특징을 간접적으로 보여준다. 만나와 함께 주신 하나님의 규례는 하나님의 율법이 그 자체로 구원의 힘이 있는 것이 아니라 인간의 죄악으로 말미암아 그들의 죄악을 드러내는 기능이 있음을 보여준다. 또한 원망하는 이스라엘에게 그런 율법을 주셨다는 점에서 율법의 행위가 어느 정도 하나님의 진노를 누그러뜨리는 역할도 있음을 말해준다.

이런 맥락에서 바울은 하나님의 율법에 대해서 그것이 범법함을 인하여 주신 것이라고 말했다. "그런즉 율법은 무엇이냐. 범법하므로 더하여진 것이라. 천사들을 통하여 한 중보자의 손으로 베푸신 것인데 약속하신 자손이 오시기까지 있을 것이라"(갈 3:19).

시내산. 시나이(Sinai)는 히브리어로 가시나무 숲을 뜻한다. 바빌론 달의 여신인 신(Sin)의 이름을 딴 시내산은 시나이 반도 안에 있는 산으로 모세가 출애굽의 계시와 십계명을 받았던 산이다. 현재 정확한 위치는 알 수 없으나 호렙산 줄기의 최고봉인 무사산이 가장 유력하다.

하나님은 이스라엘이 가나안에 도착할 때까지 40년 동안 만나를 내려주셨다. 이런 만나를 내리신 의미를 모세는 다음과 같이 말했다. "너를 낮추시며 너를 주리게 하시며 또 너도 알지 못하며 네 조상들도 알지 못하던 만나를 네게 먹이신 것은 사람이 떡으로만 사는 것이 아니요 여호와의 입에서 나오는 모든 말씀으로 사는 줄을 네가 알게 하려 하심이니라"(신 8:3).

[하나님의 십계명]

하나님은 시내산에서 모세를 통해 이스라엘 백성에게 십계명을 주셨다. 이 십계명은 출애굽기 20장에 상세히 기록되어 있다. 십계명의 율법들은 하나님의 구원을 받기 위해 백성들이 지켜야 할 규례는 아니었다. 이미 하나님은 이스라엘 백성들을 애굽의 속박에서 구원하시고 자신의 백성으로 삼으셨다. 그러므로 십계명은 구원의 조건이 아니라 구원받은 백성으로서 살아야 할 공식적인 규범이었다.

제1계명은 하나님 외에 다른 신을 섬기지 말라는 것이다. 이 말씀은 다른 신의 존재를 인정하는 것이 아니라 여호와 하나님만이 참 신이기 때문에 그분만을 섬길 것을 의미한다. 이스라엘이 가나안 땅에 들어가서 실패하게 된 이유는 하나님을 버리고 바알을 섬긴 것이 아니라 하나님과 바알을 함께 섬긴 종교혼합주의 때문이었다. 그러나 하나님과 바알은 양립할 수 없다.

제2계명은 다른 우상을 만들지 말며 아무 형상이라도 만들지 말라는 것이다. 그리고 하나님은 질투하시는 하나님이기에 죄를 지은 자에게는 아비로부터 아들에게로 삼사 대까지 이르게 하거니와 자신을 사랑하고 계명을 지키는 자에게는 천 대까지 은혜를 베풀어줄 것이라고 말씀하신다. 인간이 바로 하나님의 형상이기 때문에 또 다른 하나님의 형상을 만든다는 것은 용납될 수 없었다.

솔로몬 이후 왕국이 북이스라엘과 남유다로 갈라질 때 북이스라엘의 여로보암은 자기 백성들이 제사를 위해 예루살렘 성전에 내려가는 것을 막기 위해 두 개의 금송아지를 만들었다. 학자들은 당시 근동아시아의 종교문화를 통해 금송아지는 하나님의 직접 묘사가 아니라 하나님의 형상을 받쳐주는 발등상과 같은 역할을 했을 것이라고 말한다. 그러나 하나님은 자신의 형상을 암시하는 어떤 것도 허락하지 않으셨다. 결국 금송아지는 여로보암의 대표적인 죄악이 되었다. 모든 우상과 형상을 금한 것은 하나님의 자기 계시의 순수성을 보존하기 위함이었다.

하나님은 자신을 질투하는 하나님이라고 소개하셨다. 외형이나 형식만 갖추면 자동적으로 복을 주는 기계적인 하나님이 아니라 중심을 보시며 진정으로 섬기기를 원하시는 인격적인 하나님임을 의미한다. 이 계명에서 하나님은 죄를 지은 사람에게 아비로부터 삼사 대까지 책임을 묻겠다고 말씀하셨다. 이것은 율법의 저주였다. 그러나 이제 예수 그리스도로 말미암아 우리는 그러한 저주에서 벗어나게 되었다(갈 3:13). 부모의 죄의 영향이 클지라도 그리스도 안에 있다면 우리는 하나님의 은혜로 그 영향에서 벗어나 새 사람이 되기 때문이다.

제3계명은 여호와의 이름을 망령되이 일컫지 말라는 명령이다. 하나님은 이스라엘에게 여호와의 이름을 부르도록 허락하셨다. 이 명령의 의미는 일차적으로 그런 여호와의 이름을 마치 마술적 주문처럼 생각하고 부르지 말라는 뜻이다. 당시 사람들은 신의 이름을 알면 마치 마술의 주문처럼 그 이름을 부를 때 마음대로 신을 조정할 수 있다고 생각했다. 결국 여호와의 이름을 망령되이 일컫지 말라는 계명은 하나님에 대한 올바른 섬김을 위한 명령이다. 더 나아가 이 명령은 하나님의 이름을 거룩한 이름이기 때문에 그 이름을 부르는 사람들은 거룩한 삶을 살아야 한다는 의미이기도 하다.

제4계명은 안식일을 기억하여 거룩히 지키라는 말씀이다. 이 계명은 신 광야에서 하나님이 만나를 주시면서 이미 명령하셨던 계명이었다. 이 십계명에서 안식일의 의미가 더 구체적으로 설명된다. 안식일은 하나님이 만물을 창조하시고 제7일에 안식하신 모범을 따라 지키는 규례라는 것이다. 신약의 히브리서 기자는 우리에게 영원한 안식이 있음을 말하고 있다(히 4:1-6). 안식일은 하나님의 창조사역을 기념하면서 또한 우리에게 영원한 안식을 생각하게 하고 그 안식을 미리 선취하는 의미를 가진다.

제5계명은 부모를 공경하라는 말씀이다. 여기서 '공경하다'라는 히브리 단어는 일반적으로 성경에서 하나님께만 적용되는 존경과 애정을 의미한다. 그러므로 부모를 공경하라는 말은 하나님께 존경과 애정을 표하듯이 부모님을 하나님의 대리자로 생각하고 존경과 애정으로 대하라는 명령이다. 부모는 이 땅에서 하나님을 대신하여 자녀를 신앙 안에서 교육할 신적 권위를 부여받은 자이기 때문이다. 그러므로 성경은 부모님을 치거나 저주하는 일은 하나님을 치고 저주하는 행위로

베를린 시립박물관에 있는 렘브란트의 〈십계명 석판을 든 모세〉(1659년 作)

써 엄하게 금하고 있다. "자기 아버지나 어머니를 치는 자는 반드시 죽일지니라"(출 21:15). "자기의 아버지나 어머니를 저주하는 자는 반드시 죽일지니라"(출 21:17).

제6계명은 살인하지 말라는 명령이다. 이 명령은 인간이 하나님의 형상으로 지음받은 고귀한 존재이기 때문이다. "다른 사람의 피를 흘리면 그 사람의 피도 흘릴 것이니 이는 하나님이 자기 형상대로 사람을 지으셨음이니라"(창 9:6). 하나님의 형상이란 본질적으로 하나님의 소유를 의미한다. 한번은 헤롯 당원들이 예수님을 찾아왔다. 그들은 예수님을 시험하기 위해 가이사에게 세를 받치는 것이 합당한지를 물었다. 그때 예수님은 동전 안에 있는 가이사의 형상을 가리키시면서 "가이사의 것은 가이사에게 바치라"고 대답하셨다. 가이사의 형상이 있기 때문에 가이사의 것이라는 예수님의 말씀에서 우리는 형상에 대한 한 가지 진리를 깨달을 수 있다. 즉 인간은 하나님의 형상이기 때문에 하나님의 것이라는 진리이다. 그러므로 살인은 하나님의 것을 빼앗는 소유 침범이다. 이런 의미에서 자살도 자신의 생명을 자신의 것으로 착각하는 것이기에 죄악이다.

제7계명은 간음하지 말라는 것이다. 정당한 결혼제도 범위 밖에서 하는 혼외정사는 간음이다. 예수님은 이 간음을 마음에까지 확대하셨다. 그래서 음욕을 품는 자마다 간음을 했다고 말씀하셨다.

제8계명은 도적질하지 말라는 것이다.

제9계명은 네 이웃에 대하여 거짓 증거하지 말라는 것이다.

제10계명은 네 이웃의 집을 탐내지 말라는 것이다. 이것은 자신의 소유가 아닌 다른 사람의 모든 것을 탐내지 말라는 명령이다.

결론적으로 제1계명에서 제4계명까지는 하나님과의 관계를 명령하고, 나머지 제5계명에서 제10계명은 사람과의 관계를 언급한다.

[하나님의 임재와 영광, 성막과 법궤]

모세는 시내산에 하나님으로부터 성막과 법궤에 관한 규례를 받았다(출 25-31장, 35-40장). 성막의 구조는 크게 성막 바깥에 있는 뜰과 성막으로 되어 있다. 성막 안에는 커튼을 사이로 성소와 지성소로 나뉜다. 그래서 크게 성막은 3중 구조라고 할 수 있다.

성막은 나무 판으로 틀을 만들고 그 위에 커튼을 연결하여 드리운 구조물이다. 커튼은 세 겹이었다. 제일 먼저 성막 내부의 커튼은 10개의 일정한 규격의 커튼을 연결한 것으로 고리를 달아 금 갈고리를 끼워 연결했다. 이 커튼에는 가늘게 꼰 베실과 청색, 자색, 홍색실로 그룹이 수놓아졌다. 이 내부 커튼 위를 2차로 덮는 커튼은 재료가 염소털로 만들어졌고, 여러 개의 커튼을 놋 갈고리로 연결시킨 것이다. 그리고 그 위를 다시 3차로 붉게 물들인 수양의 가죽과 해달 가죽으로 덮었다.

성막 안은 다시 지성소와 성소를 구분하기 위해서 커튼을 설치했는데 그 커튼은 청색, 자색, 홍색실과 가늘게 꼰 베실로 만들어졌다. 그리고 그 위에 그룹들이 공교히 수놓아졌다.

성막 안의 지성소에는 하나님의 법궤가 있었다(출 25:10-22). 법궤는 조각목으로 만들어졌고 그 나무 위를 금으로 입힌 형태였다. 법궤 안에는 하나님의 증거판인 십계명이 놓여 있었다. 히브리서 기자는 이 법궤 안에 십계명과 함께 만나와 아론의 싹 난 지팡이가 있었다고 말한다(히 9장). 법궤 위에는 금으로 만든 속죄소가 있었고, 금으로 만든 두 그룹이 속죄소 양끝에 하나씩 있어 속죄소 위를 날개로 드리우며 서로 마주보는 모양이었다.

하나님은 법궤의 목적에 대해서 다음과 같이 말씀하셨다. "거기서 내가 너와 만나고 속죄소 위 곧 증거궤 위에 있는 두 그룹 사이에서 내가 이스라엘 자손을 위하여 네게 명령할 모든 일을 네게 이르리라"(출 25:22). 하나님이 법궤 위에서 만나주신다는 것은 법궤가 하나님의 보좌임을 의미한다. 그래서 사무엘상 4장 4절에서는 "그룹 사이에 계신 만군의 여호와의 언약궤"라고 말한다. 하나님이 그룹으로 둘러 싼 법궤 위에 좌정하고 계신다는 뜻이다. 구약에서 그룹 사이에 좌정하시는 하나님의 모습은 통치자의 모습과 연관된다. "여호와께서 다스리시니 만민이 떨 것이요 여호와께서 그룹 사이에 좌정하시니 땅이 흔들릴 것이로다"(시 99:1). 따라서 법궤는 왕으로서 하나님이 좌정하시어 통치하시는 모습을 상징한다.

성막 안의 성소에는 진설병을 올려놓는 떡 상과 금 촛대, 그리고 향을 피우는 향단이 있었다. 성막 바깥에는 희생제물을 드리는 번제단이 있었고, 제사장들이 손을 씻을 수 있는 놋으로 만든 물두멍(물대야)이 있었다.

성막은 신약에서 세상 가운데 거하시는 예수 그리스도의 모형이다. 구약의 성막이 하나님의 임재와 하나님의 영광을 보여준 것처럼 예수님도 사람들 가운데 거하셔서 하나님의 영광을 드러내셨기 때문이다. 사도 요한은 예수 그리스도에 대해 "말씀이 육신이 되어 우리 가운데

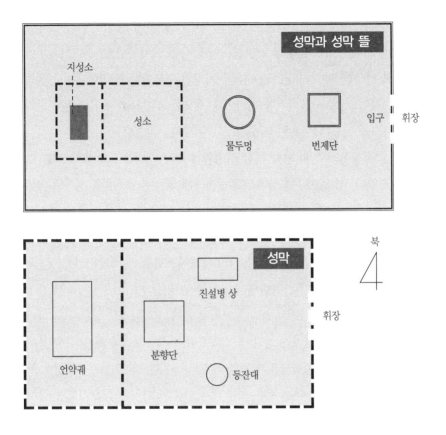

거하시매 우리가 그의 영광을 보니 아버지의 독생자의 영광이요 은혜
와 진리가 충만하더라"(요 1:14)고 말했다. 더 나아가 히브리서 기자는
성막 안에 성소와 지성소를 가로막는 휘장을 그리스도의 육체라고 말
했다(히 10:20).

그러나 성막의 상세한 구조물들이 모두 예수 그리스도의 특성과 사
역을 미리 예견해주는 모형이라고 지나치게 해석하는 것은 잘못이다.

혹자는 번제단이 조각목으로 만들어졌기 때문에 나무로 만든 번제단은 예수 그리스도의 대속의 장소가 나무인 십자가임을 미리 보여준다고 해석한다. 그러나 그런 해석은 지나친 풍유이다. 성막이 그리스도의 모형인 것은 사실이지만 지나치게 세세한 부분들까지 유추해서 그리스도께 적용하는 것은 성경적으로 정당화될 수 없다.

사실 성막은 다양한 복합 상징체계이다. 성막은 교회를 상징할 수도 있다. 성막은 후에 성전으로 발전하게 되는데 에스겔은 성전에 대해서 에덴동산의 이미지를 적용하고 있다(겔 47:6). 시편 기자도 성전이 있는 시온산을 에덴동산으로 제시한다(시 46편). 그러므로 성막은 인간이 타락으로 상실한 에덴동산의 예표이기도 하다.

하나님은 성막과 관련해서 안식일 규정(출 31:12-17)을 다시 강조하셨다. 이런 의미에서 성막은 안식일 축복의 회복과도 연관된다. 하나님의 임재를 상징하는 성막이 어떻게 하나님의 안식과 연관되는가? 하나님의 안식은 하나님의 임재와 관련되어 있다. 창조 이후 제7일에 하나님이 안식하셨다는 뜻은 하나님이 만물을 거처로 삼으시고 등극하심을 의미한다. 그러므로 같은 맥락에서 시편 기자는 성전에서 하나님의 임재를 하나님의 안식과 동일시했다. "여호와께서 시온을 택하시고 자기 거처를 삼고자 하여 이르시기를 이는 내가 영원히 쉴 곳이라. 내가 여기 거주할 것은 이를 원하였음이로다"(시 132:13-14). 그러므로 성전/성막에서 하나님의 임재는 안식을 동반하는 것이다.

인간은 창조 이후 범죄로 말미암아 하나님의 안식을 잃어버렸다. 하나님의 안식의 자리를 수고와 고통과 죄책이 차지하게 되었다. 하지만 이제 성막을 통해 인간에게 안식의 축복이 하나님의 임재와 함께 회

보석

가슴받이

에봇(사제복)

아마포
튜닉(사모)

제사장의 의복. 제사장은 소매 달린 아마포 튜닉과 에봇이라는 사제복을 입었다. 이 옷은 가슴에서 엉덩이까지 내려왔는데 두 개의 어깨띠로 고정시킨 다음 허리에 동여매는 것이다. 대사장의 에봇에는 이스라엘 열두 지파의 이름이 새겨진 12개의 보석으로 장식한 가슴받이가 있었다. 가슴받이는 제사장이 하나님의 뜻을 인간에게 전달하는 존재라는 것을 상징한다.

복되기 시작했다. 즉 하나님의 안식에 인간이 참여할 수 있게 된 것이다. 히브리서 기자는 하나님의 안식이 마지막 날에 온전히 성취되고 회복될 것이라고 말한다(히 6장).

실로 성막/성전이 안식의 축복과 관련되어 있음을 성경은 다음과 같이 강조한다. "여호와 하나님이여 일어나 들어가사 주의 능력의 궤

초창기의 성소. 아라드 성전의 지성소 중 번제를 바치던 제단.
왼쪽 앞부분의 네 뿔 달린 제단은 중부 이스라엘의 메기도에
있던 성소에서 발굴된 것이다. 이 두 유물은 기원전 10세기의
것으로 추정된다.

와 함께 주의 평안한 처소에 계시옵소서. 여호와 하나님이여 원하옵건
대 주의 제사장들에게 구원을 입게 하시고 또 주의 성도들에게 은혜를
기뻐하게 하옵소서"(대하 6:41).

한편 나중에 남유다 왕국은 바벨론의 침공 때 그들은 성전과 법궤
라는 외형적 장치를 과신하고 성전에서의 예배가 자신들의 구원과 보

호를 보장해 줄 것이라고 믿었다. 하나님의 축복을 외형적인 제도에서 찾으려는 잘못된 생각이었다. 그들은 하나님의 성전과 법궤가 자신들에게 있기 때문에 바벨론으로 절대 잡혀가지 않을 것이라고 생각했다. 이렇게 생각하는 자들을 예레미야는 강력하게 비판하면서 결국 포로로 잡혀가게 될 것을 예언했다. 참된 신앙은 외형이 아니라 마음에 있다는 것을 선지자 예레미야는 지적했다.

[정결한 동물과 불결한 동물의 구분은]

레위기 11장에서 하나님은 이스라엘 백성들에게 먹을 수 있는 정결한 동물과 먹을 수 없는 불결한 동물에 대해 설명하셨다. 예를 들어 짐승들 중 굽이 갈라져 쪽발이 되고 새김질하는 것은 먹을 수 있으나 돼지와 같이 새김질을 하지 못하는 동물은 먹을 수 없다는 것이다.

이 음식법 배후에 하나님의 뜻이 무엇인가 하는 물음 앞에서 여러 가지 학설이 있다.

첫 번째는 도덕적 해석이다. 즉 하나님은 그런 음식법을 통해 이스라엘 백성들에게 도덕적 교훈을 주시려고 했다는 주장이다. 예를 들면 새김질하는 동물을 먹으라는 명령은 하나님의 말씀을 항상 명상하며 되새김질하라는 교훈이라는 것이다. 그러나 이것은 성경을 인간적으로 해석한 풍유이다.

두 번째는 의학적 해석이다. 즉 부정한 동물의 고기는 사람의 몸에 좋지 않기 때문에 하나님이 명령하셨다는 것이다. 그러나 신약에서 예수님과 사도들에 의해 음식법이 폐지되었기 때문에 의학적 해석은 무리이다.

세 번째는 가나안 종교를 따르지 않도록 하기 위한 배려라는 것이다. 당시 고고학적 증거를 보면 하나님이 금지한 동물들은 가나안 종교 의식에서 자주 사용되는 동물들이었다. 하지만 이런 주장은 무리가 있다. 가나안 종교에서 일치되지 않는 동물들도 언급되기 때문이다.

네 번째는 음식법은 이유 없이 하나님이 자의적으로 주신 명령이라는 것이다. 이런 명령을 통해 이스라엘 백성들이 하나님의 뜻대로 사는지를 시험하는 것이 그 목적이라는 설명이다.

이와 같은 여러 의견 중에 어느 것도 절대적으로 음식법의 의미를 보여주지는 못한다. 각각의 의견에 성경의 지지가 약하기 때문이다. 성경은 음식법의 의미에 대해 명확하게 말하지 않는다. 단순히 하나님이 거룩하기 때문에 이스라엘도 거룩해야 한다는 넓은 의미만을 기술할 뿐이다(레 19:2). 생명이 피에 있기 때문에 피를 먹지 말라는 말씀은 어느 정도 음식법 배후의 의미를 밝혀주는 것처럼 보인다(레 17:11). 그러나 그것을 모든 음식법에 적용해서 일반적인 원리를 유출하기에는 여전히 역부족이다.

어떤 이들은 음식법이 당시 시대적 상황에서 이스라엘 민족에게 주신 명령이고 신약에 와서 폐지된 것이기 때문에 음식법의 신학적 의미를 찾는 것은 무의미하다고 주장한다. 그들은 하나님의 율법을 도덕법, 이스라엘을 위한 시민법, 그리고 제사법(음식법 포함)으로 나누고 신약 시대에서는 시민법과 제사법은 폐지되고, 도덕법(십계명 등)만이 유효하다고 생각한다. 그러기 때문에 음식법은 옛날의 시대적 산물에 지나지 않는다는 논리를 편다.

　그러나 칼빈도 주장한 것처럼 하나님의 율법을 세 가지로 구분하는 것은 잘못이다. 그 모든 율법이 서로 밀접하게 연관되어 있기 때문이다. 그래서 레위기 19장 26절에 보면 "너희는 무엇이든지 피째 먹지 말며 점을 치지 말며 술법을 행하지 말며"라고 말씀하고 있다. 음식법이 우상 숭배 금지의 도덕법과 동일한 위치에서 언급되고 있는 것이다. 음식법을 포함한 제사법을 남용할 때 하나님은 도덕법을 어긴 것과 같은 방식으로 책망하셨다.

　율법을 완성하신 예수님은 자신이 율법을 폐하러 온 것은 아니라고 말씀하셨기 때문에 구약의 음식법이 오늘날에는 필요가 없다고 생각하는 것은 잘못이다. 형식은 폐지되었지만 음식법의 정신은 오늘날도 유효하다. 물론 음식법의 배후의 의미에 대해서 성경은 분명하게 말하고 있지 않다. 그러나 성경의 전체 문맥과 구속사의 관점에서 볼 때 우리는 음식법의 정신을 어느 정도 찾을 수 있다.

　음식법은 하나님의 거룩하심이라는 관점에서 이해된다. 초기에 하나님이 이스라엘 백성들에게 자신의 거룩하심을 알리기 위해서 명제적으로 진술했다면 하나님과 경험이 짧은 이스라엘 백성들에게는 이해할 수 없는 추상적인 개념이 되었을 것이다. 이런 점에서 음식법은 이스라엘 백성들에게 하나님의 거룩하심을 쉽게 전달하기 위한 하나님의 배려였다. 즉 백성들로 하여금 하나님의 거룩하심을 쉽게 깨닫고 축복받도록 하기 위한 방법이었던 것이다. 그러므로 음식법은 거룩의 중요성과 함께 하나님의 사랑을 보여준다.

　그러나 음식법도 도덕법과 마찬가지로 그것을 지키는 자의 마음이 중요했다. 음식법을 지키는 데 마음의 자세는 다음과 같았다. "너희는 짐승이 정하고 부정함과 새가 정하고 부정함을 구별하고 내가 너희를 위하여 부정한 것으로 구별한 짐승이나 새나 땅에 기는 것들로 너희의 몸을 더럽히지 말라. 너희는 나에게 거룩할지어다. 이는 나 여호와가 거룩하고 내가 또 너희를 나의 소유로 삼으려고 너희를 만민 중에서 구별하였음이니라"(레 20:25-26).

즉 음식을 구별할 때 하나님이 구별되신 분이고 자신도 구원받은 백성으로서 구별된 존재라는 사실을 마음에 새기고 기억하는 것이었다. 따라서 음식법은 하나님에 대한 경외와 함께 감사의 표시이기도 하다. 사람의 일상에서 음식은 매우 중요한 위치를 차지한다. 사람이 이 세상에 사는 동안 음식과 떨어져 살 수는 없다. 그러므로 일상에 밀접한 음식에 대한 규례는 생활에서 우리가 항상 하나님의 거룩하심을 기억하고 자신도 구별된 존재임을 깨닫도록 해주는 역할을 한다. 오늘날 음식법은 폐지되었지만 음식법의 정신은 살아 있기 때문에 그 정신에 의해 항상 구별된 삶을 살아야 할 의무를 도외시해서는 안 된다.

[여리고성 함락작전, 두 정탐꾼과 라합]

구약은 신약의 그림자이다. 그런 의미에서 구약은 신약을 올바로 이해하는 데 많은 도움을 준다. 어떤 이는 신약에서 구원의 계획이 완성되었기 때문에 더 이상 구약이 필요 없다고 주장하기도 한다. 그러나 그것은 잘못된 주장이다. 구원을 완성하러 오신 예수님도

여리고의 오래됨을 이야기하는 유적. 높이 9m의 능보가 세워진 것은 BC 7천 년경이다.

자신의 목적이 구약의 율법을 폐하러 오는 것이 아님을 강조하셨다. 사실 구약을 통해서 우리는 신약의 구원의 의미를 더욱더 분명하게 알 수 있다. 구약은 이미 신약에서의 구원의 방법을 예표하고 있기 때문에 구약의 프리즘을 통해 신약의 다양한 구원의 색체를 느낄 수 있다. 이런 점에서 라합의 구원은 신약의 구원의 성격을 단편적으로 잘 보여주는 사건이다.

　두 정탐꾼과 라합의 사건은 여호수아 2장에 기록되어 있다. 여호수아는 여리고성을 함락하기 전 먼저 두 정탐꾼을 보냈다. 두 정탐꾼은 우연히 기생 라합의 집에 머무르게 되었고, 라합은 그들을 숨겨주는 대가로 자신과 자신의 친족들의 생명을 구원해달라고 요청했다. 이에 정탐꾼들은 라합에게 붉은 줄을 창에 매달고 친족들을 그녀의 집에 모이도록 지시했다. 그리고 여리고성을 멸할 때 붉은 줄이 매여 있는 집안의 식구는 멸하지 않을 것이라는 약속을 주었다. 결국 라합은 그들의 말대로 순종해서 여리고성의 멸망에서 구원을 받았다.

　실로 라합은 여리고성이 함락될 때 여리고성 사람들과 함께 멸망할 수밖에 없었다. 그녀 스스로에게는 자신을 구원할 길이 없었다. 라합이 구원을 받게 된 것은 전적으로 하나님의 도우심, 즉 그녀에게 찾아 온 두 정탐꾼의 호의 때문이었다. 이런 의미에서 라합의 구원은 우리의 구원이 우리의 노력이 아니라 오직 하나님으로부터 나온다는 사실을 새삼 일깨워준다. 라합의 집은 성벽 위에 있었다(수 2:15). 그러므로 여리고성이 무너질 때 그녀의 집도 같이 무너질 수밖에 없었다. 그러나 하나님의 강권적인 은혜로 그녀의 집은 무너지지 않았다.

　라합이 구원을 받은 것은 라합이 귀중한 신분의 사람이었기 때문도 아니다. 그녀의 신분은 기생이었다. 하나님의 구원은 우리에게 어떤 공로나 장점이 있기 때문이 아니다. 라합의 경우처럼 신분을 막론하고 아무리 죄인일지라도 우리를 구원시키는 하나님의 능력 때문이다.

　한편 라합의 구원은 구원을 위해서는 결단이 있어야 함을 보여준다. 우리의 구원은 전적으로 하나님의 은혜이지만 구원을 얻기 위해서는 우리에게 결단이 필요하다. 이것이 기독교의 역설이다. 라합은 두 정탐꾼을 여리고성 왕에게 고발하여 상을 얻을 수도 있었다. 그러나 그녀는 그 유혹을 물리치고 결단을 통해 두 정탐꾼을 도와주었고, 그것이 구원의 계기가 되었다. 그녀의 결단을 칭찬하며 사도 야고보는 다음과 같이 말했다. "또 이와 같이 기생 라합이 사자들을 접대하여 다른 길로 나가게 할 때에 행함으로 의롭다 하심을 받은 것이 아니냐"(약 2:25).

라합에게서 행함이란 바로 결단이었다. 히브리서 기자는 또한 라합에 대해 이렇게 진술했다. "믿음으로 기생 라합은 정탐꾼을 평안히 영접하였으므로 순종하지 아니한 자와 함께 멸망하지 아니하였도다"(히 11:31). 라합의 결단을 히브리서 기자는 라합의 믿음으로 해석했다. 라합은 자신의 믿음을 통해서 자신과 자신의 식구들을 구했을 뿐만 아니라 마태복음에 보면 후에 예수 그리스도의 족보에 올라간 여성이 된 것을 볼 수 있다(마 1:5-6). 라합은 하나님의 구원이 때때로 예기치 못한 연약한 사람들을 통해 이루어진다는 진리를 보여준 전형적인 인물이었다. 라합은 자신의 집에 붉은 줄을 매닮으로써 구원을 받게 되었는데 그 줄은 신약에서 예수님의 십자가의 달리심을 통해 구원을 받을 것을 예표하는 모형이라고 말할 수 있다.

[순종으로 이루어낸 여리고성의 함락]

이스라엘은 가나안 땅에 들어와서 먼저 여리고성을 무너뜨려야 했다. 하나님은 여리고성을 함락시킬 수 있는 방법을 다음과 같이 가르쳐주셨다. "너희 모든 군사는 그 성을 둘러 성 주위를 매일 한 번씩 돌되 엿새 동안을 그리하라. 제사장 일곱은 일곱 양각 나팔을 잡고 언약궤 앞에서 나아갈 것이요 일곱째 날에는 그 성을 일곱 번 돌며 그 제사장들은 나팔을 불 것이며 제사장들이 양각 나팔을 길게 불어 그 나팔 소리가 너희에게 들릴 때에는 백성은 다 큰 소리로 외쳐 부를 것이라. 그리하면 그 성벽이 무너져 내리리니 백성은 각기 앞으로 올라갈지니라 하시매"(수 6:3-5).

하나님은 백성들에게 여리고성을 돌 때 언약궤를 맨 제사장을 따라갈 것을 지시하셨다. 언약궤에는 만나와 아론의 싹난 지팡이와 십계명이 있었다(히 9:4). 언약궤는 하나님의 공급, 인도, 그리고 약속의 말씀을 상징하는 것이었다. 그러므로 언약궤를 따라간다는 것은 하나님의 말씀을 최우선해야 한다는 것을 의미한다.

이스라엘 백성들은 엿새 동안은 하루에 한 번씩 성을 돌고 마지막 제7일에는 성을 일곱 번 돌아야 했다. 여기서 일곱 번 돌았다는 것은 온전한 순종을 의미한다. 성경에서 일곱이라는 숫자는 온전함을 뜻한다. 창세기에 하나님이 천지를 창조하실 때도 7일 동안 창조하시고 안식하셨다. 열왕기하 5장에서 아람군대의 나아만 장군이 엘리사로부터 문둥병을 치료받을 때 요단강에서 일곱 번 몸을 씻으라는 명령을 받았다. 이와 같이 7이라는 숫자는 온전함을 의미했다. 그러므로 여리고성 함락을 위해 일곱 번 돌라는 말씀은 이스라엘 백성들이 하나님의 말씀에 온전히 순종하는지 보기 위한 목적이었다.

하나님은 이스라엘에게 성을 돌면서 말을 하지 말라고 하셨다. "여호수아가 백성에게 명령하여 이르되 너희는 외치지 말며 너희 음성을

로마 바티칸미술관에 있는 〈여호수아 관련 그림 두루마리〉. 그림 왼쪽의 탄식에 잠긴 여인의 모습은 여리고성의 모습을 의인화한 것이다. 무너지는 성벽 곁에서 뿔 모양 용기를 떨어뜨린 채 쓸쓸히 앉아 있다. 그 오른쪽에는 병사를 거느리고 왕좌에 앉은 여호수아가 보인다. 이 두루마리는 9–10세기의 것으로 추정된다.

들리게 하지 말며 너희 입에서 아무 말도 내지 말라. 그리하다가 내가 너희에게 명령하여 외치라 하는 날에 외칠지니라 하고"(수 6:10). 왜 하나님은 이스라엘 백성들에게 말을 하지 말라고 하셨을까? 결론적으로 이스라엘 백성들이 성을 돌 때 불평하여 입으로 죄를 범하지 않도록 하기 위해서였다. 하는 일 없이 성 주위만을 맴돌 때 분명 불평하는 사람들이 있었을 것이다. 사람들은 때때로 순종한다고 하면서도 불평하며 순종하는 경우가 있다. 그러나 하나님은 그런 불평을 기뻐하지 않으신다. 말을 하지 말라고 한 것은 하나님이 불평하지 말고 묵묵히 순종하기를 원하신다는 것을 보여준다.

성경은 말에 실수하지 말 것을 다음과 같이 말한다. "우리가 다 실수가 많으니 만일 말에 실수가 없는 자라면 곧 온전한 사람이라. 능히 온 몸도 굴레 씌우리라"(약 3:2). "여호와여 내 입에 파수꾼을 세우시고 내 입술의 문을 지키소서"(시 141:3).

여리고성의 함락은 하나님의 축복을 위해서는 신앙생활에 불평과 원망이 없어야 한다는 교훈을 들려준다. 입술로 죄를 범하지 말라는 것이다. 출애굽했던 이스라엘 백성들이 가나안 땅에 들어가지 못한 것은 원망, 즉 입술의 범죄 때문이었다. 결국 여리고성은 무너졌고 하나님의 약속은 성취되었다. 여호수아는 "누구든지 일어나서 이 여리고 성을 건축하는 자는 여호와 앞에서 저주를 받을 것이라"(수 6:26)고 예언했다. 그래서 나중에 벧엘 사람 희엘이 여리고성을 다시 재건할 때 그는 장자와 차자를 잃게 되었다(왕상 16:34).

[태양이 정지한 전쟁]

여호수아가 이스라엘 백성들을 이끌고 가나안 땅으로 들어가 여리고성과 아이성을 취하고 기브온 거민과 화친했다는 소식을 듣게 되자, 가나안 땅에 살던 아모리 다섯 왕은 서로 연합하여 기브온 거민들을 치러 군대를 이끌고 올라왔다. 아모리 다섯 왕은 예루살렘 왕, 헤브론 왕, 야르뭇 왕, 라기스 왕, 그리고 에글론 왕이었다.

예루살렘은 당시 여호수아 정복시기에 남부 팔레스타인 지역에 지도적 위치를 차지했던 지역이었다. 고고학적으로 발견된 아르마나의 편지를 보면 예루살렘 왕은 그 지역에 많은 영향을 끼쳤음을 알 수 있다. 헤브론은 예루살렘에서 남쪽으로 30km 떨어진 곳으로 아브라함이 정착했던 곳이다. 남쪽 브엘세바로 가는 길과 서쪽 해안으로 가는 두 갈래의 길을 통제하는 요충지였다. 야르뭇은 예루살렘 남서쪽으로 약 25km 떨어진 곳으로 추정된다. 라기스는 헤브론 서쪽으로 25km 떨어진 지점에 위치해 있다. 이곳은 선사시대부터 있었던 도시로서 고고학적 발굴을 통해서 주전 13세기에 불에 타 파괴된 흔적을 찾을 수 있었다. 학자들은 이 파괴가 여호수아의 정복시기에 일어 난 사건으로 본다. 에글론은 라기스에서 남동쪽으로 12km 떨어진 곳이다.

이들 다섯 왕이 기브온을 공격한 이유는 표면적으로 기브온 거민들이 여호수아와 화친을 했기 때문이지만, 내면적 이유는 여호수아가 이끄는 이스라엘 백성들을 두려워했기 때문이다. 그래서 이들은 연합하여 여호수아의 군대를 공격하였다.

기브온의 거민들은 히위 족속사람들로 그 지역은 예루살렘 북서쪽 9km 지점에 위치한 팔레스타인의 중부 산악지역이다. 기브온이란 '언덕'이라는 뜻을 가지고 있다. 기브온 사람들은 아모리 다섯 왕이 쳐들어오자 길갈에 진을 치고 있던 여호수아에게 지원을 요청했다.

이 전쟁은 하나님의 전쟁이며 하나님의 능력으로 승리한 전쟁이었지만 인간적인 노력이 배제된 것은 아니었다. 하나님은 자신의 일을 위해서 인간의 지혜를 사용하시는 분이다. 하나님은 여호수아에게 길갈에서 밤새도록 행군하여 아모리 연합군에 기습공격을 감행하도록 하셨다. 이것은 하나님이 자신의 일을 위해 인간의 지혜와 노력을 사용하신다는 것을 보여주는 사례이다. 하나님은 우리도 최선을 다하기를 원하신다. 길갈에서 기브온까지는 약 30km의 거리이다. 여호수아는 이 거리를 이스라엘 백성들을 이끌고 밤새도록 약 8~10시간 동안 강행군했던 것이다.

이 전쟁에서 이스라엘은 하나님의 도움으로 기브온에서 아모리 왕 연합군을 격퇴하게 된다. 아모리 왕 연합군이 여호수아의 군대 앞에서 패하여 도망하게 되었을 때 하나님은 하늘에서 우박을 내리게 하셨다. 아모리 연합군은 이스라엘 자손의 칼보다 이 우박을 통해 더 많은 사상자를 냈다. 기록에 의하면 팔레스타인 지역에는 직경 2인치나 되는 큰 우박이 있었다고 전한다. 이날 여호수아는 아모리 왕들의 연합군의 잔당을 완전히 진멸시키기 위해 이스라엘 백성들이 보는 앞에서 하나님께 다음과 같이 기도했다. "태양아 너는 기브온 위에 머무르라. 달아 너도 아얄론 골짜기에서 그리할지어다"(수 10:12).

이 기도의 응답으로 태양은 중천에서 종일토록 머물러 있었다. 이 사건을 통해 우리는 시간도 하나님의 주권 아래 있음을 보게 된다. 결국 여호수아가 이끄는 이스라엘은 남방 연합군의 잔병들을 죽일 수 있었고, 막게다 굴에 숨어 있던 아모리 왕 다섯 명을 잡아 죽이고 대승을 거두었다.

[소심한 사사 기드온과 삼백 용사]

기드온은 사사이다. 가나안 정복 이후 이스라엘 백성들은 하나님의 명령에 온전히 순종하지 못했다. 그들은 하나님의 명령대로 가나안 족속들을 완전히 몰아내지 못했던 것이다. 그들은 가나안 족속들의 철병거를 무서워했기에, 결국 그들을 피해 평지가 아닌 산지에서 정착할 수밖에 없었다. 게다가 이스라엘 백성들은 가나안 족속들의 신인 바알신과 아세라신을 섬겼다. 그래서 하나님은 불순종하는 이스라엘 백성들의 죄악 때문에 외부 민족을 통해 핍박을 주셨다. 그때마다

사사기에 나타난 5가지 삶의 패턴

죄	이스라엘이 하나님을 저버리고 우상을 섬기며 하나님이 율법에 정해주신 삶의 방식을 따르지 않음
속박	하나님께서 주변 국가를 일으키셔서 이스라엘을 정복하고 억압하게 하심
부르짖음	이스라엘은 적들의 억압과 속박 속에서 자신들이 저지른 죄를 회개하고 하나님께 돌아옴
구원	하나님은 그들의 부르짖음을 들으시고 사사를 세우셔서 이스라엘을 억압한 주변 국가를 몰아내심
평안	사사가 살아 있는 동안 평안을 누림

- 강하룡 외 7인 공저, 「성경 100배 즐기기 _ 구약편」(서울: 브니엘, 2017), 314쪽 발췌

이스라엘 백성들은 하나님께 부르짖어 회개하였고, 하나님은 뜻을 돌이켜 그들을 위해 사사를 보내주셨다. 사사시대는 이러한 사건들이 고리처럼 연속된 시대였다. 그 고리 가운데 미디안의 학정으로 하나님으로부터 보내진 사사가 바로 기드온이었다.

기드온을 사사로 부르기 위해 여호와의 사자가 그에게 찾아왔다. 여호와의 사자는 기드온에게 집에 있는 바알의 단을 부서뜨릴 것을 주문했다. 이 사건으로 기드온은 여룹바알이라는 이름을 사람들로부터 얻게 되었다. 기드온은 이스라엘을 구원하기 전에 하나님으로부터 두 번의 확신을 구했다. 한 번은 양털에만 이슬이 내리도록 했고, 또 한 번은 양털은 마르고 양털 주위에만 이슬을 내려달라는 기적을 구했던 것이다. 하나님은 그의 요구에 모두 응답해주셨다. 이에 확신을 얻은 기드온은 하나님의 명령대로 모레산 앞 골짜기에 진을 치고 있던 대군 미디안을 공격하기 위해 사람들을 모았다. 그러자 3만 2천 명이나 모였다.

그러나 하나님은 기드온에게 두려워하는 사람들을 모두 집으로 돌려보내라고 말씀하셨다. "이제 너는 백성의 귀에 외쳐 이르기를 누구든지 두려워 떠는 자는 길르앗 산을 떠나 돌아가라 하라 하시니 이에 돌아간 백성이 이만 이천 명이요 남은 자가 만 명이었더라"(삿 7:3).

하나님은 또다시 일만 명도 많다고 하셨다. 사실 미디안은 이미 모레산 앞 골짜기에 메뚜기 떼와 같이 많은 군사가 진을 치고 있었다. 그 대군을 싸워 이기기 위해서는 일만 명도 역부족이었다. 그러나 하나님은 일만 명도 많다고 말씀하셨다.

하나님은 삼백 명만을 선택하기 위해서 물가에서 물을 마실 때 손

로마 바티칸박물관에 있는 푸생의 〈미디안 사람들을 물리치는 기드온〉(1625-1626년 作). 보잘것없는 도구인 나팔과 횃불, 그리고 항아리를 가지고 미디안의 진에 간 기드온과 삼백 명의 용사들은 하나님의 명령대로 나팔을 불고 항아리를 부수며 "여호와와 기드온의 칼이여" 하고 외쳤다. 그 순간 미디안 군사들은 혼비백산해서 서로 죽이고 도망하다가 전멸을 당했다. 기드온을 통한 하나님의 위대한 승리였다.

으로 움켜 입에 대고 핥는 사람만을 선택하게 하셨다. 그리고 무릎을 꿇고 물을 마시는 자는 돌려보냈다. 왜 하나님은 입으로 핥는 사람만을 선택했을까? 이에 대해서는 여러 해석이 있다.

먼저 물을 손으로 움켜 먹은 사람은 무릎을 꿇고 마시는 사람에 비해 훨씬 조심성이 있기 때문에 전쟁을 위해 잘 준비된 사람들일 수 있다는 것이다. 또 다른 의견은 무릎을 꿇고 물을 마신 사람은 대범한 반면 손으로 움켜 입에 대고 핥은 사람은 소심한 사람이기에 하나님이 후자를 일부러 선택했다는 것이다. 즉 오히려 약한 자를 들어서 강한 자를 부끄럽게 하시는 하나님의 방법이라는 것이다. 마지막으로 유대인들이 쉽게 무릎을 꿇지 않는다는 사실에 착안하여, 물을 마시기 위하여 무릎을 꿇는 사람은 이미 일상적인 생활에서 바알의 제단에서 무릎을 꿇은 사람임을 암시한다는 것이다. 그래서 하나님이 무릎을 꿇은 사람들을 돌려보냈다는 주장이다.

문맥으로 볼 때 두 번째 해석이 타당해 보인다. 하나님은 약한 자를 사용하셔서 큰일을 이루시는 분이다. 이미 기드온을 택할 때도 하나님은 의심하는 연약한 기드온에게 확신을 주고 그를 사사로 부르셨다. 기드온이 자격이 있어서가 아니었다. 일반적으로 하나님이 사사들을 부르시는 면면을 보면 그들이 뛰어나서가 아니었다. 예를 들어 베냐민 지파의 왼손잡이 사사 예후의 경우 하나님은 오른손잡이의 지파인 베냐민 지파(히브리어로 '오른손의 아들들'이라는 뜻을 가지고 있다)에서 연약하고 무시당하는 왼손잡이 예후를 부르셨던 것이다.

하나님은 이렇게 연약한 자들을 선택함으로써 전적으로 하나님만을 의지하도록 하셨다. 이런 의미에서 바울은 우리에게 다음과 같이 말한다. "그러나 하나님께서 세상의 미련한 것들을 택하사 지혜 있는 자들을 부끄럽게 하려 하시고 세상의 약한 것들을 택하사 강한 것들을 부끄럽게 하려 하시며"(고전 1:27).

하나님은 기드온에게 더욱 확신을 주기 위해서 부하 부라를 데리고 미디안 진을 정탐하도록 명령하셨다. 정탐 중에 기드온은 미디안 병사가 동료에게 자신의 꿈 이야기를 하는 것을 엿듣게 되었다. 그 꿈은 보

리떡 한 덩어리가 미디안 진으로 굴러 들어와 장막을 무너뜨리는 내용
이었다. 여기서 보리떡은 보잘것없는 이스라엘을 상징하는 것이었다.
그 꿈을 듣고 기드온은 승리의 확신을 얻을 수 있었다. 하나님의 약속
을 믿고 살 때 우리에게 필요한 것은 이러한 확신이다. 확신은 우리의

사사기에 나오는 열두 사사

사사 이름	억압자	억압당한 연수	평화 연수	성경 구절
옷니엘	메소포타미아 왕 구산 리사다임	8년	40년	3:7-11
에훗	모압 왕 에글론	18년	80년	3:12-30
삼갈				3:31
드보라	가나안 왕 야빈	20년	40년	4-5장
기드온	미디안	7년	40년	6-8장
돌라			23년	10:1-2
야일			22년	10:3-5
입다	암몬	18년	6년	10:6-12:7
입산			7년	12:8-10
엘론			10년	12:11-12
압돈			8년	12:13-15
삼손	블레셋	40년	20년	13-16장

- 강하룡 외 7인 공저, 「성경 100배 즐기기 _ 구약편」(서울: 브니엘, 2017), 318쪽 발췌

힘으로 얻어지는 것이 아니라 하나님의 선물이다. 하나님이 주시는 확신을 통해 기드온은 더 이상 흔들리지 않게 되었다.

그러나 신앙의 승리를 위해서는 행동이 동반되어야 한다. 이런 의미에서 하나님은 기드온에게 삼백 명과 함께 나팔과 횃불을 감춘 항아리를 가지고 가라고 명하셨다. 여기서 하나님의 명령을 생각해 볼 필요가 있다. 하나님은 기드온에게 한밤중인 이경에 미디안 진을 기습하라고 명령하셨다. 왜 그랬을까? 하나님은 전능하신 분이기에 저녁이나 낮에 상관없이 얼마든지 싸움에서 승리하실 수 있었다. 그러나 하나님은 어두컴컴한 때를 이용하셨다. 그때가 가장 횃불이 밝게 빛날 수 있고 미디안 진영이 허술할 때였기 때문이다. 또한 밤중에 나팔을 부는 행위는 적진의 교란과 함께 특별히 미디안 군대에 있었던 약대들에게 큰 혼란을 부추겼을 것이다.

실로 하나님의 방법은 우리의 상황과 지식을 전적으로 배제하지 않으신다. 하나님은 인간적인 상황과 자원을 동원해서 자신의 방법을 이뤄나가기를 원하신다. 그러므로 기드온 이야기는 우리의 노력을 소홀히 해서는 안 된다는 것을 역설적으로 보여준다.

보잘것없는 도구인 나팔과 횃불, 그리고 항아리를 가지고 미디안 진에 간 기드온과 삼백 명의 용사들은 하나님의 명령대로 나팔을 불고 항아리를 부수며 "여호와와 기드온의 칼이여" 하고 외쳤다. 그 순간 미디안 군은 혼비백산해서 서로 죽이고 도망하다가 전멸을 당했다. 기드온을 통한 하나님의 위대한 승리였다.

[나실인 삼손의 머리카락의 비밀]

삼손의 이야기는 너무나 유명해서 믿지 않는 사람들도 그의 긴 머리를 통해 놀라운 힘을 발휘했던 모습에 친숙하다. 이처럼 삼손의 이야기는 많은 사람의 흥미의 대상이다. 그러나 엄밀히 신앙적인 측면에서 삼손의 이야기는 우리를 크게 당황하게 만든다. 삼손은 사사임에도 불구하고 하나님의 명령대로 살지 않았고 나실인이면서도 이방여인에 대한 편력을 가지고 있었다. 그래서 삼손에 대한 해석은 시대적으로 뜨거운 감자였다.

초대교회는 삼손을 마치 헤라클레스와 같은 초인적인 인간으로 해석했고, 중세에 와서는 비유적으로 해석했다. 그 대표적인 사람이 어거스틴이었다. 그는 삼손을 예수님의 모형으로 비유했다. 그의 해석은 다음과 같다. 힘 있는 삼손은 하나님의 아들로서 그리스도를, 힘을 잃은 삼손은 인간으로서 그리스도를 가리킨다. 그리고 삼손의 수수께끼는 그리스도의 부활을 의미하며, 삼손의 머리가 다시 자란 것은 유대인들이 돌아옴을 의미한다고 했다. 또한 삼손이 창기와 동침한 것은 그리스도께서 음부에서 나온 것이라고 주장했다. 중세 이후에는 비극적인 연인 또는 죄인이었으나 회개한 신도의 모형으로 삼손을 다루었다. 오늘날은 삼손에 대해서 부정적으로 평가하여 비정상적인 인물 또는 기괴한 인물로 그를 묘사한다.

그러나 삼손의 이야기는 인간의 한계에도 불구하고 역사하시는 하나님의 관점에서 이해해야 한다. 마노아의 아내는 아기를 낳을 수 없는 불임이었다. 그러나 하나님은 천사를 통해 그녀에게 불임에도 불구하고 하나님의 능력으로 아이를 낳을 것이라고 말씀하셨다. 그리고 태어난 아이를 하나님께 바쳐진 나실인으로서 키울 것을 예언했다. 이 예언에 따라 삼손이 태어났다.

나실인의 서약은 남편의 허락이 있어야 가능했다. "부녀가 혹시 그의 남편의 집에서 서원을 하였다든지 결심하고 서약을 하였다 하자. 그의 남편이 그것을 듣고도 아무 말이 없고 금하지 않으면 그 서원은 다 이행할 것이요 그가 결심한 서약은 다 지킬 것이니라"(민 30:10-11).

그래서 마노아의 아내는 남편인 마노아에게 천사를 만났음을 알리고, 자신이 임신할 것과 태어날 아이가 나실인이 될 것을 말했다. 이 말에 마노아는 처음에는 의심하는 눈치였다. 그는 직접 확인하고 싶어 하나님의 사람을 보기를 원했다. 하나님의 사람을 만나게 되자, 그는 비로소 여호와의 사자라는 것을 알게 되었다(삿 13:16). 이처럼 하나님이 마노아와 그의 아내를 택해 삼손을 낳게 하고 그를 사사로 삼은 것은 삼손의 부모가 훌륭해서가 아니라 전적인 하나님의 은혜였다.

하지만 나실인으로 태어난 삼손은 두 가지 실수를 범했다. 첫째는 나실인의 규약을 어긴 것이고, 둘째는 이방여인의 달콤함에 무너진 것이었다. 나실인은 부정한 시체를 만져서는 안 되었다. 그러나 그는 사자의 시체를 만지고 나귀의 턱 뼈를 만지기도 했다.

또한 그는 이방여인에게 약했다. 삼손은 블레셋 사람들에게 수수께끼를 냈다. "삼손이 그들에게 이르되 먹는 자에게서 먹는 것이 나오고 강한 자에게서 단 것이 나왔느니라"(삿 14:14). 이 수수께끼는 우연히 그가 죽은 사자의 몸에서 벌떼와 꿀이 나오는 것을 본 데서 연유한 것이었다. 하지만 이 수수께끼는 그 자신을 상징하는 것이기도 했다. 즉

125가지 테마와 함께 떠나는 바이블 이야기
거침없이 빠져드는 성경 테마 여행

런던 국립미술관에 있는 루벤스의 〈삼손과 들릴라〉(1609년 作). 삼손은 달콤한 들릴라의 유혹에 넘어가 자신의 비밀을 알려주고 머리를 깎이는 수모를 당하고 있다.

사자같이 강하나 꿀과 같은 달콤함에 정복당한 삼손을 암시하는 것이었다. 결국 삼손은 달콤한 들릴라의 유혹에 넘어가 자신의 비밀을 알려주고 말았다.

나실인이 규약을 어길 때 그것을 회복하기 위해서는 7일 동안 정결하게 하고 머리를 밀어야 했다(민 6:1-12). 결국 그는 그 규정을 삶으로 지키기 위해 타인에 의해 머리가 깎이는 수모를 당해야 했다.

그러나 하나님은 삼손을 포기하지 않으셨다. 삼손이 죽을 때에 죽인 자가 그가 살았을 때에 죽인 자보다 더욱 많았다고 성경은 말하고 있다. 결국 삼손의 이야기는 하나님의 말씀대로 살지 못하면 실패하며, 동시에 하나님은 인간의 한계에도 불구하고 역사하신다는 교훈을 준다. 삼손 개인은 실패했지만 하나님은 그를 통해 마지막에 자신의 사역을 이루셨다.

그러므로 히브리서 기자는 삼손을 믿음의 반열에 올려놓으며 다음과 같이 말했다. "내가 무슨 말을 더 하리요. 기드온, 바락, 삼손, 입다, 다윗 및 사무엘과 선지자들의 일을 말하려면 내게 시간이 부족하리로다"(히 11:32).

왕국의 시작에서 멸망까지 테마 여행

[사무엘을 선지자로 부르심]

여호수아의 가나안 정복 이후 사사시대 말년에 사무엘은 하나님으로부터 선지자로 부름을 받았다. 사무엘은 에브라임 사람 엘가나와 한나 사이에 태어난 인물이다. 당시 한나는 아이가 없어 하나님께 서원하며 아이를 구했다. 한나는 하나님이 만약에 아들을 낳게 해주신다면 그를 평생 동안 여호와께 드리고 삭도를 대지 않는 나실인으로 키울 것을 약속했다.

하나님은 한나의 기도를 들으시고 그에게 아이 사무엘을 주셨다. 사무엘이 태어나자 한나는 아이와 함께 당시 여호와의 제사장인 엘리가 거하는 실로로 갔다. 그리고 사무엘을 실로의 여호와의 집에 거하게 했다. 사무엘은 어려서부터 제사장 엘리 앞에서 여호와를 섬겼다. 하나님은 서원을 지킨 한나에게 더 많은 축복을 주셨다. 한나는 하나님의 은혜를 입어 이후에 세 아들과 두 딸을 낳게 되었던 것이다.

사무엘이 태어날 때 이스라엘은 영적으로 어두운 시기였다. 백성들은 하나님의 율법을 저버렸고 백성들을 율법으로 교육해야 할 제사장과 레위인들은 타락했다. 제사장으로서 영적인 지도자였던 엘리와 그의 아들들은 여호와 앞에서 모범을 보이지 못했다. 엘리의 두 아들 홉니와 비느하스는 여호와의 제사를 멸시했다. 심지어 이들은 사환을 시켜 제사하러 온 사람들에게서 고기를 억지로 빼앗았다.

또한 엘리의 아들들은 성막 문에서 수종 드는 여인과 동침을 하기도 했다(삼상 2:22). 이것은 그들이 가나안 종교를 모방했음을 보여준다. 당시 가나안 종교는 다산과 풍요를 위한 종교였다. 가나안에서는 신들이 하늘에서 성행위를 하면 땅에 다산과 풍요가 온다고 믿었다. 그래서 신들로부터 많은 다산과 풍요를 얻기 위해 가나안 종교의 제사장들은 성전에 성창들과 의식적인 성관계를 맺어 신들을 자극하여 신들의 성행위를 유도했다. 이를 모방하고 엘리의 아들들은 가나안 종교의 방식대로 성막 문에서 수종 드는 여인과 동침하는 죄를 범했던 것이다. 이와 같은 가나안 종교의 흔적은 계속 북이스라엘과 남유다에 남았다. 성경은 주전 623년에 요시야 왕은 개혁을 통해 여호와의 전 가운데 있는 남창(성전 매춘을 위한 남자아이)의 집을 헐었다고 말한다(왕하 23:7).

이런 암담한 상황에서 하나님은 이스라엘을 구원하시기 위해 엘리의 집에서 여호와를 섬기는 사무엘을 선지자로 부르셨다. 사무엘은 어렸을 때 엘리의 집에서 에봇을 입었다(삼상 2:18). 에봇은 오직 레위인 제사장들만이 입을 수 있는 것인데 어떻게 에브라임 족속의 사무엘이 에봇을 입을 수 있는가 반문할 수 있다. 그러나 실제로 사무엘이 입은 에봇은 일반 제사장이 입는 에봇이 아니라 세마포 에봇이었다. 일종에 허리를 감싸는 천이었던 것이다. 그러므로 사무엘이 입은 에봇은 그가 제사장이 되었다는 것을 의미하지 않는다.

하나님은 사무엘이 여호와의 전 안에 누워 있을 때 그를 부르셨다. 처음에 사무엘은 엘리 제사장의 음성인 줄 알고 엘리를 찾아갔다. 엘리는 세 번이나 찾아오는 사무엘을 보자 사무엘에게 하나님이 말씀하신다는 사실을 알아차렸다. 엘리는 자신을 찾아온 사무엘에게 돌아가서 여호와의 말씀을 들으라고 말했다. 다시 제자리로 돌아간 사무엘은 하나님으로부터 엘리와 그의 아들들에게 내릴 심판의 말씀을 듣게 되었다. 이후로 하나님은 사무엘에게 모든 비밀을 말씀하셨고, 백성들은 그의 말이 그대로 이루어지는 것을 보고 그가 하나님의 선지자로 세움 받았음을 알았다. 사무엘은 단에서부터 브엘세바까지 온 이스라엘의 선지자가 된 것이다(삼상 3:20).

사무엘은 선지자이면서 동시에 사사시대를 종결하는 마지막 사사이기도 했다. 사무엘상 7장 15~16절에 보면 "사무엘이 사는 날 동안에 이스라엘을 다스렸으되 해마다 벧엘과 길갈과 미스바로 순회하여 그 모든 곳에서 이스라엘을 다스렸고"라고 기록하고 있다. 사사라는 말은 '다스리다'라는 말에서 파생된 명사이다. 이런 점에서 사무엘은 선지자로서, 그리고 사사로서 이스라엘을 다스렸다.

사무엘의 부르심은 구속사적 측면에서 중요한 의미를 갖고 있었다. 이스라엘은 엘리로 대변되는 제사장의 지도력이 타락하면서 왕을 요구하기 시작했다. 이스라엘은 이웃 나라처럼 왕과 같은 제도적 지도력을 원했다. 그동안 하나님은 사사를 통해 필요할 때마다 이스라엘을 구원하셨다. 그리고 사사는 세습되는 것이 아니라 상황에 따라 하나님의 섭리에 의해서 선택된 일시직이었다.

그러다 보니 백성들은 사사보다 좀 더 항구적으로 자신들의 안전과 구원을 보장해 줄 수 있는 제도적인 장치를 원했다. 그래서 사사시대 말기에 오면서 제도적인 지도자에 대한 이스라엘의 욕구는 커졌다. 더욱이 엘리와 그의 아들의 타락으로 제사장도 그들의 기대에 미치지 못하자 왕을 원하는 백성들의 요구는 더욱 탄력을 받았다. 이런 상황에서 하나님은 사무엘을 통해 왕을 세우시고 결국에 가서 하나님의 뜻에 따라 다윗의 왕조를 세우게 하셨다.

⌈ 작디작은 다윗과 크디큰 골리앗의 싸움 ⌉

사울이 이스라엘의 왕으로 있을 때 블레셋은 이스라엘을 공격하기 위해 엘라 골짜기에서 진을 쳤다. 블레셋인(Philistines)은 에게 해 지역에서 주전 1200년경 서남 팔레스타인으로 이주해 온 무리들이었다. 블레셋인은 히타이트인들에게서 철을 담금질하는 새로운 방법을 배워왔기 때문에 철기문화를 가진 강력한 도시국가를 건설할 수 있었다. 그들은 가사, 가드, 아스글론, 아스돗, 에글론에 정착했다. 그러므로 청동기문화에 있었던 이스라엘이 블레셋을 이긴다는 것은 거의 불가능했다. 그러나 블레셋인들은 하나로 연결하는 구심력이 부족했기 때문에 더 이상 강력한 국가로 성장하지는 못했다. 팔레스타인이라는 명칭은 그리스인들이 블레셋을 부르는 명칭이었다.

기원전 9세기에 아랍어로 쓴 이 비문은 다윗 왕조에 대해 언급하고 있다. 이는 이스라엘 유물이 아닌 자료로서는 유일하다.

블레셋과 이스라엘의 싸움에서 가드사람 골리앗은 이스라엘군 진영을 향해 싸움을 북돋았다. 그러나 사울을 비롯한 이스라엘군은 골리앗의 위용에 눌려 아무도 그와의 싸움에 나서지를 못했다. 이때 다윗은 아버지 이새의 심부름을 받고 형의 안부를 묻기 위해 이스라엘의 진에 음식을 가지고 왔다. 다윗은 골리앗의 조롱하는 소리를 듣자 분노하여 골리앗과의 싸움을 자원했다. 목동이었던 그는 양을 칠 때 사자와 곰과 싸워 이긴 경험이 있었고, 하나님이 그를 항상 보호하셨기 때문에 분명히 하나님이 승리하도록 도와주실 것을 믿었다.

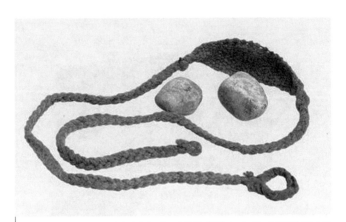

어린 소년 다윗이 키가 약 3미터나 되는 거인 골리앗을 쓰러뜨릴 때 사용한 것과 동일한 물매. 다윗은 물맷돌을 던져서 골리앗의 이마를 맞추었다. 골리앗이 맥없이 쓰러지자 다윗은 골리앗의 칼을 빼서 그의 머리를 베어 죽였다.

다윗은 막대기와 시내에서 주운 매끄러운 돌 다섯을 가지고 골리앗과 대면했다. 막대기를 가지고 오는 다윗의 모습을 보고 골리앗은 망연자실하며 다윗을 저주했다. 그러나 다윗은 조금도 움츠러들지 않고 말했다. "너는 칼과 창과 단창으로 내게 나아 오거니와 나는 만군의 여호와의 이름 곧 네가 모욕하는 이스라엘 군대의 하나님의 이름으로 네게 나아가노라"(삼상 17:45). 다윗은 돌을 취하여 물매로 골리앗의 이마에 명중시키고 쓰러진 골리앗에 다가가서 그의 칼을 뽑아 그를 죽였다.

다윗은 골리앗과의 싸움을 통해 이스라엘의 지도자로서 부상하게 되었다. 하나님은 보잘것없는 다윗을 통해 이스라엘을 구원하셨고, 다윗으로 하여금 이스라엘 왕의 이상적인 모델이 되게 하셨다. 앞서 사울은 이스라엘 백성들의 요구에 의해서 왕으로 세움을 받았다. 그러나 사울은 하나님의 기대에 못 미쳤다. 사울은 블레셋과 싸움을 앞두고 사무

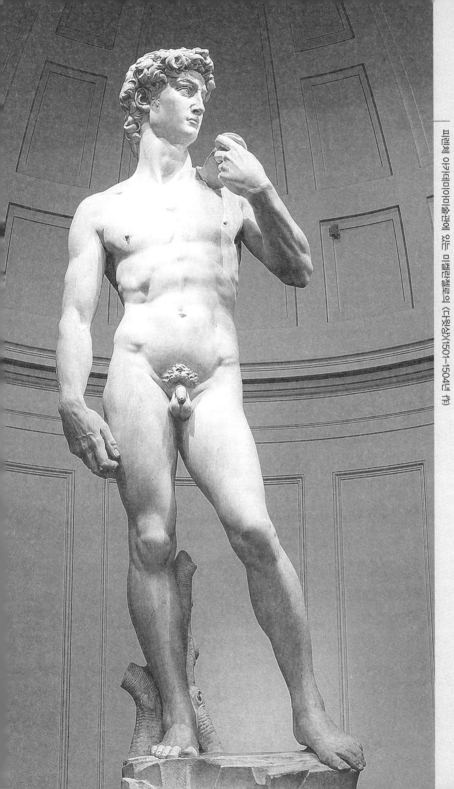

피렌체 아카데미아슬관에 있는 미켈란젤로의 《다윗상》(1501~1504년 作)

엘이 오지 않자 자신이 직접 번제를 드려 율법을 범했다(삼상 13장).

그러나 하나님은 사울에게 다시 두 번째 기회를 주시면서 아말렉과 싸우라고 명령하셨다. 그 아말렉과의 싸움에서 하나님은 남녀노소뿐만 아니라 모든 가축을 하나도 남김없이 죽이라고 말씀하셨다. 하지만 사울은 아말렉을 진멸하면서 하나님께 번제를 드리기 위해 기름진 양과 소를 살려 두는 우를 범했다(삼상 15장). 번제와 관련해서 두 번이나 실수한 사울의 모습이었다. 사울이 두 번째 기회도 실패하자 이후로 사울은 하나님으로부터 완전히 버림을 받고 악신에 시달리게 되었다.

결국 다윗은 사울에 이어 이스라엘의 왕이 되었다. 골리앗과의 싸움에서 이긴 다윗의 모습은 하나님이 원하시는 왕의 모델을 암시했다. 다윗은 철저히 하나님께 순종하고 의지하는 자로 나타났다. 외형적으로 그의 무기는 골리앗의 무기에 비해 정말 보잘것없었다. 그러나 다윗은 하나님의 능력은 외형에 있지 않다는 사실을 알았다. 비록 자신의 가진 것이 초라하지만 하나님을 의지한다면 하나님이 분명히 승리하도록 도와주실 것을 믿었다. 이런 점에서 사울은 다윗과 대조된다. 사울은 하나님의 명령을 어기면서까지 스스로 승리를 쟁취하려고 했다. 이런 사울에게 사무엘은 다음과 같이 질책했다. "왕이 스스로 작게 여길 그때에 이스라엘 지파의 머리가 되지 아니하셨나이까"(삼상 15:17).

다윗은 초라함 속에서 하나님을 의지했다. 그 때문에 하나님은 그에게 골리앗과 싸워 이길 수 있는 은혜를 베푸셨고, 그를 통해 이스라엘에게 큰 구원을 이루어주셨다. 다윗과 골리앗의 사건은 이스라엘의 구원은 하나님께 순종하는 자를 통해 온다는 것과 전쟁은 오직 여호와 하나님께 속한다는 사실을 보여준다.

[솔로몬의 지혜로운 선택]

다윗에 이어 솔로몬이 왕위에 올랐다. 그는 꿈에 하나님이 나타나자 하나님께 지혜를 달라고 구했다. 하나님은 솔로몬이 지혜를 구하자 그를 기뻐하시고 그가 구하지도 않은 부와 영광까지도 허락하셨다. 이후에 솔로몬에게 두 여자가 재판을 받기 위해 찾아왔다. 살아 있는 아이가 누구의 아이인지를 판결해 달라는 요청이었다. 그들은 둘 다 해산한 지 얼마 안 되어 밤에 각기 아이를 안고 잠을 잤다. 그러나 새벽에 한 여자가 일어나 아이에게 젖을 먹이려고 할 때 아이가 죽어 있는 것을 발견했다. 밤중에 자면서 아이가 질식하여 죽었던 것이다. 여자는 죽은 아이가 자신의 아이가 아니라고 말하고 다른 여자가 밤에 아이를 바꿔 놓았다고 주장했다. 그러자 그 다른 여자는 앞선 말을 부인하며 살아 있는 아이가 자신의 아이라고 맞섰다.

솔로몬은 신하를 불러 칼을 가져오도록 했다. 솔로몬은 살아 있는 아이를 둘로 나누어 반씩 여자들에게 주라고 말했다. 그러자 아이의 진짜 어미는 죽이지 말라고 부탁했지만 아이의 가짜 어미는 그대로 죽여서 반으로 나눠달라고 말했다. 아이의 진짜 어미는 모성애를 통해 아이가 죽는 것을 볼 수 없었던 것이었다. 솔로몬은 모성애의 본능을 통해 아이의 어미가 누구인지를 밝혔다. 이 사건을 통해 온 이스라엘은 솔로몬의 지혜로운 판결을 듣고 두려워하며 하나님의 지혜가 솔로몬에게 내려 왔음을 알게 되었다(왕상 3:28).

여기서 흥미로운 점은 이 사건에서 언급되는 여자들의 신분이 창녀라는 사실이다. 이 이야기는 창녀의 신분을 합법화하기 위함이 아니다.

이 이야기의 초점은 창녀와 같은 낮은 신분에도 불구하고 그들의 소송을 무시하지 않고 솔로몬이 신중하고 지혜롭게 판결하여 공의를 행했다는 사실이다. 솔로몬은 왕의 신분으로서 교만할 수도 있었지만 비록 천한 사람들까지도 그들에게 정의를 행했다는 사실을 보여준다.

이 사건을 통해 우리는 하나님의 지혜의 단면을 볼 수 있다. 하나님의 지혜는 이 세상의 하찮은 것까지도 감찰하고 판단하시며 공의를 행하신다는 사실이다. 솔로몬이 하나님의 지혜를 구할 때 그는 다음과 같이 하나님께 말했다. "누가 주의 이 많은 백성을 재판할 수 있사오리이까. 듣는 마음을 종에게 주사 주의 백성을 재판하여 선악을 분별하게 하옵소서"(왕상 3:9).

솔로몬의 시기는 이스라엘 왕국 초기로서 이스라엘이 대내외적으로 불안정한 시기였다. 이스라엘에는 다윗의 통치 말기까지 끝임 없는 싸움과 투쟁이 있었다(삼하 15:1-4). 이런 상항에서 솔로몬에게 필요한 것은 선과 악을 구별할 수 있는 지혜였다. 여기서 선악은 진실과 거짓을 말한다. 또한 왕은 사사시대의 전통에 따라 백성들의 재판관의 역할을 수행했다. 사사란 '판단하다' 라는 뜻에서 나온 명사이다. 그러므로 올바른 재판을 위해서는 무엇보다도 지혜가 있어야 했다. 그래서 솔로몬은 왕국의 안정을 위해 지혜를 구했던 것이다.

하나님은 그의 간구대로 지혜를 주셨고, 솔로몬은 그 지혜를 가지고 두 어미의 사건에서 지혜로운 선택을 할 수 있었다. 솔로몬은 그의 지혜로 후에 3천 잠언과 1005개의 노래를 지었고, 초목과 백향목으로부터 담에 나는 우슬초까지 금수어별을 논하였다고 기록하고 있다(왕상 4:30-34). 그래서 그의 지혜를 듣기 위해 여러 나라에서 왕들이 찾

피렌체 우피치미술관에 있는 조르조네의 〈솔로몬의 심판〉(1500~1501년 作)

아왔다고 말한다. 그중에 스바의 여왕도 포함되어 있었다(왕상 10장).

[솔로몬의 아내들과 배도]

솔로몬의 아내들과 배도에 관한 이야기는 열왕기상 11장에 자세히 기록되어 있다. 솔로몬은 나중에 많은 이방여인들을 후궁으로 두었다. 그리고 그 후궁들에 의해 솔로몬은 이방신을 섬기게 되었다. 이미 하나님은 모세를 통해 이방여인을 아내로 삼지 말라고 다음과 같이 경고하셨다. "또 네가 그들의 딸들을 네 아들들의 아내로 삼음으로 그들의 딸들이 그들의 신들을 음란하게 섬기며 네 아들에게 그들의 신들을 음란하게 섬기게 할까 함이니라"(출 34:16).

하나님은 두 차례나 솔로몬에게 나타나 하나님의 명령대로 행할 것을 말씀하셨다. 그러나 솔로몬은 수많은 이방여인을 두면서 하나님의 명령을 어겼고, 그들이 가지고 온 이방신을 섬기기까지 했다.

솔로몬이 이방여인을 아내로 둔 것은 그의 정욕적인 욕구 때문만은 아니었다. 거기에는 정치적인 전략이 숨어 있었다. 이방연인들을 아내로 삼음으로써 이방나라와 화친을 도모했다. 이방여인과의 결혼은 하나님의 명령을 위반하는 행위였지만, 솔로몬은 하나님의 명령보다도 현실적인 이익과 계산을 더 중시했다. 하지만 나이가 들어 늙게 되자, 그는 사리분별을 하지 못하고 아내들에게 마음을 뺏겨 이방신을 섬기는 우를 범하게 된 것이다.

솔로몬은 700명의 아내를 두었고 300명의 첩을 거느렸다. 솔로몬의 이방인 아내들이 가져온 신들 중에는 시돈의 여신 아스다롯과 암몬의 밀곰이 있었다. 사랑과 풍요의 여신 아스다롯은 가나안에서는 일반적으로 남신 바알과 함께 언급되는 바알의 짝신이었다(삼상 7:3). 밀곰은 왕이라는 뜻의 멜렉에서 나온 말이다. 이 암몬신은 몰록 또는 몰렉이라고 부르기도 했다. 암몬인의 신의 경우는 제전이 있을 때에 숯불을 피워 신상을 뜨겁게 하고 어린아이를 신상의 두 손 위에 놓아 타죽게 했다. 솔로몬은 이 몰렉의 제단을 예루살렘의 힌놈 골짜기(일명 게헨나로 불림)에 세우고 자녀로 제사하게 하였는데 이를 선지자들은 크게 꾸짖었다(렘 7:29, 겔 16:20, 20:26).

암몬의 풍요의 여신상. 이 작은 도자기 입상은 풍요의 여신 아슈타르를 묘사한 것으로 기원전 13세기경의 것이다. 형태는 초기 메소포타미아의 그 입상과 유사하다.

솔로몬 왕은 암몬신 몰록과 함께 모압의 신 그모스를 위해서 예루살렘 맞은 편 산에 산당을 지었다. 여기서 말하는 산은 감람산이다(왕하 23:13). 이 산당들은 후에 요시야 왕에 의해 훼파되었다(왕하 23장).

물론 솔로몬이 그런 이방신들을 좇으면서 여호와 하나님을 저버렸다는 것은 아니다. 예루살렘 성전 부근에 이방신의 산당을 지은 것은 그 신들이 여호와 하나님께 종속되었다는 것을 과시하는 행위이기도 했다. 그러나 솔로몬의 행위는 오직 여호와 하나님만을 섬겨야 한다는 유일신론에 어긋난 배교였기에 정당화될 수 없었다. 그의 행위는 한마디로 종교적 혼합주의이며 종교적 제국주의였다.

하나님은 솔로몬의 배도에 분노하셨다. 하나님은 솔로몬에게 다시 나타나셔서 그의 왕국이 둘로 나누어지게 될 것을 말씀하셨다. 또한 하나님은 에돔 사람 하닷과 수리아 왕 르손을 통해 말년에 솔로몬을 괴롭혔다.

[병거 타고 하늘로 올라간 엘리야]

엘리야는 주전 9세기 이스라엘 선지자로 얍복강 북방 13km 지점과 동일시되는 길르앗에 있는 디셉 출신의 사람이었다. 그가 선지자로서 이스라엘 북왕국에서 행한 사역은 열왕기상 17~19장, 21장, 열왕기하 1~2장에 기록되어 있다.

엘리야는 하나님과 동행했던 에녹처럼 죽지 않고 하나님에 의해 하늘로 들림을 받았다. 하나님이 엘리야를 회오리바람으로 들어올리기 전에 그의 제자인 엘리사는 엘리야를 끝까지 따라다녔다. 엘리야가 길갈에서 벧엘로, 다시 여리고와 요단으로 이동할 때마다 엘리사는 엘리야를 포기하지 않고 동행했다. 엘리야는 요단강을 건널 때 자신의 겉옷으로 물을 쳐서 갈라지게 했다. 성경은 그가 육지같이 요단을 건넜다고

바티칸시국 남동쪽에 있는 성베드로대성당에 세워진 엘리야 조각상(1727년 作)

말하고 있다.

자신을 끝까지 따라오는 엘리사를 보고 엘리야는 그에게 무엇을 원하는지를 물었다. 이에 대해서 엘리사는 다음과 같이 대답했다. "당신의 성령이 하시는 역사가 갑절이나 내게 있게 하소서"(왕하 2:9). 여기서 두 배를 달라는 말은 신명기의 전통에 따라 자신을 엘리야를 잇는 계승자로 삼아달라는 요구였다고 볼 수 있다.

엘리야는 하나님이 자신을 취하는 것을 그가 끝까지 본다면 엘리사의 요구가 응해질 것이라고 말했다. 그래서 엘리사는 포기하지 않고 엘리야를 따라가 하늘로 승천하는 것을 보았다. 그 결과 그는 갑절의 영감을 받는 능력의 선지자가 되었다. 그 후 엘리사도 엘리야에게서 떨어진 겉옷을 취하여 물을 치자 물이 이리저리 갈라졌다. 엘리사가 엘리야의 합법적인 계승자임을 증명해주는 기적이었다.

엘리야가 하늘로부터 회오리바람으로 들림을 받기 위해 요단강을 건너 모압으로 간 것은 성경 전체적인 측면에서 주목할 만한 가치가 있다. 모압은 신명기에 의하면 모세가 가나안 땅에 들어가기 전에 죽은 곳이다. 모세의 죽음에 대해서 성경은 다음과 같이 말하고 있다. "벳브올 맞은편 모압 땅에 있는 골짜기에 장사되었고 오늘까지 그의 묻힌 곳을 아는 자가 없느니라"(신 34:6). 모세는 모압 땅에서 죽었고, 그가 죽을 때 그 무덤을 아는 자가 없었다. 이와 같이 엘리야도 요단을 건너 모압 쪽으로 갔고, 가는 도중에 하나님으로부터 들림을 받았다. 그리고 그가 들림을 받았기 때문에 그의 무덤을 알 수가 없었다. 이런 점에서 엘리야의 마지막은 모세와 유사한 면을 지니고 있다.

후에 신약에서도 예수님이 변화산에서 얼굴이 해와 같이 빛나며 옷이 빛과 같이 희어질 때 엘리야가 모세와 함께 나타나 예수님과 대화했다고 기록하고 있다. 엘리야의 승천은 엘리야가 모세와 유비되는 인물임을 간접적으로 보여준다.

또한 그의 승천은 에녹의 승천과도 비교된다. 에녹은 창세기에 므두셀라를 낳고 300년 동안 하나님과 동행했다. 그리고 하나님은 자신과 동행한 에녹을 세상에서 그대로 하늘로 데려가셨다. 에녹의 승천은 이전에 아담의 타락으로 말미암아 정녕 죽을 수밖에 없는 인간에게 하나님의 은혜로 다시 소망이 있음을 암시해주는 사건이었다. 이와 같은 맥락에서 엘리야의 승천도 아담의 타락으로 말미암아 인류에게 생긴 저주가 다시 역전될 수 있음을 보여준다. 그리고 또한 신약에서 예수 그리스도의 부활 승천을 예표하는 것이기도 하다.

엘리사는 엘리야가 승천하기에 앞서 갑절의 영감을 구했다. 여기서 갑절의 의미는 자신을 엘리야의 정통 후계자로서 세워달라는 간구의 뜻이다. 신명기 21장 17절은 장자로 세우는 일에 대해 다음과 같은 명령을 하고 있다. "반드시 그 미움을 받는 자의 아들을 장자로 인정하여 자기의 소유에서 그에게는 두 몫을 줄 것이니 그는 자기의 기력의 시작이라 장자의 권리가 그에게 있음이니라." 이렇게 다른 이들과 달리 유산을 두 배나 줌으로써 아버지는 장자를 자기의 후계자로 삼았다. 같은 방법으로 엘리사도 엘리야에게 갑절의 영감을 구하여 후계자가 되게 해달라고 구했던 것이다.

엘리사는 엘리야가 떠나는 것을 보고 소리 질러 "내 아버지여 내 아버지여 이스라엘의 병거와 마병이여"(왕하 13:14)라고 말했다. 이 말은 엘리야에 대한 칭호였다. 그러나 후에 엘리사가 병들어 죽게 되었을 때 이스라엘의 왕 요아스도 엘리사에게 똑같은 호칭을 사용한다. 이런 반복은 엘리사가 엘리야의 승천 이후 확실히 엘리야의 후계자가 되었음을 확증해준다. 실제로 엘리사는 엘리야가 승천한 후 엘리야처럼 똑같이 요단을 가르고 기적을 행했으며, 선지자들의 생도들은 엘리야의 영감이 엘리사에게 임한 것을 보고 그에게 엎드렸다.

[엘리사의 기적과 신학교]

엘리사의 기적 중에는 나아만의 병을 고쳐준 사건이 있다. 나아만은 아람군대의 장군으로서 문둥병에 걸린 사람이었다. 이때 그는 이스라엘 땅에서 사로잡아온 작은 계집아이를 통해서 엘리사에 대한 소문을 듣게 되었다. 그는 보잘것없는 아이의 충고를 소홀히 여기지 않았다. 여기서 그의 축복이 시작되었다. 하나님은 우리가 가지고 있는 적은 것을 통해 역사하신다. 예수님의 오병이어 기적은 보잘것없는 떡 다섯 개와 물고기 두 마리에서 시작되었다. 나아만 장군의 경우에도 마찬가지로 적은 것을 통해 축복의 문을 열어주셨다. 하나님의 축복은 보잘것없는 것에서부터 시작된다. 그리고 나아만은 그것을 겸손하게 소중히 받아들이고 순종했다.

하지만 나아만이 엘리사를 통해 하나님의 축복을 체험하기 위해서는 넘어야 할 산이 있었다. 엘리사는 자기에게 찾아 온 나아만을 직접 만나주지 않았다. 대신 그의 몸종을 시켜서 나아만에게 요단강에서 일곱 번 목욕할 것을 주문했다. 이런 엘리사의 태도에 나아만은 화가 났다. 자신의 생각대로 엘리사가 자신을 대우하지 않았기 때문이다. "나아만이 노하여 물러가며 이르되 내 생각에는 그가 내게로 나와 서서 그의 하나님 여호와의 이름을 부르고 그의 손을 그 부위 위에 흔들어 나병을 고칠까 하였도다"(왕하 5:11).

나아만은 그냥 돌아갈 수도 있었지만 그 유혹을 뿌리쳤다. 하나님의 기적을 얻기 위해서는 장애가 있다. 하나님의 축복을 받는 자는 그러한 장애를 극복하는 자이다. 결국 나아만은 자기의 생각을 포기하고 엘리사의 입에서 나온 하나님의 말씀에 순종했다. 그 결과 그의 병은 치유될 수 있었다.

엘리사는 나아만에게 일곱 번 목욕을 하라고 말했다. 7이라는 숫자는 완전한 숫자이다. 엘리사는 나아만에게 온전한 순종을 요구했던 것이다. 순종을 위해서는 중도포기란 있을 수 없다. 많은 사람이 순종하면서도 실패하는 것은 끝까지 순종하지 못하기 때문이다. 나아만은 엘리사의 말대로 끝까지 순종하여 기적의 축복을 받았다.

한번은 엘리사의 선지자 생도 중에 죽은 자의 아내가 엘리사를 찾아왔다. 그녀는 자신의 남편이 죽고 채주가 와서 자신의 두 아이를 취하려고 한다는 암담한 상황을 고하며 도움을 청했다. 엘리사는 그녀에게 이웃에 가서 빈 그릇을 빌려와 방에서 그 빈 그릇들에 기름을 부으라고 지시했다. 그녀는 엘리사의 말대로 그릇을 빌리고 빌린 그릇에 자신이 가지고 있는 기름을 부었다. 그러자 기름이 끊어지지 않는 기적이 일어났다. 그래서 선지자 생도의 아내는 기름을 팔아 생계를 유지할 수 있게 되었다.

이 기적에서 우리는 순종에 대한 몇 가지 진리를 배울 수 있다.

첫째, 순종의 근거는 감정이 아니라 하나님의 말씀이라는 것이다. 사실 그녀는 하나님을 원망할 수 있는 상황이었다. 그래서 감정대로 했다면 엘리사를 통해서 나오는 하나님의 말씀을 거부할 수도 있었다. 그러나 그녀는 비록 마음은 원망스럽고 순종할 기분은 아니었지만 하나님의 말씀이기에 순종했던 것이다. 우리의 순종도 마찬가지다. 순종은 기분에 따라 하고 하지 않는 그런 성질의 것이 아니다. 순종의 근거는 하나님이 그렇게 말씀하시기 때문이다.

둘째, 그녀에게도 순종 앞에서 나아만의 경우처럼 장애가 있었다는 사실이다. 이웃을 찾아다니며 그릇을 빌린다는 것은 분명 창피한 일이었다. 또한 그녀 자신도 속으로 당장 먹을 것이 없는데 빈 그릇을 빌린다는 것이 무슨 소용이 있을까 하고 의심할 수도 있었다. 그러나 그녀는 그의 외적, 내적 장애물을 모두 극복했다. 참된 순종은 어떠한 장애물 앞에서도 포기하지 않고 말씀대로 끝까지 따르는 것이다.

마지막으로 순종은 하나님과 본인 사이에 일어나는 인격적인 결단이라는 것이다. 순종에는 제3자가 개입할 수 없다. 엘리사는 그릇을 가져온 그녀와 그녀의 두 아이에게 방에 들어가서 스스로 기름을 부으라고 명령했다. 엘리사도 함께 들어가 그들을 도울 수도 있었다. 그러나 순종은 근본적으로 하나님과 본인 사이에 일어나는 것이기 때문에 엘리사는 끝까지 그녀가 스스로 할 수 있도록 지시했던 것이다. 이처럼 엘리사의 기적을 통해 우리는 기적의 축복이 어떠한 사람에게 일어나는지를 배울 수 있다.

한편 선지자의 생도라는 말에 주목할 필요가 있다. 엘리사 당시에 그를 따른 선지자의 생도들이 있었다. 혹자는 이 무리를 글자 그대로 선지자 밑에서 수업을 받는 제자들이라고 주장한다. 이들 생도들이 능력 있는 선지자 밑에서 선지수업을 받고 예언하는 법을 배웠다는 설명이다. 그러나 이러한 생각은 성경의 지지를 받지 못한다. 하나님의 선지자는 학습을 통해 되는 것이 아니며 전적으로 하나님으로부터 택함을 받고 영감을 받은 사람이기 때문이다. 물론 당시에 왕궁과 결탁해서 조직화된 선지자들의 무리가 있었다(왕상 22장). 그러나 그들은 참된 선지자들이 아니었다. 그렇기 때문에 전통적 선지자들은 그들을 비난했다(렘 23:9-40, 미 3:5-8).

선지자의 생도는 히브리 원문에서 "선지자들의 아들들"로 되어 있다. 히브리어에서 아들이라는 말은 여러 가지 함축적인 의미를 갖는다. 단순히 혈육적인 관계만을 의미하지는 않는다. 아마도 이 표현은 선지자들과 밀접한 관계를 가진 사람들을 의미하는 것 같다. 이 선지자의 생도들은 결혼을 하고 집을 가진 사람들로 등장한다(왕하 4:1). 따라서 선지자의 생도란 평신도로서 선지자들을 도와주고 따르던 무리였다고 생각된다.

[북이스라엘 열 지파의 분열]

북이스라엘은 유다 지파와 베냐민 지파를 제외한 열 지파로 되어 있었다. 북이스라엘은 유다 왕 르호보암에서 갈라져 나왔는데 북이스라엘의 왕조는 남유다와 비교해서 순탄하지 않았다. 끊임없이 반역자가 나타남으로써 여러 왕조가 등장하였다. 북이스라엘에서 살해된 왕은 나답, 엘라, 요람, 스가랴, 살룸, 브가히야, 그리고 베가이다. 북이스라엘에서 가장 장수를 한 왕조는 오므리 왕조(4대)와 예후 왕조 (5대)이다. 이 같은 사실은 북이스라엘의 지파들이 남유다 지파에 비해서 응집력이 상대적으로 약했다는 점을 보여준다.

북이스라엘의 왕은 총 20명이었다. 이 중에 어느 왕도 하나님이 보시기에 선하지 못했다. 그래도 가장 하나님의 명령에 충실했던 왕은 예후였다. 그는 엘리사에 의해 왕으로 기름부음을 받아 아합의 집을 멸하라는 하나님의 명령을 수행했다. 하지만 그도 여로보암의 죄악에서 떠나지 않았다. 여로보암의 대표적인 죄는 금송아지 우상을 만들어 그것에 예배하는 행위였다. 결국 북이스라엘의 열 지파는 앗수르의 침공으로 포로로 잡혀가 앗수르 제국의 여러 곳으로 흩어지면서 멸망하게 되었다. 결과적으로 이들의 분열은 하나님의 기준에 어긋난 여로보암의 죄악을 좇았기 때문이다.

살마네셀 4세는 이스라엘 사람들을 가나안 땅에서 쫓아내고 바벨론과 구다와 아와와 하맛과 스발와임에서 살게 하였다(왕하 17:24). 후에 유대인들은 사마리아 사람들을 구다인이라고 불렀는데, 그것은 이스라엘 사람들이 구다로 포로로 잡혀갔다가 일부가 거기서 다시 돌아왔기 때문이다. 이스라엘 사람들이 포로로 잡혀가면서 사마리아 지역은 이주해 온 다른 민족이 살게 되었다. 에스라와 느헤미야시대에 이 사마리아 사람들은 성전 건축을 방해하는 세력으로 등장한다.

사마리아에 새로 정착한 이주민들은 여호와의 법을 알지 못했다. 그들이 그 땅에서 여호와를 경외하지 않자 하나님은 사자를 보내 그들을 죽였다. 이 소문을 들은 앗수르 왕은 사마리아 지역에 여호와의 제

여로보암 왕의 문장. "세마, 여로보암의 종"이라는 글자가 새겨진 이 문장은 메기도에서 발굴되었는데 기원전 9세기 이스라엘의 왕이었던 여로보암 2세의 것으로 보인다.

사장을 보내 그들로 하여금 여호와의 법도와 율법을 배우도록 하였다. 그러자 사마리아 지역으로 이주한 사람들이 하나님을 경외할 수 있게 되었다. 그렇다고 그들이 가지고 온 신들을 버렸다는 것은 아니다. 그들은 자신들의 풍습대로 그들의 신들을 여호와 하나님과 함께 섬겼던 것이다.

　여기서 한 가지, 새로 정착한 사마리아인과 유대인의 관계가 신약시대처럼 처음부터 나빴던 것은 아니다. 때때로 서로 충돌은 있었지만 본격적으로 적대감을 갖게 된 것은 신약시대 직전에 일어난 일이다.

[포로의 귀환과 예루살렘 성벽의 재건]

포로로 잡혀간 남유다 백성들은 주전 539년 페르시아의 고레스 왕에 의해 다시 돌아올 수 있었다. 고향으로 돌아온 그들은 제일 먼저 예루살렘 성전을 건축하기 시작했다. 하지만 성전 건축은 장벽에 부딪혀 한동안 진척되지 못했다. 이에 학개와 스가랴 선지자의 독려로 성전 건축이 다시 시작되었는데, 그때가 주전 520년이다. 결국 성전 건축은 스룹바벨의 지도 아래 주전 515년에 완성되었다. 그 후 느헤미야를 통해 주전 445년에 예루살렘 성벽이 재건되었다.

포로시기에 느헤미야는 페르시아 왕의 허락으로 팔레스타인으로 돌아왔다. 원래 그는 왕의 술잔을 맡은 관리였다. 느헤미야는 유대의 통치자로 임명을 받아 두 가지 일을 하기 시작했다. 그는 유대 백성들에게 하나님의 율법대로 살 것을 서약하게 하였고, 예루살렘 성벽을 건축하기 시작했던 것이다. 느헤미야가 주전 445년에 예루살렘 성벽을 재건하기 시작했다. 바벨론에 의해 유다가 멸망당할 때(주전 586년) 예루살렘 성벽도 파괴되었기 때문이다. 예루살렘의 성벽 재건에 대한 성경의 기록은 느헤미야 2장 9~20절, 3~6장에 기록되어 있다.

예루살렘 성벽의 재건은 52일 만에 이루어졌다(느 6:15). 느헤미야는 유대인들에게 예루살렘 성벽의 재건을 통해 공동체 의식을 세웠다. 그 후 예루살렘과 그 성읍 주변에 유대인들이 정착할 수 있도록 했다. 예루살렘 성곽이 낙성되고 종교적 의무를 위해 레위인들이 임명되었다(느 12장).

학자들의 견해에 의하면 느헤미야가 세운 예루살렘의 성벽은 포로 이전 시기의 크기와 같았을 것이라고 추정한다. 그래서 다윗성과 그 북쪽으로 성전산과 서쪽으로는 언덕을 둘러싸는 성곽이었을 것으로 주장한다. 하지만 일반적인 견해는 느헤미야시대의 예루살렘 성벽의 크기는 이전보다 규모면에서 축소되었다고 본다. 포로에서 돌아온 숫자가 상대적으로 매우 적었고 인구도 크게 감소되었기에 재건된 예루살렘 성곽은 크지 않았을 것이라는 생각이다.

느헤미야의 지도 아래 진행된 예루살렘 성벽의 재건은 순조로운 것만은 아니었다. 산발랏과 도비야와 아라비아 사람들과 암몬 사람들과 아스돗 사람들이 예루살렘 성벽이 재건된다는 소식을 듣고 방해를 하기 시작했다. 그래서 느헤미야는 파수꾼을 두어 주야로 성을 방비하도록 했다(느 4:9). 하나님의 일을 수행할 때에는 이처럼 항상 장애물이 등장한다. 하지만 믿음이란 그런 장애물을 극복하는 힘이다.

느헤미야는 성벽을 재건하는 데 있어 방해 세력에 대해서 다음과 같이 기도했다. "우리 하나님이여 들으시옵소서. 우리가 업신여김을 당하나이다. 원하건대 그들이 욕하는 것을 자기들의 머리에 돌리사 노략거리가 되어 이방에 사로잡히게 하시고 주 앞에서 그들의 악을 덮어두지 마시며 그들의 죄를 도말하지 마옵소서. 그들이 건축하는 자 앞에서 주를 노하시게 하였음이니이다"(느 4:4-5).

느헤미야의 기도는 시편에 원수를 징벌해 달라는 탄식기도의 전통을 따르고 있다. 그러나 이와 같은 기도는 신약 말씀과 모순된다. 신약은 원수를 갚지 말라고 말하며, 오히려 원수가 주리고 목마를 때 먹을 것을 주고 마실 것을 줄 것을 말씀하고 있기 때문이다. 반면 구약에서는 원수를 사랑하라는 말씀을 하지 않는다(잠 25:21-22, 출 23:4-5).

이런 점에서 느헤미야의 기도는 신약과 모순이 되는 것처럼 보인다.

결론적으로 이 문제의 해답은 성경 전체의 하나님의 구속사적 경륜에서 찾을 수 있다. 사실 느헤미야의 기도는 개인적인 모욕 때문에 하나님께 원수를 갚아 달라는 탄원이 아니었다. 산발랏과 그의 무리들의 조롱은 어떤 의미에서 하나님을 향한 것이었다. 이런 점에서 느헤미야의 기도는 정당하다고 할 수 있다. 그러나 더 깊은 의미에서 느헤미야의 기도는 아직 신약의 하나님의 계시가 온전히 드러나지 않았기 때문이라고 말할 수 있다. 신약에서는 예수 그리스도를 통해 하나님의 사랑이 믿는 자들에게 온전히 이루어졌고 의가 결국에 가서는 승리하게 됨을 보여준다. 그러므로 신약시대에 사는 성도들은 하나님의 사랑을 실천할 수 있고 쉽게 원수까지도 사랑할 수 있는 은혜를 받았다.

그러나 느헤미야의 시대는 아직 하나님의 경륜적 측면에서 신약에 비해 온전한 계시와 구원이 드러나지 않았다. 그러므로 느헤미야는 기도를 통해 원수에 대한 징벌을 하나님께 직접 호소했다고 볼 수 있다.

[페르시아 제국의 왕비가 된 에스더]

에스더는 유대인으로서 바벨론으로 끌려와 페르시아 왕 아하수에로의 왕비가 된 인물이다. 아하수에로는 페르시아 왕 크세르크세스 1세(기원전 485-465년)를 가리킨다. 혹자는 에스더서의 역사성을 부인한다. 그러나 에스더서는 신뢰할 만한 역사적인 사실들을 언급하고 있다. 에스더서 1장 3절에 의하면 크세르크세스가 제3년에 잔치를 베풀었다고 기록하고 있는데, 이것은 주전 483년에 그가 그리스를 침공하기 위해 대규모 회의를 가졌다는 역사적 사실과 일치한다.

그리고 그로부터 에스더가 궁전으로 호출될 때까지 4년의 공백이 있는데, 이는 크세르크세스가 그리스 정복전쟁을 위해 출정한 기간으로 설명될 수 있다. 또한 에스더서에 등장하는 수산궁은 크세르크세스의 아버지 다리오 1세(주전 522-486년)에 의해 세워졌고, 그의 아들에 의해 사용되었다는 기록이 있다. 그리고 에스더서에서는 많은 페르시아 이름과 명칭이 나오고 있는데 이것도 에스더서의 역사성을 뒷받침해준다.

에스더는 모르드개의 삼촌 아비하일의 딸로서 모르드개와 함께 바벨론 왕 느부갓네살이 예루살렘에서 유다 왕 여고냐와 백성들을 사로잡아올 때 같이 잡혀왔다. 모르드개는 에스더의 부모가 죽은 후 그녀를 자기의 수양딸처럼 양육했다.

어느 날, 아하수에로 왕이 자기의 업적을 찬양하기 위해 전국 127도에서 방백과 귀족들을 수도 수산궁으로 불러들여 180일 동안 잔치를 베풀었다. 잔치가 끝나자 왕은 수산궁에 있는 모든 백성을 위해서 다시 7일 동안 잔치를 베풀었다. 잔치가 끝나가는 마지막 날에 왕은 자신의 왕비인 와스디의 아름다움을 사람들에게 보여주고 싶었다. 그래서 종을 통해 와스디를 데려오라고 명령했다. 그러나 왕비 와스디는 왕의 명령에 순종하지 않았다. 왕은 분노하여 주위 대신들의 조언에 따라 와스디를 폐위시켰다.

왕은 다시 전국에 아리따운 여자들을 모아 그들 중에서 왕비를 선택하려 했다. 유대사람 에스더도 그들 중에 있었다. 왕비가 되기 위해서 들어온 여자를 관리하던 왕의 내시 헤게는 에스더의 미모를 보고 그녀를 환대했다. 에스더 차례가 되어 아하수에로 왕 앞에 나아갔을 때 왕은 그녀를 기뻐하고 에스더를 자신의 왕비로 맞이했다. 다시 왕은 잔치를 베풀었다. 이렇게 에스더는 잔치를 통해 왕비가 될 수 있었고, 왕비가 되어 왕과 함께 잔치를 베풀었다. 유대인 에스더에게서 잔치는 그녀의 행운의 계기였다. 그리고 에스더서 전체에서 잔치는 중요한 모티프가 된다. 모르드개는 왕비가 된 에스더에게 어느 민족의 출신인지를 말하지 말라고 주문했다.

에스더가 왕비가 된 후 어느 날, 모르드개는 대궐 문에 앉아 있었다. 그때 문을 지키는 관리 두 사람이 왕을 모살하려는 계획을 몰래 엿듣게 되었고, 이 사실을 에스더를 통해 왕에게 고했다. 이것은 나중에 유대 민족을 구하는 계기가 되었다.

당시 하만은 왕으로부터 총애를 받는 관리였다. 하만이 지나갈 때마다 모든 사람은 왕의 명령에 의해 그에게 절을 해야 했다. 그러나 대궐 문에 있는 모르드개만은 그에게 절하지 않았다. 그 이유가 하나님의 율법 때문인지 아니면 다른 이유인지는 기록되어 있지 않다. 아마도 하나님의 율법에 관련된 것 같아 보인다. 자신에게 절을 하지 않는 모르드개를 분하게 생각한 하만은 모르드개가 유대인이라는 사실을 알고 제국 내에 유대 민족을 멸족시킬 비밀스러운 계획을 세웠다.

하만은 왕에게 찾아가 왕의 법률보다 자기 민족의 법률을 지키는 유대 민족을 멸살하도록 허락해 줄 것을 요청했다. 하만은 왕의 허락을 받고 부르라는 제비를 뽑아 제12달 13일에 유대인들을 멸살하기로 계획을 세웠다. 그리고 조서를 전국에 보냈다. 이 소식을 들은 모르드개

이슈타르문. 바벨론 왕 느부갓네살 2세가 바벨론에 새롭게 지은 성문 중의 하나. 바벨론은 3천 년 전 고대 문명의 중심지가 되었다. 느부갓네살은 주변 국가들과 전쟁하는 도중 유다를 점령했고 유대인 포로들을 지중해 연안에서 유프라테스강 유역으로 이주시켰다.

는 전령을 통해 에스더에게 이 일을 막기 위해서 왕에게 나아갈 것을 지시했다. 하지만 왕의 부름 없이 왕을 만나러 간다는 것은 자칫 죽음을 의미했다. 왕이 자신이 오는 것을 기쁘게 여기고 금홀을 내리지 않는다면 죽임을 당해야 하기 때문이다. 그러나 에스더는 자신을 위해 수산궁에 있는 모든 유대인으로 하여금 3일 동안 금식하게 하고 "죽으면 죽으리라"는 각오로 왕을 만나러 갔다.

왕은 에스더의 미모를 보고 금홀을 내려 그녀를 맞이했다. 에스더는 왕에게 하만과 함께 자신이 베푸는 잔치에 오도록 초청했다. 잔치에 온 왕과 하만에게 에스더는 다시 다음 날 잔치에 와줄 것을 부탁했다. 그러면 그때 자신의 청을 왕에게 말하겠다고 말했다. 그날 집으로 돌아온 하만은 마침 모르드개를 달아 죽이기 위해 긴 장대를 만들었다. 한편 왕은 궁에서 잠이 오지 않자, 왕궁의 궁중일기를 읽는 가운데 모르드개가 왕의 모살을 알린 기록을 보고 하만을 불러 모르드개를 존귀하게 하였다.

다음 날, 약속대로 잔치에 왕과 하만이 참석하자 에스더는 자신의 신분을 밝히고 유대 민족을 죽이려는 하만의 모의를 고소했다. 결국 왕은 공을 세운 모르드개가 유대인이며 왕비도 유대인이라는 사실을 알자 대노하고, 하만이 모르드개를 죽이기 위해 만든 장대에 하만을 달아 죽였다. 그리고 조서를 통해 제12달 13일에 오히려 유대인들로 하여금 자기들의 대적을 죽일 수 있는 권한을 전국에 허락했다. 에스더는 수산궁에 있는 유대인들을 위해 하루를 더 연장해서 14일에도 유대인들의 대적자들을 죽일 수 있도록 왕의 허락을 받아냈다. 이날에 유대인들이 그들의 대적자들을 복수했다고 기록하고 있다. 그리고 이날은 히브리어로 부르라는 제비뽑기로 정해진 날이었기에 그날을 후세대인들은 '부림절'로 지켰다.

결론적으로 잔치를 통해 은혜를 입어 왕비가 된 에스더는 자기 민족이 위기에 처하자 왕과 하만을 잔치에 초정하여 전세를 역전시켰다. 그리고 유대인들에게 자신들의 대적을 복수하는 부림절의 계기를 마련해주었다. 그 후 부림절 때마다 유대인들은 그 사건을 기억하고 잔치를 벌였다. 왕비 에스더는 잔치와 은혜라는 모티프를 통해 하나님의 축복과 은혜가 무엇인지를 보여주는 인물이었다.

피렌체 우피치미술관에 있는 카발리노의 〈아하수에로 왕 앞에 나타난 에스더〉(1645-1650년 作). 하만이 유대인들을 멸살하려는 음모를 꾸미자 죽으면 죽으리라는 각오로 왕 앞에 나타난 에스더. 그 당시 왕의 부름 없이 왕을 만나러 간다는 것은 자칫 죽음을 의미했다.

　　한편으로 에스더서에는 하나님에 대한 직접적인 언급이 없다. 성경에서 하나님에 대한 언급이 나오지 않는 것이 좀 이상하지 않은가! 하나님에 대한 언급이 없는 것은 포로시기에 유대인들의 경험을 반영하는 것처럼 보인다. 포로시기의 절망적인 상황은 하나님이 없는 것과 같은 경험이었을 것이다. 그러나 에스더서의 교훈은 아무리 앞이 보이지 않는 절망적인 상황에서도 항상 하나님은 자신의 섭리를 통해 백성들을 인도하신다는 것이다. 또한 하나님의 섭리와 간섭은 오직 믿음의 눈으로만 볼 수 있다는 사실을 분명히 보여준다.

[우스 땅의 의인, 욥의 시련과 승리]

욥은 족장시대에 우스 땅에 살았던 의인이었다. 그는 동방의 의인으로서 많은 소유물을 가진 부자였다. 그는 일곱 명의 아들과 세 명의 딸을 두었으며, 그들이 죄를 범하지 않을까 하고 항상 하나님께 번제를 드렸던 믿음의 사람이었다. 그러던 어느 날 사탄은 하나님 앞에 나와 욥을 고소하기 시작했다. 사탄은 하나님께 욥이 하나님을 경외하는 것은 그가 축복을 받았기 때문이라고 욥을 고소했다. 하나님은 사탄의 요구대로 욥의 소유물과 자녀들을 하루아침에 잃도록 허락하셨다. 하지만 그럼에도 욥은 하나님에 대한 믿음을 버리지 않았다.

사탄은 다시 하나님께 욥의 몸이 고통을 당한다면 욥은 신앙을 버릴 것이라고 고소했다. 하나님은 욥의 생명을 제외하고 사탄에게 모든 것을 허락하셨다. 사탄은 욥에게 발바닥에서 정수리까지 악창이 나도록 했다. 욥은 재 가운데서 기와조각을 가져다가 몸을 긁어야 할 정도로 큰 고통을 당했으며, 그의 아내도 그런 그를 보고 저주했다. 그러나 욥은 "하나님께 복을 받았은즉 화도 받지 아니하겠느냐"(욥 2:10)고 하면서 그 모든 일에 입술로 죄를 짓지 않았다.

욥이 고통 받는다는 소식을 듣고 친구인 엘리바스와 빌닷과 소발이 욥을 찾아왔다. 그들은 한결같이 욥의 잘못을 지적하고 회개할 것을 촉구했다. 그러나 욥은 자신의 잘못을 인정할 수 없었다. 실로 이유 없이 당하는 고통 앞에서 자신도 그 이유를 알 수가 없었다. 마침내 하나님이 나타나셔서 욥의 의로움을 인정하고 세 친구를 꾸짖으셨다. 그리고 그에게 이전보다 두 배의 축복을 더하셨다. 욥의 승리였다.

욥의 세 친구는 욥의 고난을 전통적인 인과응보의 기준에 따라 그의 죄 때문이라고 지적했다. 그러나 욥은 그들의 말에 수긍할 수 없었다. 욥의 고난은 그의 죄악 때문이 아니라 사탄의 고소로 비롯된 것이었다. 결국 욥의 이야기는 하나님은 기존의 전통적인 기준에 따라 재단할 수 있는 그런 분이 아님을 교훈한다. 욥의 고통에는 하나님만이 아는 비밀이 있었다. 우리의 경험으로 하나님의 지혜를 판단할 수는 없다. 하나님의 지혜는 오직 하나님만이 알 수 있다.

그렇기에 바른 신앙인의 자세는 하나님의 주권 앞에서 하나님의 인도하심을 믿고 순간순간 하나님의 지혜를 구하는 태도이다. 이것을 깨달은 욥은 고난 중에 다음과 같이 고백한다. "내가 앞으로 가도 그가 아니 계시고 뒤로 가도 보이지 아니하며 그가 왼쪽에서 일하시나 내가 만날 수 없고 그가 오른쪽으로 돌이키시나 뵈올 수 없구나. 그러나 내가 가는 길을 그가 아시나니 그가 나를 단련하신 후에는 내가 순금같이 되어 나오리라"(욥 23:8-10).

욥은 자신의 무죄를 주장했다(욥 31:5-40). 그러나 하나님과 대면하면서 욥은 그런 주장까지도 회개했다(욥 42:6). 이렇게 모든 선악의 기준을 하나님의 판단에 맡기려는 욥을 보고 하나님은 세 친구보다 그를 더 의롭다고 인정하셨다(욥 42:7). 욥은 인간의 기준에서 생각하지 않았다. 그는 전적으로 하나님의 판단에 자신을 맡겼다. 반면에 그의 친구들은 자신들의 경험과 판단에 의해 욥과 하나님까지 평가했다.

선지자 미가는 하나님이 인간에게 구하는 것이 무엇인지를 요약해서 말했다. 그것은 여호와와 함께 겸손히 동행하는 것이었다. "사람아 주께서 선한 것이 무엇임을 네게 보이셨나니 여호와께서 네게 구하시는 것은 오직 정의를 행하며 인자를 사랑하며 겸손하게 네 하나님과 함께 행하는 것이 아니냐"(미 6:8). 여기서 '겸손히 동행하다'라는 말의 의미는 히브리어 원문으로 "신중하게 행동하기 위해서 하나님과 함께 동행한다"는 뜻이다. 하나님이 원하시는 신앙의 모습은 이와 같이 순간순간 신중하게 행동하기 위해서 자신의 판단이 아닌 하나님의 뜻을 묻고 그 뜻에 따라 사는 것이다. 욥은 그러한 삶을 실천했다. 욥기는 참된 신앙과 지혜는 하나님을 경외하며 하나님 중심에서 생각하고 행동하는 것임을 보여준다.

욥의 이야기에서 우리의 주목을 끄는 대목은 사탄의 등장이다. 구약에서 사탄은 신약에서처럼 하나님에 대해 노골적인 적대세력으로 나오지 않는다. 사탄은 하나님 앞에 자유롭게 설 수 있었고 오직 하나님이 허락하신 범위 내에서만 움직일 수 있었다. 그러나 예수님이 사탄의 세력을 멸하기 위해 이 세상에 오시자(요일 3:8) 사탄은 최후의 발악을 시작했다. 예수님의 부활로 사탄의 세력이 천상에서 쫓겨나게 되자 사탄은 더 이상 천상의 하나님 앞에서 성도들을 고소할 수 없게 되었다. 성경은 사탄은 자기의 때가 얼마 되지 않은 것을 알고 우는 사자와 같이 삼킬 자를 찾아 두루 돌아다닌다고 말한다. 요한은 요한계시록 12장 10절에서 다음과 같이 말한다. "이제 우리 하나님의 구원과 능력과 나라와 또 그의 그리스도의 권세가 나타났으니 우리 형제들을 참소하던 자 곧 우리 하나님 앞에서 밤낮 참소하던 자가 쫓겨났고."

하나님 앞에서 욥을 참소했던 사탄은 신약시대에서 예수 그리스도의 사역으로 더 이상 성도를 참소할 수 없게 되었다. 이런 의미에서 욥의 이야기는 사탄의 세력을 멸하기 위한 메시아의 출현을 고대한다고 말할 수 있다. 욥은 자신을 고통에서 구원해 줄 수 있는 중재자가 없었다. 결국 하나님의 출현으로 그의 모든 문제가 해결되었지만 그 과정에서 욥은 거의 버림받은 처지까지 내려가야 했다.

그러므로 욥에게는 자신의 비통한 기도를 들어주고 고난의 의미를 깨닫게 해주는 하나님과 인간의 중재자, 메시아가 필요했다. 이런 점에서 신약에 사는 우리는 행복한 사람들이다. 신약은 우리의 중재자 예수 그리스도에 대해서 다음과 같이 말하고 있다. "그러므로 자기를 힘입어 하나님께 나아가는 자들을 온전히 구원하실 수 있으니 이는 그가 항상 살아 계셔서 그들을 위하여 간구하심이라"(히 7:25).

[남유다의 소름이 끼치는 죄악]

선지자들은 남쪽 유다가 바벨론에 의해 멸망당하기 전에 유다의 죄악을 계속해서 지적했다. 그중에 미가는 이사야와 함께 유다에서 주전 8세기경에 활동하면서 유다 백성들에게 그들이 얼마나 여호와 신앙에서 이탈하여 왜곡된 삶을 사는지를 깨우쳤다.

당시 유다 백성들의 죄악은 우상 숭배였다. 하나님의 명령을 어기고 하나님만을 섬겨야 할 그들이 가나안에 정착하자 가나안 신들을 섬기기 시작했다. 또한 가나안 신들의 영향으로 하나님을 섬기는 방법에서도 변화가 일어났다. 가나안 종교와의 혼합으로 그들은 하나님에 대해 왜곡된 시각을 갖게 되었다. 즉 신앙을 "오직 정의를 행하며 인자를 사랑하며 겸손하게 네 하나님과 함께 행하는 것"(미 6:8)으로 보지 않고, 제사를 통해 풍요로운 수확을 보장해주는 제사의 하나님으로만 한정시켰던 것이다. 가나안 종교에 의한 혼합주의였다.

미가 선지자의 고향은 모레셋이었다. 그곳은 예루살렘으로부터 남서쪽으로 약 36km 떨어진 가난한 시골마을이었다. 미가 선지자는 부유한 유다 지도자들에 의해 가난한 사람들이 학대와 폭정에 시달리는 것을 목격하고 탄식했다. 그러나 부유한 지도층들은 자신들이 하나님께 제사를 규례대로 드리면 복을 받을 수 있다고 생각했기에 아무런 문제의식도 느끼지 못했다. 유다 백성들의 신앙이 얼마나 형식적인 제사 종교로 치우쳤는지 잘 보여주는 대목이다.

이사야는 형식적인 유다 백성들의 신앙에 대해 다음과 같이 책망했다. "여호와께서 말씀하시되 너희의 무수한 제물이 내게 무엇이 유익하뇨. 나는 숫양의 번제와 살진 짐승의 기름에 배불렀고 나는 수송아지나 어린 양이나 숫염소의 피를 기뻐하지 아니하노라"(사 1:11).

유다 말기 유다 왕 므낫세는 바알과 아세라를 섬기고, 또한 하늘의 일월성신을 숭배했다. 심지어 몰록신을 위해 아들을 불 가운데로 지나게 하였고, 점치며 사술을 행하고 신접한 자와 박수를 의지했다고 기록되어 있다(왕하 21:3). 몰록신은 태양신으로서 암몬 족속의 우상이었다. 제사를 드릴 때는 숯불을 피우고 아이를 뜨거워진 신상의 손 위에 놓고 태워 죽였다. 이때 아이의 곡성이 들리지 않도록 북을 울렸다. 솔로몬이 노년에 모압에서 처음으로 이 신을 가져다가 예루살렘 앞 힌놈 골짜기에 신상을 세우고 자녀로 제사를 지내게 했다(왕상 11:7). 더욱이 므낫세는 무죄한 피를 흘렸다.

미가는 유다 지도자들의 총체적 죄악에 대해서 다음과 같이 지적했다. "그들의 우두머리들은 뇌물을 위하여 재판하며 그들의 제사장은 삯을 위하여 교훈하며 그들의 선지자는 돈을 위하여 점을 치면서도 여호와를 의뢰하여 이르기를 여호와께서 우리 중에 계시지 아니하냐. 재앙이 우리에게 임하지 아니하리라 하는도다"(미 3:11).

유다의 멸망에 앞서 예레미야는 백성의 죄악에 대해 심판을 경고하면서 "무리가 나를 버리고 다른 신들에게 분향하며 자기 손으로 만든 것들에 절하였은즉 내가 나의 심판을 그들에게 선고하여 그들의 모든 죄악을 징계하리라"(렘 1:16)고 말했다.

끝으로 에스겔은 유다 백성들이 다음과 같은 하나님의 율법을 지키지 못했음을 지적했다. "사람이 만일 의로워서 정의와 공의를 따라 행하며 산 위에서 제물을 먹지 아니하며 이스라엘 족속의 우상에게 눈을 들지 아니하며 이웃의 아내를 더럽히지 아니하며 월경 중에 있는 여인을 가까이하지 아니하며 사람을 학대하지 아니하며 빚진 자의 저당물을 돌려주며 강탈하지 아니하며 주린 자에게 음식물을 주며 벗은 자에게 옷을 입히며 변리를 위하여 꾸어주지 아니하며 이자를 받지 아니하며 스스로 손을 금하여 죄를 짓지 아니하며 사람과 사람 사이에 진실하게 판단하며 내 율례를 따르며 내 규례를 지켜 진실하게 행할진대 그는 의인이니 반드시 살리라"(겔 18:5-9).

[메시아에 대한 이사야의 예언들]

메시아란 '기름 부음을 받은 자'라는 뜻이다. 구약에서는 기름 부음을 받는 자는 왕이나 제사장, 그리고 선지자들로서 그들은 임직식에서 기름 부음을 받았다(레 4:3, 5:16, 6:15). 이런 의미에서 원칙적으로 메시아는 왕뿐만 아니라 제사장과 선지자도 포함된다. 메시아는 주로 하나님의 백성을 위해서 하나님의 구원을 중재하는 역할을 맡았다. 이방의 왕인 고레스에게도 메시아라는 용어가 사용되었는데, 그것은 넓은 의미에서 고레스 왕도 하나님의 백성을 구원하는 도구가 되었기 때문이다(사 45:1).

그러나 이스라엘에서 주된 메시아사상의 발전은 사무엘하 7장 13절에서 하나님이 약속한 다윗 언약에 근거하여 다윗 가문의 왕에 집중되었다. 하나님은 다윗 언약에서 다윗의 위가 영영히 계속될 것이며 그 나라가 영원히 견고하게 될 것을 약속하셨다. 또한 다윗의 위에 오른 왕은 하나님의 아들이 될 것이며 하나님은 그의 아비가 될 것을 말씀하셨다.

이 다윗의 자손이 다스릴 나라는 바로 하나님의 나라였다. "여호와께서 내게 여러 아들을 주시고 그 모든 아들 중에서 내 아들 솔로몬을 택하사 여호와의 나라 왕 위에 앉혀 이스라엘을 다스리게 하려 하실새"(대상 28:5). 이 구절은 다윗의 자손으로 기름 부음을 받은 왕은 하나님의 대리자로서 하나님을 대신해서 하나님의 나라를 다스리고 백성들에게 하나님의 구원의 축복을 중재하는 자임을 보여준다.

그러나 역사적으로 다윗의 자손인 유다 왕들은 하나님의 나라를 대리해서 하나님의 뜻대로 다스리는 데 실패하고 오히려 우상을 섬기는 죄악을 행했다. 이런 상황에서 선지자들은 메시아적 기대를 발전시켜 마지막 때에 다윗의 계통에서 또 다른 이상적인 다윗 왕, 즉 메시아가 오셔서 하나님의 나라가 세워지고, 백성에게 구원과 축복을 가져다줄 것을 예언했다. 선지자들은 기존 왕들에 대해 실망했고, 그들에 대해서 환멸을 느꼈음에도 불구하고 다윗

로마의 성아고스티노성당에 있는 라파엘로의 〈이사야〉(1511-1512년 作). 이사야는 히브리어로 '여호와는 구원이시다'라는 뜻이다.

의 언약에 따라 하나님이 미래에 이상적인 다윗 왕을 보내 영원한 하나님의 나라를 세울 것이라고 예언했던 것이다.

그들이 여전히 왕인 메시아에 대해 집착한 것은 다윗 계통의 왕을 통해서 하나님의 나라를 세울 것이라는 다윗 언약 때문이었다. 왕에 대한 환멸에도 선지자들이 미래의 왕에 대해 집착한 사실은 영원한 왕을 약속한 다윗 언약이 인간의 언약이 아니라 신적 기원에서 유래된 언약임을 간접적으로 증명해준다.

이런 맥락에서 선지자 이사야도 메시아에 대해서 예언을 했다. "그러므로 주께서 친히 징조를 너희에게 주실 것이라. 보라. 처녀가 잉태하여 아들을 낳을 것이요 그의 이름을 임마누엘이라 하리라"(사 7:14).

이 말씀은 아하스 왕 시절 아람과 북쪽 이스라엘이 연합하여 유다를 침공할 때 하나님이 이사야를 통해 아하스에게 예언하신 말씀이다. 아마도 이사야가 지적한 처녀는 아하스의 왕비가 될 여자였을 것이라고 추측된다. 그러므로 이 처녀가 나을 아이인 임마누엘은 왕의 자녀인 히스기야로 추정된다. 당시 역사적 문맥을 보면 이 예언은 아하스에게 하나님이 다윗의 언약에 따라 그의 자녀로 하여금 다윗의 왕위를 계승할 것이기 때문에 유다는 안전할 것이라는 의미를 가진다.

그러나 이 예언은 또한 신약에서 마태가 말했던 것처럼 다윗의 계통에서 진정으로 참된 영원한 왕을 세우겠다는 하나님의 뜻을 보여주며 구체적으로 영원한 하나님의 나라를 세울 메시아, 예수 그리스도에 대한 예언이기도 했다. 결국 이 예언에 따라 예수님은 동정녀 마리아의 몸에서 나셨고 임마누엘, 즉 "하나님이 우리와 함께 계신다"라는 이름대로 하나님으로서 세상에 성육신하셨다.

이사야는 그 메시아의 탄생과 함께 그 메시아의 성격을 그의 이름을 통해서 밝혔다. "이는 한 아기가 우리에게 났고 한 아들을 우리에게 주신 바 되었는데 그의 어깨에는 정사를 메었고 그의 이름은 기묘자라, 모사라, 전능하신 하나님이라, 영존하시는 아버지라, 평강의 왕이라 할 것임이라. 그 정사와 평강의 더함이 무궁하며 또 다윗의 왕좌와 그의 나라에 군림하여 그 나라를 굳게 세우고 지금 이후로 영원히 정의와 공의로 그것을 보존하실 것이라. 만군의 여호와의 열심이 이를 이루시리라"(사 9:6-7).

또한 이사야는 11장에서 다윗의 뿌리에서 나올 메시아는 여호와의 신을 가지고 공의와 정직으로 다스릴 것을 말했다. 메시아의 사역에 대해 이사야는 당시 메시아의 기대를 더욱 발전시켜 색다른 예언을 첨가했다. 이사야 53장에서 여호와의 종으로서 메시아의 고난을 말하고 그 고난을 통한 속죄를 예언했던 것이다.

같은 맥락에서 예수님은 누가복음 4장 18~19절(주의 성령이 내게 임하셨으니 이는 가난한 자에게 복음을 전하게 하시려고 내게 기름을 부으시고 나를 보내사 포로 된 자에게 자유를, 눈먼 자에게 다시 보게 함을 전파하며 눌린 자를 자유롭게 하고 주의 은혜의 해를 전파하게 하려 하심이라 하였더라)에서, 이사야 61장 1~2절(주 여호와의 영이 내게 내리셨으니 이는 여호와께서 내게 기름을 부으사 가난한 자에게 아름다운 소식을 전하게 하려 하심이라. 나를 보내사 마음이 상한 자를 고치며 포로된 자에게 자유를, 갇힌 자에게 놓임을 선포하며 여호와의 은혜의 해와 우리 하나님의 보복의 날을 선포하여 모든 슬픈 자를 위로하되)에 나오는 여호와의 종의 사역을 자신의 메시아 사역과 일치시키셨다.

[불타는 예루살렘]

유다 왕국은 주전 586년에 바벨론에 의해 멸망당했다. 유다가 바벨론(정확히 말하면 신바벨로니아 왕국)에 의해 멸망당하기 전 국제 정세를 살펴보면, 당시 유다는 신흥세력인 바벨론과 이집트 사이에 끼어 있는 형국이었다. 이집트의 파라오 느고(주전 610-594년)는 앗수르의 남은 군대와 함께 연합하여 유프라테스의 갈그미쉬에서 바벨론과 일전을 버리려고 팔레스타인을 지나가려고 했다. 그런데 어리석게도 유다 왕 요시야는 이집트의 원정길을 막기 위해 므깃도에서 이집트군과 전쟁을 벌였다. 결국 그 싸움에서 유다 왕 요시야는 전사하고 말았다(왕하 23:29-30).

느고는 므깃도 싸움에서 승리를 거둔 후 유다의 내정에 간섭하기 시작했다. 그는 요시야의 아들 여호아하스를 포로로 이집트로 데려갔다. 그리고 대신 요시야의 또 다른 아들인 여호야김을 왕으로 세워 유다로 하여금 무거운 조공을 바치도록 했다. 여호야김은 주전 605년까지 느고의 지배를 받았다. 그러나 주전 605년에 이집트는 느부갓네살 왕과 갈그미쉬 전투에서 패하면서 시리아와 팔레스타인에 대한 지배권을 상실했다. 그러자 자연스럽게 그 공백을 바벨론이 차지하게 되었다. 아마도 이 갈그미쉬 전투의 승리로 유다에서 바벨론으로 첫 포로가 끌려갔던 것처럼 보인다(단 1:1).

이제 유다는 이집트가 아닌 느부갓네살의 지배 아래 놓이게 되었다. 그러나 주전 601년에 여호야김은 느부갓네살에게 반역을 시도했다(왕하 24:1). 그래서 느부갓네살은 주전 597년에 예루살렘을 공격했다. 하지만 느부갓네살이 공격하기 3개월 전에 여호야김은 이유 없이 죽게 된다. 여호야김이 죽은 후 그의 아들 여호야긴이 유다의 왕위에 올랐다. 그러나 그의 재위기간은 짧았다(약 3개월). 느부갓네살은 예루살렘을 공격하여(주전 597년) 여호야긴을 포로로 잡아갔다. 그리고 성전의 물건을 약탈해 갔다. 이때 유다에 있는 학식 있는 자들도 바벨론에 포로로 끌려갔다(왕하 24:10-16).

느부갓네살은 여호야긴의 삼촌인 시드기야를 왕으로 세웠다. 그러나 10년도 못되어 시드기야도 바벨론 왕에게 반기를 들었다. 이에 느

설형문자로 된 이 바벨론의 판에는 갈그미쉬 전투와 기원 전 597년 아다달 2일, 느부갓네살 왕이 예루살렘을 점령한 일이 적혀 있다.

부갓네살은 다시 예루살렘으로 쳐들어와 예루살렘을 완전히 파괴시켜 버렸다(주전 586년). 그리고 시드기야와 함께 많은 포로와 전리품들을 바벨론으로 가지고 갔다. 시드기야가 끌려갈 때 성경은 다음과 같이 기록하고 있다. "그들이 시드기야의 아들들을 그의 눈앞에서 죽이고 시드기야의 두 눈을 빼고 놋 사슬로 그를 결박하여 바벨론으로 끌고 갔더라"(왕하 25:7).

열왕기하 25장 27~30절을 보면 바벨론으로 끌려간 여호야긴은 후에 바벨론 왕 에윌므로닥에 의해서 옥에서 풀려나게 된다. 이것은 열왕기서의 신학을 반영하고 있다. 비록 유다 왕이 적국인 바벨론에 포로

로 잡혀갔지만 옥에서 풀려남으로써 여전히 유다에 희망이 있다는 사
실을 보여준다.

[선지자 예레미야의 마지막 호소]

예레미야는 유다가 멸망할 당시 활동했던 선지자였다. 예레
미야는 젊어서 하나님의 선지자로 부름을 받고 백성들에게 임박한 심
판에 대해 경고했다. 그러나 왕과 제사장, 왕궁 선지자들은 그의 경고
를 무시하고, 오히려 그를 핍박하며 옥에 가두기까지 했다. 예레미야는
유다가 바벨론에 의해 멸망당한 후에도 백성들에게 하나님의 말씀대
로 살 것을 계속 당부했다.

선지자 예레미야의 메시지 핵심은 유다 백성들에게 언약의 백성으
로서 하나님과 올바른 관계를 맺을 것을 촉구하는 내용이었다. 그리고
동시에 주위 국가들에 대해서 하나님의 심판을 전하는 것이었다. 예레
미야는 유다 백성들에게 그들이 모세의 언약을 어겼기 때문에 하나님
의 심판을 받을 것이라고 예언했다. 당시 유다는 언약의 정신을 지키지
않고 우상을 섬겼다. 예레미야는 그런 우상 숭배를 호세아처럼 영적 간
음이라고 비난했다. 실로 유다의 종교적, 정치적 지도자들(제사장과 왕
들)의 타락은 회복할 수 없을 정도로 극에 다다랐다.

또한 사회적 정의도 땅에 떨어져 있었다. 부자들은 가난한 사람들을
억압했고 과부와 고아들의 신원을 들어주지 않았다(렘 2:34, 5:26-28,
7:5-6). 하나님의 정의를 실현해야 할 왕들은 오히려 정의의 방해꾼이

되었다. 예레미야는 유다 왕 여호야김에 대해서 그가 자신의 왕궁을 짓는 노역자들에게 품삯을 주지 않음으로 심판을 면치 못할 것을 예언했다(렘 22:13-14). 유다의 마지막 왕 시드기야는 바벨론이 공격해오자 모세의 율법대로 노예들을 해방시켜 줄 것을 약속했다. 하지만 바벨론의 공격이 잠시 소강상태에 있자 그는 약속을 어겼다(렘 34:8-20).

그러나 무엇보다도 심각한 것은 거짓 선지자들의 예언이었다. 거짓 선지자들은 예레미야와 달리 유다 백성들을 안심시키기 위해 하나님이 유다를 구원하실 것이라는 희망적인 예언을 했다(렘 8:11, 14:13,15, 27:9, 28:2-4). 유다가 하나님의 율법을 소유하고 하나님의 성전을 가진 백성이기 때문이라는 논리였다(렘 7:4, 8:8).

예레미야는 이런 유다 백성들의 어리석음을 꾸짖었다. 예레미야는 율법과 성전이라는 외형적 장치가 그들의 구원을 보장해 줄 수 없음을 깨우쳤다. 참된 구원은 얼마나 마음으로 하나님을 순종하느냐에 있는 것이지 외형적 제도에 있는 것이 아님을 역설했다. 예레미야는 순종이 제사보다 낫다는 하나님의 말씀을 다음과 같이 말했다. "사실은 내가 너희 조상들을 애굽 땅에서 인도하여 낸 날에 번제나 희생에 대하여 말하지 아니하며 명령하지 아니하고 오직 내가 이것을 그들에게 명령하여 이르기를 너희는 내 목소리를 들으라. 그리하면 나는 너희 하나님이 되겠고 너희는 내 백성이 되리라. 너희는 내가 명령한 모든 길로 걸어가라. 그리하면 복을 받으리라"(렘 7:22-23).

예레미야는 성전이 그들의 구원을 보장해주지 못한다는 사실을 설명하기 위해서 옛날에 성막이 있었던 실로의 경우를 예로 들었다. 실로는 한때 성막이 있었으나 후에 하나님에 의해 버림받은 곳이었다. 예레미야는 백성들이 회개하지 않으면 예루살렘 성전도 실로의 성막처럼 파괴당할 것을 경고했다(렘 7:12-14, 26:6,9).

유다 백성들이 외형적 장치가 자신들의 구원을 보장해 줄 것이라고 생각한 것은 가나안 종교의 영향도 한몫했다. 가나안은 기본적으로 농경문화였다. 가나안 종교의 핵심은 바알(비의 신)에게 제사를 드림으로써 농사를 잘 짓는 데 있었다. 거기에는 제사가 핵심이었다. 그들은 제사를 잘 드리기만 하면 바알이 기뻐하여 복을 내려준다고 생각했다. 이러한 생각이 가나안 땅에 사는 이스라엘 사람들의 마음속에도 자연스럽게 영향을 미쳤다. 그래서 유다 백성들도 제사를 중시하게 되었고 하나님과의 인격적인 관계나 이웃에 대한 사랑을 점점 소홀히 했다. 하나님과의 언약의 참된 의미를 망각하게 된 것이다.

예레미야는 성전이나 율법의 소유가 그들의 구원을 보장해주지 못함을 계속적으로 강조했다. 하지만 유다 백성들은 그의 말을 듣지 않았다. 결국 그는 미래에 하나님의 새로운 언약을 예언하면서 새 언약에서는 하나님이 자신의 법을 그들의 마음속에 둘 것을 말했다(렘 31:31-33). 형식보다 마음이 중요함을 강조한 것이다. 예레미야는 종말에는 더 이상 언약궤를 찾을 수 없을 것이라고 말했다. "여호와의 말씀이니라. 너희가 이 땅에서 번성하여 많아질 때에는 사람들이 여호와의 언약궤를 다시는 말하지 아니할 것이요 생각하지 아니할 것이요 기억하지 아니할 것이요 찾지 아니할 것이요 다시는 만들지 아니할 것이며"(렘 3:16).

예레미야는 유다 백성들의 불순종을 강조하기 위해 레갑 족속의 예를 들었다(렘 35:1-19). 레갑 족속은 그들의 선조들이 포도주를 영원히

암스테르담 국립미술관에 있는 렘브란트의 〈예레미야〉(1630년 作). 예레미야는 유다가 멸망할 당시 활동했던 선지자였다. 예레미야는 젊어서 하나님의 선지자로 부름을 받고 백성들에게 임박한 심판에 대해 경고했다.

마시지 말라고 한 명령을 끝까지 지켜 포도주를 입에 대지 않았다. 반면에 유다 백성들은 사람이 아닌 하나님으로부터 부지런한 가르침을 받았음에도 불순종했다는 사실을 대조하여 설명했던 것이다.

예레미야는 눈물의 선지자라고 불렸다. 그는 유다 백성들에게 하나님의 언약으로 다시 돌아 올 것을 말했지만 그들이 듣지 않자 괴로워했다. 예레미야 애가서는 그와 같은 예레미야의 간절함과 비통함을 담은 글이다.

[하나님을 본 에스겔의 사명]

에스겔은 유다의 포로기에 활동했던 선지자로서 주전 592년부터 570년까지 재난과 위로의 메시지를 전한 사람이었다. 에스겔은 주전 597년 2차로 유다 백성들이 포로로 잡혀갈 때 함께 바벨론으로 끌려가서 여생을 그발 강가에서 포로민들과 함께 지냈다.

선지자이자 제사장이었던 에스겔은 하나님의 성전과 제사에 관해 깊은 염려를 하고 있었다. 그러는 가운데 환상 중에 하나님을 보게 되었다. 여호와 하나님은 불과 구름의 형태로 현현하셨다(겔 1:4). 일반적으로 성경에서 하나님의 현현은 불과 구름, 그리고 바람을 함께 동반한다. 에스겔은 불 가운데 네 가지 형상을 보았다. 그 형상들의 얼굴은 사람, 사자, 소, 독수리였다. 이들은 모두 그룹들(천사의 일종)로서 보이지 않는 하나님을 대변했다(겔 10:1-14).

또한 이 그룹들은 하나님의 보좌를 의미하기도 했다. 에스겔이 본 그룹들은 매우 빨리 달리며 사방으로 향할 수 있는 바퀴를 가지고 있었다(겔 1:15-21). 에스겔은 그 그룹의 보좌 위에 사람의 형상이 앉아 있는 것을 보았다. 구체적으로 하나님의 영광의 형상이었다(겔 1:26-28). 에스겔은 여기서 하나님의 영광으로 현현한 살아계신 여호와 하나님을 본 것이다. 사람의 모양을 한 하나님의 영광은 신약에서 하나님의 영광이면서 인간의 모습으로 성육신하신 예수 그리스도의 예시였다(요 1:14).

하나님의 현현은 바벨론에서 절망 가운데 있는 에스겔에게 희망과 용기를 주었다. 그는 이스라엘을 버렸다고 생각했던 하나님을 대면할 수 있었기 때문이다. 바벨론의 그발 강가에서 나타난 하나님을 보자, 그는 하나님이 이스라엘 땅에 국한된 분이 아니라 온 세상을 주관하시는 하나님임을 알 수 있었다. 그는 시야를 넓혀 세상의 나라들에 대한 하나님의 뜻을 보았다. 이제 에스겔은 예루살렘에 있는 유다 백성들과 이방 나라들에 관한 하나님의 주권과 심판을 전할 수 있게 되었다.

에스겔은 예루살렘이 완전히 멸망하기 전(주전 586년), 아직까지 거기서 살고 있는 유다 백성들을 환상 중에서 보게 되었다. 그는 거기서 성전에서 자행되고 있는 우상 숭배와 예배의 남용을 보았다(겔 9:14-16). 그리고 마침내 여호와의 영광이 성전을 떠나는 것을 보았다. "여호와의 영광이 성전 문지방을 떠나서 그룹들 위에 머무르니"(겔 10:18).

여호와의 영광이 떠나고 유다가 망하게 될 것을 본 에스겔은 남아 있는 유다 백성들에게 임박한 하나님의 심판을 예언하지 않을 수 없었다. 하지만 동시에 소망의 메시지를 잃지 않았다. 그는 여호와의 마지막 날에 성전이 다시 재건될 것과 이스라엘의 회복을 예언했던 것이다. 그렇다고 에스겔의 예언이 단지 이스라엘의 회복만을 언급하는 것은 아니었다. 에스겔의 예언의 초점은 여호와는 이스라엘의 하나님뿐만 아니라 모든 세상의 하나님이시며, 자신의 백성에게 약속을 신실하게 지키시는 하나님임을 보여주는 데 있었다. 이런 의미에서 에스겔의 예언은 이스라엘이라는 국지적 경계를 초월한 전 세계적인 예언이었다.

실제로 에스겔이 종말에 이루어질 것이라고 예언한 성전의 규모는 예루살렘의 지리적 여건보다 훨씬 더 큰 것이었다. 따라서 종말의 성전 회복은 문자적 성전으로써 이스라엘에 국한된 회복이 될 수 없다. 더욱이 종말의 성전의 모티프는 창세기의 에덴동산의 회복을 암시한다. 그러므로 그의 성전 예언은 창조 이후 하나님이 모든 인간에게 허락하신 에덴동산이 종말에 회복될 것이라는 예언이었다.

또한 회복될 이스라엘의 백성도 이전과 다르다. 하나님은 그들에게 새로운 마음과 영을 통해 하나님을 알고 사랑하며 하나님의 율법을 지킬 것이라고 말했다(겔 36:25-27). 전적으로 하나님의 주권에 의해 이루어진 구원의 공동체를 바라본 것이다. 민족적 전통이나 혈육에 의해 하나님의 백성이 되었던 포로 이전의 이스라엘 백성들은 아니었다. 그러므로 에스겔의 예언은 문자적으로 이스라엘에게 국한된 것이 아니라 종말에 하나님이 모든 열방을 위해 자신의 구원 계획을 말씀하신 것이었다.

[하나님의 섭리 도구로 쓰인 바벨론성]

바벨론은 유프라테스강과 티그리스강을 끼고 자리 잡은 도시였다. 이곳에서 수메르인, 아카드인, 아모리인, 앗수르인, 갈대아인들이 살았다. 이중에 잘 알려진 왕은 아모리인의 입법자인 함무라비 대왕과 신바벨로니아 제국의 느부갓네살 왕이다. 이 도시는 최초 함무라비 대왕에 의해 정치, 통상, 종교의 중심지로 자리 잡았고, 후에 느부갓네살 왕에 의하여 더욱 확대되었다. 이 도시는 현대 도시 모양의 바둑판식 구조로 되어 있고 이중의 성벽으로 둘러싸여 있었다. 또한 부교를 통하여 유프라테스강 건너편의 새로운 지역과 연결되었다.

파리 루브르박물관에 있는 〈함무라비 법전〉(BC 1750년경의 성문법). 함무라비 왕의 석주에서 나온 이 부분 조각에는 태양신 샤마시 앞에 앉아 있는 함무라비 왕이 묘사되어 있다. 함무라비 왕은 기원전 18세기에 메소포타미아를 통일했다. 함무라비 법전에는 출애굽기와 신명기의 율법과 유사한 부분이 있다.

예레미야는 하나님의 도구인 바벨론이 결국 그의 교만으로 패망할 것을 예언했다. 바벨론은 유다를 멸망시킨 장본인이다. 그러나 바벨론은 북방에서 오는 파멸자에 의해 다시 멸망하게 될 것이다(렘 51:48).

그래서 예레미야는 메대와 그의 동맹군에 의해 바벨론이 멸망당할 것을 암시했다. 예레미야는 바벨론이 멸망하는 날에 바벨론의 우상이었던 벨과 마르둑이 쓰러질 것을 예언했다(렘 51:44). 선지자 이사야도 바벨론의 멸망을 다음과 같이 생생하게 예언했다. "보소서. 마병대가 쌍쌍이 오나이다 하니 그가 대답하여 이르시되 함락되었도다. 함락되었도다. 바벨론이여 그들이 조각한 신상들이 다 부서져 땅에 떨어졌도다 하시도다"(사 21:9).

바벨론이 멸망당할 것이라는 예레미야의 예언은 역사적으로 바벨론이 주전 539년에 메대 바사제국에 의해 정복당함으로써 성취되었다. 여기서 문제는 역사적 사실에 비추어 볼 때 그 당시 바벨론은 예레미야의 예언대로 완전히 파괴당한 것이 아니라 평화적으로 정복당했다는 것이다. 이로써 예레미야의 예언과 실제 사이에 불일치가 있다. 이런 문제를 어떻게 해석할 것인가? 예레미야가 하나님의 선지자라는 것은 의심할 여지가 없다. 혹자는 그가 과장법을 통해 예언했기 때문이라고 설명하기도 한다.

그러나 이런 불일치를 납득하기 위해서는 선지자들의 예언의 성격을 올바로 이해해야 한다. 선지자들은 예언할 때 보통 당장 앞의 일을 종말의 미래와 함께 바라보며 예언했다. 그러므로 당장 일어날 일은 종말에 일어날 일과 연장선에 있는 것이다. 이런 점에서 바벨론성에 대한 심판은 종말에 일어날 모든 나라에 대한 심판의 모범이다. 따라서 바벨론성의 심판 예언은 그 성뿐만 아니라 모든 민족에게 앞으로 일어날 종말의 심판 예언으로 이해할 수 있다.

그러므로 선지자들의 예언은 두 가지 차원을 동시에 갖고 있다고 말할 수 있다. 마치 등산가가 산위에 올라 앞산과 멀리 뒤에 있는 배후의 산을 같이 볼 수 있듯이, 선지자들은 앞으로 당장 일어날 일과 종말에 궁극적으로 일어날 일을 동일 선상에서 바라보고 예언했던 것이다. 이사야의 처녀의 잉태와 관련된 예언도 이와 같은 맥락이다.

바벨론의 심판 원인은 교만이었다. 그 교만은 바벨론이 하나님의 백성들을 학대하고(렘 50:11,17-18,33). 하나님의 성전을 파괴한 것이었다(렘 51:11). 바벨론 왕 느부갓네살은 뱀에 비유되어 자신이 배부르게 되자 하나님을 저버린 자로 묘사된다(렘 51:34).

이사야는 멸망하는 바벨론 왕에 대해 다음과 같은 노래를 지었다.

125가지 테마와 함께 떠나는 바이블 이야기
거침없이 빠져드는 성경 테마 여행

"너 아침의 아들 계명성이여 어찌 그리 하늘에서 떨어졌으며 너 열국을 엎은 자여 어찌 그리 땅에 찍혔는고. 네가 네 마음에 이르기를 내가 하늘에 올라 하나님의 뭇 별 위에 내 자리를 높이리라. 내가 북극 집회의 산 위에 앉으리라"(사 14:12-13). 여기서 이사야 선지자는 바벨론 왕을 가나안의 신인 계명성(일명 헬렐이라고 함)으로 비유했다. 가나안에서 계명성인 헬렐 신이 가나안의 최고 신인 엘과 바알에게 도전하다 지하세계에 내려간 것처럼 하나님께 도전하는 바벨론도 결국 같은 신세로 전락하게 될 것이라는 예언이었다.

일반적으로 많은 사람이 이 구절을 사탄의 타락으로 설명하고 있으나 그것은 잘못된 설명이다. 문맥상 본문은 가나안 신화를 언급하여 이방나라의 왕들이 자주 사용한 표현을 인용한 것뿐이다. 특별히 '북극 집회의 산'이라는 말은 가나안의 신들이 모이는 올림포스 자폰산을 가리킨다. 신약에는 바벨론성은 베드로전서 5장 13절과 요한계시록 14장 8절, 16장 19절, 17장 5절, 18장 2절, 10절, 21절에 언급되어 있는데, 요한계시록에서는 부패한 도시를 상징한다.

[사자 굴에 던져진 다니엘은
어찌 되었을까]

다니엘은 유다의 왕족 출신으로 예루살렘에서 출생하여 주전 605년 바벨론 왕 느부갓네살이 예루살렘을 공격하여 귀족들을 사로잡아 갈 때 친구 하나냐와 미사엘과 아사랴와 함께 바벨론으로 잡혀간 인물이다. 다니엘은 용모가 아름답고 지혜가 뛰어났기에 느부갓네살 왕은 특별히 지시를 내려 다니엘과 다니엘의 친구들에게 갈대아 학문과 방언을 가르치라고 명령했다.

다니엘은 후에 느부갓네살 왕의 꿈을 해몽하여 박사장이 되었다. 또한 느부갓네살 왕의 두 번째 꿈을 해석해주었고(단 4장), 그 후 벨사살 왕의 연회장 벽에 나타난 글들을 해독해주었다. 이때 벨사살 왕은 다니엘에게 자주색 옷을 입히고 나라의 셋째 치리자로 삼았다(단 5장). 여기서 왜 셋째 치리자로 삼았는가 하는 물음이 나온다. 고고학적으로 당시 벨사살 왕은 섭정왕으로 아버지 나보니두스 왕이 살아 있었기 때문에 벨사살 왕이 다니엘을 둘째 치리자가 아닌 셋째 치리자로 삼았다고 설명할 수 있다.

이후 바벨론이 멸망하자 페르시아의 고레스는 메대 사람인 다리오를 자기 대신 바벨론의 왕으로 삼았다. 이 다리오 왕 때 다니엘은 세 명의 총리대신 중에 한 사람으로 일했고, 그 3인 중에서도 가장 뛰어났다. 이렇게 다니엘은 세 명의 왕을 거치면서 최고의 관직을 유지했다. 다니엘서 6장 서두에서는 다니엘의 형통함을 언급하고 있다. 그리고 결론부에서 다시 다니엘의 형통함을 부연하고 있다. "이 다니엘이 다리오 왕의 시대와 바사 사람 고레스 왕의 시대에 형통하였더라"(단 6:28).

다니엘이 형통할 수 있었던 것은 그의 기도 때문이었다. 그는 총리대신으로서 바쁜 공직생활 중에도 하루에 세 번씩 예루살렘을 향해 기도를 드렸다. 그의 기도에는 바쁘다는 것이 핑계가 될 수 없었다. 그러나 다니엘에게도 위기는 있었다. 다니엘의 형통함을 보고 시기하는 사람들이 왕에게 가서 앞으로 30일 동안 왕 외에 다른 대상에게 기도하

생피에르성당 기둥머리에 장식된 〈사자들과 싸우는 다니엘〉

는 사람은 사자굴에 던져 넣는다는 조서를 내리도록 했기 때문이다. 다니엘이 하루에 세 번씩 정기적으로 기도하는 것을 보고 그를 함정에 빠뜨리려는 계략이었다.

그러나 그의 기도생활은 흔들리지 않았다. "다니엘이 이 조서에 왕의 도장이 찍힌 것을 알고도 자기 집에 돌아가서는 윗방에 올라가 예루살렘으로 향한 창문을 열고 전에 하던 대로 하루 세 번씩 무릎을 꿇고 기도하며 그의 하나님께 감사하였더라"(단 6:10). 다니엘은 상황에 관계없이 자신의 기도의 창문을 하루에 세 번씩 열고 하나님께 기도했다.

우리는 다니엘 6장 10절의 말씀을 통해 다니엘의 기도 특징을 살펴볼 수 있다. 일반적으로 이스라엘의 기도법은 아침과 저녁에 제사를 드리면서 하루에 두 번씩 기도하는 것이었다. "아침과 저녁마다 서서 여호와께 감사하고 찬송하며"(대상 23:30). "네가 제단 위에 드릴 것은 이러하니라. 매일 일 년 된 어린 양 두 마리니 한 어린 양은 아침에 드리고 한 어린 양은 저녁 때에 드릴지며"(출 29:38-39). 그런데 다니엘은 하루에 세 번씩 기도를 드렸다. 이 말은 그가 기도에 얼마나 많은 시간을 투자했는지를 보여준다.

일반적으로 이스라엘의 기도는 입식 자세를 취했다(대상 23:30, 느 9장, 마 6:5, 막 11:25). 물론 예외적으로 무릎을 꿇고 기도할 때도 있었다. 그때는 절실한 상황이나 특별한 필요가 있는 경우였다. 솔로몬의 기도가 그런 예이다. "솔로몬이 무릎을 꿇고 손을 펴서 하늘을 향하여 이 기도와 간구로 여호와께 아뢰기를 마치고 여호와의 제단 앞에서 일어나"(왕상 8:54). 그러나 다니엘은 상황에 관계없이 항상 무릎을 꿇고 기도했다. 이것은 다니엘의 기도가 항상 간절했다는 것을 보여준다.

또한 그의 기도 내용도 전적으로 하나님의 뜻을 구하는 기도였다. 다니엘 6장 11절을 보면 "기도하며 간구했다"고 말하고 있다. 여기서 '간구하다'는 말의 원문은 아람어로 쓰여 있는데(참고로 2장 4절부터 7장 28절까지는 아람어로 쓰여 있음), 그 뜻은 자신을 하나님의 은혜에 맡기고 그 은혜를 구한다는 의미이다. 그러므로 다니엘의 기도는 자신의 생각을 관철시키기 위해 요구하는 것이 아니라 하나님의 은혜에 자신을 맡기면서 계속적으로 하나님의 은혜를 간구하는 기도였다. 그

125가지 테마와 함께 떠나는 바이블 이야기
거침없이 빠져드는 성경 테마 여행

리고 그는 항상 기도를 감사로 마쳤다.

어인이 찍힌 조서는 왕이라도 변개치 못하기 때문에 왕은 다니엘이 사로잡혀 사자굴 속으로 던져질지라도 어떻게 할 도리가 없었다. 하지만 사자굴에 들어간 다니엘은 조금도 상하지 않았다. 하나님이 천사를 보내어 사자의 입을 봉했기 때문이다. 성경은 그가 조금도 상하지 않은 이유를 다음과 같이 말하고 있다. "그의 몸이 조금도 상하지 아니하였으니 이는 그가 자기의 하나님을 믿음이었더라"(단 6:23). 믿음이란 절박한 상황에서도 하나님을 의뢰하는 것이다. 그래서 히브리서 기자는 다니엘이 믿음 때문에 사자굴에서 구원을 받았다고 말한다. "그들은 믿음으로 나라들을 이기기도 하며 의를 행하기도 하며 약속을 받기도 하며 사자들의 입을 막기도 하며"(히 11:33).

[호세아의 음란한 아내와 자녀들]

호세아는 주전 8세기에 북이스라엘에서 활동했던 선지자로서 북이스라엘 백성들에게 하나님과의 언약 관계를 깨뜨린 것을 책망했다. 한마디로 호세아는 이스라엘의 죄목을 모세 언약에 대한 위반이라고 지적했다. 모세 언약을 통해서 하나님은 이스라엘의 하나님이 되셨고 이스라엘은 하나님의 백성이 되었다. 이 언약에 따라 하나님은 선택적인 사랑과 구원을 베풀 의무가 있는 반면, 백성들은 하나님의 율법을 지키고 하나님을 향한 헤세드(인자, 충성)를 보여줄 의무가 있었다. 그러나 이스라엘은 그 언약을 지키지 않았다. 이에 대해 호세아는 다음과 같이 꾸짖었다. "그들이 먹여 준 대로 배가 불렀고 배가 부르니 그들의 마음이 교만하여 이로 말미암아 나를 잊었느니라"(호 13:6).

북이스라엘은 하나님의 은혜에 감사하지 않고 언약을 형식적으로 지켰다. 그래서 호세아는 하나님이 원하시는 것이 무엇인지 다음과 같이 말했다. "나는 인애를 원하고 제사를 원하지 아니하며 번제보다 하나님을 아는 것을 원하노라"(호 6:6). "그런즉 너의 하나님께로 돌아와서 인애와 정의를 지키며 항상 너의 하나님을 바랄지니라"(호 12:6).

여기서 '인애'는 히브리어로 '헤세드'로서 하나님에 대한 언약적 충성을 의미한다. 그래서 풀러신학교 교수인 레슬리 알렌 박사는 이 단어를 영어로 '충성'(loyalty)으로 번역했다. 하나님과 언약적 관계에서 하나님이 가장 중시하는 것은 진정으로 하나님에 대해서 얼마나 충성스러운 사랑의 마음을 가지느냐 하는 것이었다. 그러나 이스라엘 백성들은 오히려 충성하지 않고 우상을 숭배했다.

호세아는 이스라엘이 하나님의 언약을 어긴 사실을 여러 가지 방법으로 설명했다. 호세아는 이스라엘 백성들의 변심을 반복적으로 간음에 비유했다(호 1:2, 2:2-13, 4:15, 5:4,7, 6:10, 9:1). 하나님은 이스라엘의 불충을 교훈하기 위해 호세아로 하여금 "음란한 여자를 맞이하여 음란한 자식들을 낳으라"고 명령하셨다. 여기서 음란한 아내는 히브리어 어법을 볼 때 문자 그대로 음란한 창녀를 말하는 것이 아니다. 정확하게 해석하면 음란한 사람들의 여자로 번역할 수 있기 때문에 언약을 배반하고 하나님을 떠나 영적 간음을 범하는 이스라엘 사람의 여자를 의미한다. 또는 앞으로 음란하여 남편을 떠나 간음할 수 있는 그런 성향의 여자를 가리킬 수도 있다. 어쨌든 성경은 호세아의 아내 고멜이 창녀였다고 언급하고 있지 않다.

호세아는 고멜을 아내로 삼고 세 자녀를 낳았다. 그들은 이스르엘, 로루하마, 그리고 로암미였다. 이들도 또한 음란한 자식이라고 말하고 있다. 실제로 음란한 짓을 했다는 것이 아니라 영적 간음을 범한 이스라엘의 사람이었기 때문이다. 호세아의 자녀 이름은 동시에 하나님의 메시지이기도 했다. 성경에는 자녀의 이름이 하나님의 계시를 보여주는 예가 많다(사 7:14 등).

호세아의 첫째 아들 이스르엘이라는 이름은 이스라엘의 왕인 예후가 전 왕조를 이스르엘에서 학살한(왕하 9-10장) 것처럼 이스라엘의 예후 왕조도 이스르엘과 같이 심판을 당할 것을 보여주는 예시였다. 둘째 딸 로루하마라는 이름은 이스라엘 백성 전체에 대한 심판의 예언이었다. 이 로루하마의 의미는 '긍휼이 없다' 라는 뜻이다. 하나님은 이스라엘 백성들에게 더 이상 긍휼을 베풀지 않고 멸망시킬 것을 예언한 것이다. 셋째 아들 로암미란 이름의 뜻은 '나의 백성이 아니다' 라는 의미였다. 하나님은 이제 영적 간음을 일삼는 이스라엘을 더 이상 자신의 백성으로 삼지 않을 것임을 선언하신 것이다.

이스라엘이 하나님의 백성이라는 사실은 언약의 목적이며 동시에 결과이기도 했다. 언약을 통해서 이스라엘은 하나님의 백성이 되었기 때문이다(신 27:9). 그러나 이스라엘이 언약을 배반했기 때문에 하나님도 더 이상 이스라엘을 자신의 백성으로 삼지 않겠다고 말씀하셨다.

호세아서 2장은 남편이 법정에서 음란한 아내와 음란한 자식을 고소하는 장면으로 시작한다. 혹자는 여기서 남편을 호세아로, 음란한 아내와 자식을 고멜과 그녀의 자식으로 설명하지만 그것은 잘못된 해석이다. 2장에서 남편은 하나님을 가리키며 하나님이 원고의 입장에서 다른 신(바알)을 따라가서 영적 간음을 하는 이스라엘을 음란한 아내와 자식으로 규정하고 정죄하고 있는 것이다.

호세아서 3장에서 하나님은 호세아에게 남편을 떠난 음부된 아내를 위해 돈을 주고 다시 사라고 말씀하신다. 여기서 음부된 아내는 고멜을 뜻한다. 돈을 주고 사라는 것은 호세아가 고멜의 부정으로 인해 그녀와 이별했음을 암시한다. 하지만 하나님은 호세아에게 그런 고멜을 다시 찾아가서 아내로 맞이할 것을 말씀하셨다. 이렇게 해서 호세아가 간음한 고멜을 다시 맞이하는 행위는 미래에 하나님이 영적 간음을 한 이스라엘을 위해 대가를 지불하고 그 백성들을 사랑으로 받아들일 것을 보여주는 예표였던 것이다.

[아모스의 예언처럼 하나님이 오실 날]

선지자 아모스는 패역한 이스라엘에게 여호와의 날이 임하여 심판하게 될 것을 예언했다(암 5:18). 그래서 아모스는 북쪽 이스라엘이 앗수르에 의해 멸망당할 것을 내다보고 그날이 여호와께서 이스라엘을 심판하러 오시는 날이 될 것임을 설파했다(암 5:18-20).

반면에 스바냐는 아모스보다 더 광범위한 우주적인 여호와의 날을 예언했다. 스바냐는 그날에 이방의 모든 국가가 심판받게 될 것이라고 말했다. 그리고 그것이 바벨론의 침략으로 가시화될 것임을 전했다. 스바냐는 결국에 가서 노아의 홍수와 같은 대변혁이 일어 날 것을 예

125가지 테마와 함께 떠나는 바이블 이야기
거침없이 빠져드는 성경 테마 여행

북이스라엘과 남유다 왕국의 왕과 선지자들

대순	북이스라엘 왕	재위 연수	혁명	선지자	대순	남유다 왕	즉위 나이 / 재위 연수	선악	선지자
1	여로보암	22년		아히야	1	르호보암	41세 / 17년	악	스마야
2	나답	2년			2	아비얌	/ 3년	선	하나니
3	바아사	24년	o	예후	3	아사	/ 41년	선	아사랴
4	엘라	2년			4	여호사밧	35세 / 25년	선	야하시엘
5	시므리	7일	o		5	여호람	32세 / 8년	악	
6	오므리	12년	o	미가야	6	아하시야	22세 / 1년	악	
7	아합	22년		엘리야	7	아달랴	/ 6년	악	
8	아하시야	2년			8	요아스	7세 / 40년	선	
9	여호람 (=요람)	12년			9	아마샤	25세 / 29년	선	
10	예후	28년	o		10	웃시야 (=아사랴)	16세 / 52년	선	이사야
11	여호아하스	17년			11	요담	25세 / 16년	선	미가
12	요아스 (=여호아스)	16년		엘리사	12	아하스	20세 / 16년	악	
13	여로보암 2세	41년		아모스, 요나	13	히스기야	25세 / 29년	선	
14	스가랴	6개월		나훔	14	므낫세	12세 / 55년	악	
15	살룸	1개월	o		15	아몬	22세 / 2년	악	
16	므나헴	10년	o	호세아	16	요시야	8세 / 31년	선	스바냐
17	브가히야	2년			17	여호아하스	23세 / 3개월	악	예레미야
18	베가	20년	o		18	여호야김	25세 / 11년	악	
19	호세아	9년	o	오뎃	19	여호야긴	18세 / 3개월	악	
					20	시드기야	21세 / 11년	악	

- 남성덕 지음, 「바이블 히스토리」(서울: 브니엘, 2019), 115쪽 발췌

언했다.

"여호와의 큰 날이 가깝도다. 가깝고도 빠르도다. 여호와의 날의 소리로다. 용사가 거기서 심히 슬피 우는도다. 그날은 분노의 날이요 환난과 고통의 날이요 황폐와 패망의 날이요 캄캄하고 어두운 날이요 구름과 흑암의 날이요"(습 1:14-15). "그들의 은과 금이 여호와의 분노의 날에 능히 그들을 건지지 못할 것이며 이 온 땅이 여호와의 질투의 불에 삼켜지리니 이는 여호와가 이 땅 모든 주민을 멸절하되 놀랍게 멸절할 것임이라"(습 1:18).

그러나 스바냐는 심판만을 예언한 것이 아니었다. 여호와의 날 이후에 하나님은 그의 언약 백성들을 회복하시고 온 땅 위에 자신의 주권을 세울 것임을 함께 예언했다. 역사적으로 이스라엘 백성들은 하나님이 자신의 백성들을 위해 오셔서 구원하신 날들을 경험했다. 그래서 그들은 자연스럽게 미래에 그러한 여호와의 날이 임할 것을 기대할 수 있었다. 이것이 바로 여호와의 날의 기원이다. 여호와의 날은 역사적으로 하나님이 자신의 백성들을 위해 대적자들을 심판하시고 하나님의 백성들에게는 구원을 가져다주는 날이었다.

성경에서는 하나님이 백성들을 위해 나타나시는 사건을 신현(神顯)이라고 하는데 그 특징은 자연의 이상변화와 함께 구름과 불을 동반하는 것이었다(합 3장, 시 18편). 이스라엘은 출애굽하여 광야를 지나갈 때 하나님이 그들을 위해 앞서 싸우시며 인도하신 날들을 하나님의 신현으로 묘사했다. "여호와여 주께서 세일에서부터 나오시고 에돔 들에서부터 진행하실 때에 땅이 진동하고 하늘이 물을 내리고 구름도 물을 내렸나이다"(삿 5:4). 이런 맥락에서 여호와의 날은 하나님의 신현과 밀접한 관련이 있다. 그래서 선지자 이사야와 스바냐는 여호와의 날이 하나님의 신현처럼 자연적 변혁이 동반되어 임하게 될 것을 말했다(사 13:10, 습 1:16).

이스라엘은 하나님이 직접 자신들을 찾아오셔서 그들을 구원하시고 인도하신 날들을 체험했고 선지자들은 그 체험을 바탕으로 미래에 그러한 여호와의 날이 다시 올 것을 예언했다. 이사야는 여호와의 날을 하나님이 기드온을 통해 미디안을 멸망시킨 날처럼 또 다른 미디안의 날이 될 것이라고 말했다(사 9:4).

여호와의 날의 목적은 죄의 세력을 멸하고 하나님의 구원의 주권을 세우는 것이다. 그런데 이스라엘 백성들은 이날을 자신들을 위한 날로만 생각하고 너무 과신했다. 이스라엘 백성들은 여호와의 날이 그들의 구원을 위한 날이라고만 생각했던 것이다. 이러한 오해를 아모스는 다음과 같이 지적했다. "화 있을진저 여호와의 날을 사모하는 자여 너희가 어찌하여 여호와의 날을 사모하느냐. 그날은 어둠이요 빛이 아니라"(암 5:18). 아모스는 여호와의 날에 하나님은 죄가 있는 이스라엘을 심판하실 것이라고 말했던 것이다.

여호와의 날은 복수 형태이다. 그러므로 정확하게 표현하면 '여호와의 날들'이다. 이것은 여호와의 날이 어느 한순간의 시점이 아니라 여러 가지 요소를 동반한 사건의 연속임을 암시한다. 그러므로 여호와의 날은 이스라엘과 유다의 멸망으로 가시화되었지만 그것으로 끝나는 것이 아님을 보여준다. 선지자들은 여호와의 날을 예언하면서 역사 안에서 일어날 여러 가지 사건을 동시에 언급했다. 그리고 최종적으로 그날에 전 세계적인 심판이 이루어지는 반면, 하나님의 백성들을 위해서는 구원과 정결하게 하는 작업이 완성된다고 보았다. 성경은 선지자들이 예언한 여호와의 날이 오늘날도 실행되고 있으며 최종적으로 하나님의 때에 완성될 것이라고 말한다.

[많은 선지자가 예언한 에돔의 멸망]

에돔은 에서와 그의 후손들에게 주어진 이름이면서 동시에 그들이 살던 지명이다(창 36:1). 에돔은 모압의 남쪽과 사해 동쪽에 자리 잡은 곳이다. 이곳은 교통의 요충지로서 아라바 해까지 이어지는 '왕의 대로'가 통과하는 지역이었다. 이스라엘이 출애굽할 당시 에돔 사람들은 이스라엘 백성들이 왕의 대로를 따라 진행하는 것을 막았다(민 20:14). 하지만 하나님은 이스라엘 백성들에게 에돔 족속을 미워하지 말라고 명하셨다(신 23:7-8).

에돔은 후에 다윗에 의해 정복당했다(삼상 14:47, 삼하 8:13-14). 다윗의 정복으로 인해 솔로몬은 에시온게벨에 항구를 세울 수 있었고 그 지역에서 구리 광산을 개발할 수 있었다(왕상 9:26-27). 왕국이 둘로 분열되었을 때 에돔은 처음에는 남유다의 통치를 받았으나 여호람 왕 때 반란을 일으켜 다시 40년 동안 독립하였다(왕하 8:20). 그러나 아마샤 왕은 곧 그 지역을 회복하였다(왕하 14:7). 그 뒤 에돔은 다시 반란을 일으켰고 주전 736년부터는 앗수르의 조공 국가가 되었다.

주전 586년에 예루살렘이 멸망할 때 에돔은 바벨론제국에 가담하여 유다의 성읍들을 약탈했다(애 4:21, 겔 35:15). 선지자들은 이스라엘에 대한 에돔의 적대감을 책망하고 에돔의 멸망을 예언했다(사 34:5-15, 63:1-6, 렘 49:7-12, 겔 25:14, 욜 3:19, 암 1:11-12).

특별히 에스겔은 에돔의 복수심에 대해서 다음과 같이 말했다. "네가 옛날부터 한을 품고 이스라엘 족속의 환난 때 곧 죄악의 마지막 때에 칼의 위력에 그들을 넘겼도다"(겔 35:5). 에스겔은 에돔이 하나님의 백성인 남쪽 유다와 북쪽 이스라엘을 차지하려고 했던 교만을 지적했다(겔 35:10).

에돔의 여신. 이 뿔 달린 여신은 네게브 사막 동부의 에돔 신전에서 나온 것으로 기원전 6-7세기 것으로 추정한다.

그러므로 이스라엘에 대한 에돔의 대적은 곧 하나님에 대한 대적이기도 했다. 에돔에 대해 에스겔은 이스라엘의 황무함같이 에돔이 황무하게 될 것을 예언했다(겔 35:15).

오바댜서는 에돔에 대한 하나님의 심판의 말씀이다. 오바댜는 예루살렘이 멸망한 후 활동했던 선지자로서 유다의 멸망 시 유다를 대적했던 에돔을 향해 하나님의 심판을 예언했다. 오바댜는 바벨론이 유다를 침공할 때 에돔이 행한 잘못된 행동을 자세히 지적하고 있다(옵 1:10-14). 역사적으로 에돔인들은 바벨론의 침공 시 살아남은 유대인들을 다시 침입자들에게 넘겨주는 악행을 저질렀다. 에돔은 형제국가인 이스라엘을 저주하고 망하기를 바랐다. 이러한 에돔에 대해 하나님은 똑

같은 심판을 내리실 것이라고 말씀하셨다.

　에돔의 멸망은 형제에 대한 저주가 얼마나 하나님 앞에서 가증한 것인지를 잘 보여주는 대목이다. 예수님은 우리에게 다음과 같이 경고하셨다. "비판을 받지 아니하려거든 비판하지 말라. 너희가 비판하는 그 비판으로 너희가 비판을 받을 것이요 너희가 헤아리는 그 헤아림으로 너희가 헤아림을 받을 것이니라"(마 7:1-2).

　구체적으로 오바댜는 에돔이 자신과 언약을 맺은 동맹군들의 배반에 의해 멸망할 것을 예언했다. 그리고 유다는 멸망할지라도 하나님은 유다의 남은 자들을 돌아오게 하여 그 땅을 차지하게 할 것이지만 에돔에게는 남은 자가 없을 것이라고 말했다(옵 1:18).

⌈ 불순종으로 물고기 뱃속에 들어간 요나 ⌉

　　요나는 열왕기하 14장 25절에 아밋대의 아들로 소개된다. 요나는 북쪽 이스라엘의 왕인 여로보암 2세 때(주전 793-753년) 당시 앗수르의 도성 니느웨에 가서 그 죄악을 책망하고 장차 일어날 멸망을 예언하라는 명령을 받았다. 당시 앗수르의 세력은 잠시 주춤한 상태였다. 역사적으로 앗수르는 여러 재난을 당했다는 기록이 있다. 앗수르 왕 티글랏 빌레셀 이전 아수르 단 3세(주전 772-755년) 때에 일어난 기근(주전 765년)은 주전 759년까지 계속 반복되었다. 그리고 주전 763년에 불길한 일식으로 대낮에 땅이 컴컴해졌다고 전한다. 설상가상으로 재난들로 인해 주전 758년까지 앗수르의 여러 도성에서는 반란이 끊이지 않았다. 이러한 시대적 배경 속에서 니느웨 백성들은 이미 심적으로 하나님의 말씀에 귀 기울이고 회개할 준비가 되어 있었다.

요나는 하나님의 멸망의 예언을 니느웨가 듣고 회개할까봐, 니느웨로 가는 대신 하나님의 명령을 거역하고 정반대 방향인 다시스로 가는 배를 탔다. 그리고 배 밑으로 내려가서 깊은 잠을 청했다. 히브리어 원문의 문법구조를 보면 그가 오랫동안 무관심하게 잠을 자고 있었다는 것을 알 수 있다. 이런 요나를 하나님은 가만히 내버려두지 않으셨다. 하나님은 요나가 탄 배에 광풍을 보내셨다. 광풍에 파선할 위기에 처한 선원들은 이 재난이 누구에게서 왔는지 알기 위해 제비를 뽑았고, 요나가 뽑히게 되었다. 결국 요나는 바다에 던져지게 되었다.

이때 여호와께서 큰 물고기를 예비하시어 요나를 삼키게 하셨고, 요나는 물고기 뱃속에 3일 동안 있게 되었다. 물고기 뱃속에서 요나는 여호와께 기도하였다. 그리고 하나님은 큰 물고기를 통해 요나를 육지에 토하도록 하여 요나에게 다시 기회를 주셨다. 하지만 물고기 뱃속에서 구원을 받은 후 요나가 드린 기도는 진정한 의미에서 회개의 기도는 아니었다. 요나서 2장에 나와 있는 그의 기도 내용을 살펴보면, 하나님께 감사하면서도 자신은 다른 사람들과 달리 서원을 갚을 것이라고 말함으로써 은근히 자신의 의를 드러내는 기도였다(욘 2:7-9).

이제 니느웨로 가서 요나는 3일간 하나님의 명령대로 선포했다. 그 결과 니느웨의 왕과 신하들을 비롯한 성읍의 온 백성들이 회개하였다. 회개하는 니느웨 백성들을 보고 요나는 화가 났다. 이스라엘을 핍박했던 니느웨가 회개하자 하나님이 그들에게 내리기로 작정한 심판을 돌리셨기 때문이다. 만약 요나가 물고기 뱃속에서 진정으로 회개의 기도를 드렸다면, 회개의 은총을 체험했기에 니느웨 백성들이 회개를 통해 심판을 면하는 것을 충분히 이해하고, 심판을 돌리시는 하나님께 화를 내지도 않았을 것이다.

화가 난 요나는 성 밖에 나가 초막을 짓고 앉아 있었다. 이때 한 박 넝쿨이 자라나 초막을 덮어 뜨거운 햇빛을 가려주었다. 그러자 요나는 기뻐했다. 그러나 곧 한 벌레가 박넝쿨을 시들게 하여 다시 뜨겁게 되자 낙심했다. 이때 하나님은 요나에게 다음과 같이 반문하셨다. "네가 수고도 아니하였고 재배도 아니하였고 하룻밤에 났다가 하룻밤에 말라 버린 이 박넝쿨을 아꼈거든 하물며 이 큰 성읍 니느웨에는 좌우를 분변하지 못하는 자가 십이만여 명이요 가축도 많이 있나니 내가 어찌 아끼지 아니하겠느냐"(욘 4:10-11).

중세에 유대인 주석가들은 요나의 이야기를 이스라엘의 역사에 비유하곤 했다. 예를 들어 그들은 요나가 다시스로 간 것을 이스라엘이 자신의 사명을 회피한 모습으로 이해했고, 폭풍을 만나 물고기 뱃속에 들어간 것은 포로로 잡혀간 것을 의미한다고 해석했다. 그러나 이런 해석은 인위적인 알레고리 해석으로 성경적이지 못하다.

선지자 요나의 이야기는 당시 이스라엘 백성들의 교만과 잘못된 신앙관을 대변해준다. 당시 이스라엘은 선민의식으로 자신들만이 하나님의 복을 받는 백성이라는 좁은 시야를 가지고 있었다. 요나도 니느웨로 가라는 명령을 버리고 다시스로 간 것은 하나님의 영향권에서 벗어나기 위함이었다. 그런데 이것은 요나가 '하나님은 이스라엘 땅에만 국한된 분'이라는 잘못된 신관을 갖고 있었음을 보여준다. 그는 나중에 폭풍을 만나자 비로소 바다와 육지를 지으신 창조자 하나님임을 고백했다(욘 1:9). 니느웨 백성들이 회개하여 재앙이 임하지 않자 화를 내는 요나를 하나님은 책망하셨는데, 이것은 하나님의 사랑은 이스라엘에게만 국한된 것이 아니라 온 열방에까지 미친다는 사실을 역설적으로 보여주는 것이다.

[하박국의 하나님을 향한 불평]

하박국은 주전 7세기에 유다에서 활동했던 선지자이다. 하박국은 하박국 1장 6절에서 갈대아인(바벨론)을 언급하며 그들이 하나님의 심판의 도구로 사용되고 있지만, 그들도 많은 불의를 행하는데 어떻게 하나님이 그들로부터 의인이 고난을 당하도록 내버려두실 수 있는지 불평한다.

주전 745년 이후로 앗수르는 근동아시아에 맹주로 군림했다. 앗수르에 의해 북이스라엘은 멸망했고(주전 722년), 남유다의 경우도 므낫세의 통치(대략 주전 697-642년) 때 앗수르에게 조공을 바쳐야 했다. 그러나 앗수르 왕 아슈르바니팔(주전 668-627년)의 통치 말기부터 앗수르의 세력은 점점 쇠퇴하기 시작했다. 이 쇠퇴기에 유다 왕 요시야(주전 640-609년)는 예루살렘 성전을 보수하고 개혁을 할 수 있었다. 앗수르가 쇠퇴하고 신흥세력인 바벨론이 등장했다. 바벨론의 나보폴라살 왕(주전 625-605년)은 신 바벨론 왕조의 창립자가 되었다.

주전 612년 바벨론은 앗수르의 도성인 니느웨를 공격했다. 애굽 왕 느고는 바벨론을 견제하기 위해 앗수르와 동맹하고 앗수르를 돕기 위해 원정길을 떠났다. 원정 중에 팔레스타인을 통과하기 위해 유다 왕 요시야에게 통과할 수 있도록 길을 열어줄 것을 명령했다. 그러나 요시야는 애굽 왕 느고의 요청을 거절하고 므깃도에서 애굽 군대와 전쟁을 벌였다. 이때 아쉽게도 요시야는 전사하고 그의 아들 여호아하스가 왕위에 올랐지만, 느고는 여호아하스를 애굽으로 데려가고 대신 여호야김(주전 609-598년)을 왕위에 앉혔다.

이후 주전 605년 갈그미쉬 전투에서 바벨론의 느브갓네살 왕(605-562년)은 앗수르와 애굽의 연합군과 최후의 일전을 벌여 그들을 패퇴시켰고 앗수르는 역사의 뒤안길로 사라졌다. 갈그마쉬 전투 이후 유다는 애굽에서 바벨론의 영향권 아래로 놓이게 되었다. 주전 598년에 여호야김은 바벨론에 반기를 들기도 했으나 유다는 바벨론의 지배에서 벗어날 수 없었다. 결과적으로 느부갓네살 왕에 의해 주전 586년 유다는 멸망당했다.

유다의 입장에서 바벨론의 부상은 여호야김의 폭정에 대한 하나님의 심판으로도 볼 수 있었다. 그러나 하박국은 바벨론이 계속 주위 국가들을 압박하고 동시에 많은 불의를 행하는 것을 하나님이 묵과하시는 것을 이해할 수 없었다. 그래서 하나님께 자신의 불평을 다음과 같이 토로했다. "주께서는 눈이 정결하시므로 악을 차마 보지 못하시며 패역을 차마 보지 못하시거늘 어찌하여 거짓된 자들을 방관하시며 악인이 자기보다 의로운 사람을 삼키는데도 잠잠하시나이까"(합 1:13).

하박국의 불평은 "하나님이 과연 정의로우신 분인가" 하는 신정론(神正論)의 문제였다. 왜 악인이 잘 되고 의인이 고난을 당해야 하는가 하는 물음이었다. 이런 신정론의 문제는 하박국의 문제만은 아니었다.

우리는 이미 시편을 통해서 그런 불평을 자주 들을 수 있었다. 시편 기자는 우리에게 다음과 같이 말했다. "하나님이 참으로 이스라엘 중 마음이 정결한 자에게 선을 행하시나 나는 거의 넘어질 뻔하였고 나의 걸음이 미끄러질 뻔하였으니 이는 내가 악인의 형통함을 보고 오만한 자를 질투하였음이로다. 그들은 죽을 때에도 고통이 없고 그 힘이 강건하며 사람들이 당하는 고난이 그들에게는 없고 사람들이 당하는 재앙도 그들에게는 없나니"(시 73:1-5).

이전에 전통적 신앙은 악인에게는 고난과 저주가, 그리고 의인에게는 하나님의 축복과 번영, 건강, 장수 등이 보장된다고 생각했다. 그러나 시간이 흐르면서 이러한 이분법적 생각이 무너지게 되었다. 오히려 악인이 잘되고 의인이 고난을 받는 현실 때문이었다. 하박국은 하나님께 이 문제에 대해 명확한 답을 요구했다. 이에 하나님은 "의인은 그의 믿음으로 말미암아 살리라"(합 2:4)라고 대답하셨다. 여기서 하나님은 우리의 경험과 선입견에 의해 제한할 수 없음을 보여주신다. 진정한 신앙은 외형적인 축복에 의해 하나님을 신뢰하

망대에 서서 자신의 불평에 찬 질문에 하나님이 대답해주시기를 기다리는 하박국 선지자

는 것이 아니라 하나님 그 자체로 신뢰하는 것임을 깨닫게 해주신다.

한마디로 의인은 외형적인 기준으로 평가되는 것이 아니라 믿음으로 평가된다는 새로운 진리를 보여주셨다. 그러므로 고난은 더 이상 신앙의 장애가 되지 않는다. 오히려 고난은 신앙 성장의 촉매제가 될 수 있다. "고난 당한 것이 내게 유익이라. 이로 말미암아 내가 주의 율례들을 배우게 되었나이다"(시 119:71). 더 나아가 하나님은 하박국에게 마지막 여호와의 날에 바벨론의 세력이 멸망할 것을 말씀하셨다. 악인은 심판을 받고 의인을 축복을 받게 된다는 사실을 재확인시켜주신 셈이었다.

이 진리를 새롭게 깨달은 하박국은 하박국서 3장에서 다음과 같이 결론내리고 있다. "비록 무화과나무가 무성하지 못하며 포도나무에 열매가 없으며 감람나무에 소출이 없으며 밭에 먹을 것이 없으며 우리에 양이 없으며 외양간에 소가 없을지라도 나는 여호와로 말미암아 즐거워하며 나의 구원의 하나님으로 말미암아 기뻐하리로다"(합 3:17-18).

신구약 중간기,
침묵하시는 하나님

침묵의 400년엔 무슨 일이?

창세기부터 에스더서까지 쭉 읽어오다 보면 그다음 이야기가 궁금해진다. 그러나 그것은 에스더서 다음인 욥기를 읽어서는 해소가 되지 않는다. 스토리가 이어지지 않기 때문이다. 에스더서 이후 400년 정도가 지나야 신약이 시작된다. 구약성경의 테마여행은 느헤미야와 에스더, 또는 말라기가 마지막이며 그다음은 복음서이다. 그렇다면 그 사이에 무슨 일이 있었을까? 구약과 신약 사이를 '신구약 중간기'라고 부르거나 하나님이 아무 말씀도 하지 않으셨기에 '침묵기'라고도 부른다. 그렇다고 히스토리가 없는 것은 아니다. 이 기간은 역사가들을 통해서 메울 수 있다.

고대 그리스의 역사가인 헤로도토스는 BC 490년부터 그리스와 페르시아의 전쟁을 기록했고, 고대 그리스 아테네의 역사가인 투키디데스는 BC 465년에서 BC 400년까지의 전쟁인 〈펠로폰네소스 전쟁사〉

를 기록했다. 작가이자 철학자인 플루타르코스는 그리스와 로마의 역사를 기록한 〈영웅전〉을 남겼고, 헬레니즘시대의 그리스 역사가인 폴리비오스는 BC 220년에서 BC 146년 시대를 다룬 〈히스토리아〉를 남겼다. 그리스 역사가 말고도 플라비우스 요세푸스라는 유대인 출신의 역사가는 예루살렘 함락의 전말을 〈유대 전쟁사〉로 남겼다.

우리는 이스라엘을 점령했던 대제국들을 중심으로 크게 〈앗시리아시대〉, 〈바벨론시대〉, 〈페르시아시대〉, 〈알렉산더시대〉, 〈프톨레미와 셀류코스시대〉, 〈마카비 왕조시대〉, 〈로마시대〉로 이야기를 이어가려 한다. 물론 매우 얕은 요약이 되겠으나 잘 따라오면 어느새 신약으로 진입해 있을 것이다.

[앗시리아시대 (BC 912-612년)]

가나안의 다섯 족속 중에 하나인 헷 족속(창 23:3)을 영어로 히타이트라고 한다. BC 18세기부터 BC 8세기까지 청동기시대를 장악했던 히타이트는 앗시리아라는 나라에 의해서 망했다. 메소포타미아 문명을 이끌었던 앗시리아는 보병, 기병, 마차병 등 군대의 재편을 통해서 제국을 건설했다. 크고 작은 반란들이 있었지만 BC 745년 디글랏빌레셋 3세가 등장하면서 기적적인 성장을 이루어낸다. 현재는 이라크 북부와 시리아 북동부 등에서 그 흔적을 찾을 수 있다.

티그리스강 상류지역에서 시작되어 대제국으로 성장한 앗시리아제국은 BC 912년에서 BC 612년까지를 '신(新)앗시리아'라고 하여 매우 강력한 나라가 된다. 이때 강하고 능력 있는 여섯 명의 왕이 등장하면서 전성기를 이루어낸다. 그 첫 번째인 디글랏빌레셀 3세(BC 745-727년)는 성경에서 '불'이라고 불렀다(왕하 15:19). 두 번째인 살만에셀 5세(BC 727-722년)는 사마리아까지 올라왔고, 북이스라엘의 마지막 왕 호세아는 그에게 조공을 바쳤다(왕하 17:3, 18:9).

세 번째인 사르곤 2세(BC 722-705년)는 이사야가 3년간 벗은 몸과 벗은 발로 예언할 때 아스돗을 점령했다(사 20:1-3). 네 번째인 산헤립(BC 705-681년)은 히스기야 왕을 괴롭힌 왕이다(왕하 18:13, 19:36). 히스기야가 산헤립의 편지를 받고 성전에서 기도했더니 하룻밤에 앗시리아 군대 185,000명이 죽었고, 산헤립은 니느웨로 피신했다가 암살당했다.

다섯 번째는 산헤립의 아들 에살핫돈(BC 681-669년)인데 성경에서 특별한 사건 하나 없이 이름만 언급된다(왕하 19:37, 사 37:38, 스 4:2). 마지막은 앗수르바니팔(BC 669-627년)이다. 그가 죽은 후 아들들이 왕위를 물려받았지만 앗시리아는 내분으로 역사 속에서 사라지고 만다.

[바벨론시대 (BC 625-539년)]

앗시리아는 바벨론 문명의 영향을 받았다. 강했던 앗시리아가 유독 바벨론에 유화정책을 쓴 것은 바벨론 문명의 혜택 때문이었다. 바벨론은 부족들로 구성되었기에 한꺼번에 점령하는 것이 힘들었고,

바벨론이 머물던 메소포타미아 남쪽은 늪지대라 앗시리아의 손을 벗어나 있기도 했다. 바벨론은 수메르인과 아카드인이 차례로 통치했고 상업적, 전략적으로 중요한 지형이라서 이민족의 침입을 많이 받았다. 오늘날의 이라크라고 보면 된다.

바벨론제국은 나보폴라살(BC 625-605년)이 일으키기 시작했고, 느부갓네살(BC 605-562년) 때는 최고 전성기를 이루어냈다. 느부갓네살 왕은 예레미야서, 다니엘서, 에스겔서, 하박국서, 스바냐서, 열왕기하, 역대하 등에서 쉽게 찾아볼 수 있다. 그는 예루살렘에 쳐들어와 남유다의 여호야긴을 폐위시키고 시드기야를 꼭두각시 왕으로 세웠다. 시드기야가 이집트에 구원을 요청하자 예루살렘을 완전히 점령해 버렸다(BC 588년).

느부갓네살은 아들 아멜 마르둑(성경에서는 에윌므로닥 BC 562-560년)에게 정권을 물려주었고, 아멜 마르둑은 여호야긴을 석방, 복위시켜주었다(왕하 25:27-30). 네리글라살(BC 560-556년)은 아멜 마르둑을 암살해서 4년간 왕위에 올랐다. 그러나 자신도 신하들에게 암살당하고, 아들 라바시 마르둑(BC 556년)이 왕이 되었으나 3개월이 고작이었다. 하란 출신인 나보니두스(BC 556-539년)가 이어서 왕이 되어 바벨론의 신을 섬기지 않고 달의 신 신(Sin)에게 광신적으로 열광했다. 바벨론의 마지막 왕은 벨사살(?-BC 539년)이었는데 귀족 천 명을 불러 예루살렘 성전의 그릇으로 술을 마시며 잔치를 벌이다가 벽에 쓰인 글씨를 보게 되었다. 다니엘이 글씨의 내용을 해석하는데 바벨론이 끝이 났다는 뜻이었다. 그날 밤 벨사살은 죽고 메대의 다리우스 왕이 바벨론을 점령하게 된다(단 5장).

[페르시아시대 (BC 559-331년)]

메대의 왕인 아스티아게스는 의심에 불타는 독재자였다. 자기 딸이 앞으로 낳을 아들이 자기에게 대적한다는 해괴한 꿈을 꾸고 딸을 멀리 보내 손자가 태어나면 죽이도록 명령했다. 총리 하르파고스는 왕의 명령을 따르지 않고 아기를 살려주었다. 왕의 손자는 변방에서 무럭무럭 자랐다. 세력을 모으며 성장한 그는 할아버지 아스티아게스를 죽이고 메대와 바사(페르시아)를 통일한다. 그가 바로 고레스이다. 페르시아는 오늘날의 이란이라고 보면 된다.

성경에서는 '메대와 바사'가 한 묶음으로 나오는데 고레스도 메대 출신이고, 메대가 무시할 수 없는 나라였기에 메대라는 이름이 꼭 나온다. 그러나 페르시아시대라고 이해하면 된다. 고레스는 바벨론을 멸망시키고 세계를 통일해서 대제국 페르시아를 만들었다. 그는 점령한 나라들을 위한 유화정책으로 각국의 종교를 존중해주었다. 그 일환으로 고레스는 유다 백성들이 고향으로 돌아가 성전을 건축하도록 허락해주었다(대하 36:22-23, 스 1:1-3).

페르시아의 왕들 중에서 우리가 주목할 왕은 고레스 말고도 여럿 있다. 그중에 크세르크세스 1세(BC 486-465년)는 성경에서 아하수에로라고 하며 에스더서에 나온다. 그를 이은 아닥사스다 1세(BC 465-425년)는 에스라서와 느헤미야서에 등장한다. 페르시아가 전성기를 지나 왕에 대한 독살 등으로 홍역을 치르다가 마지막 다리우스 3세(BC 336-331년)가 왕위에 오를 때는 국력이 많이 쇠퇴했다. 그리고 동시에 그 해에 마케도니아에서 알렉산더가 왕위에 올랐다.

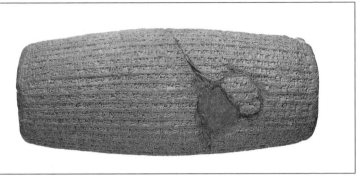

고레스 원통. 이 원형 점토통의 설형문자 기명은 고레스 왕이 바벨론의 유배자들을 고향으로 돌아가게 했다는 기록을 전하고 있다. 유배자들 중에 유대인들도 있었는데 구체적인 이름은 언급되어 있지 않다.

그리스는 페르시아와 마라톤(BC 490년), 테르모펠레스(BC 480년), 플라타리아(BC 479년), 살라미스 해전(BC 466년) 등에서 대등하거나 월등하게 이기곤 했다. 그리스 지역에서도 가장 낙후된 마케도니아라는 도시국가에서는 왕을 암살하고 왕위를 차지한 필립 2세(BC 359-336년)가 등장하더니 그리스를 통일해낸다. 필립 2세가 죽고 어린 그의 아들 알렉산더가 왕이 되자 세계는 전운에 휩싸인다. 동물의 왕국에 주인이 둘이 될 수 없는 법, 다리우스 왕과 알렉산더와의 진검승부가 기다리고 있었다.

[알렉산더시대 (BC 336-323년)]

알렉산더는 핍립 2세가 전쟁에서 이기고 돌아오면 불만을 터뜨렸다고 한다. 아버지가 세상을 다 정복하면 자기는 어디를 차지하냐는 소리였다. 필립 2세는 아들을 대견해했다. 어렸을 때부터 남달리 용맹스러웠던 알렉산더는 아버지가 죽고 열 살이라는 어린 나이에 마케도니아의 왕이 되었다. 그는 페르시아 원정에 나섰다. 페르시아의 다리우스와 그라니쿠스강(BC 334년), 잇수스(BC 333년), 가우가멜라(BC 331년)에서 전쟁을 벌여 연승을 거두고, 일약 세계의 제왕으로 등극하게 된다.

알렉산더의 군대가 행군을 하면 현지 주민들은 자발적으로 알렉산더 군으로 들어왔고, 근동의 제후들은 싸우지도 않고 알렉산더에게 항복했으며, 페니키아의 해변 도시들은 자동문처럼 열렸다. 가장 어려웠던 적은 섬나라인 두로(암 1:9-10, 사 23:1-3, 겔 28:1-10)였으나 알렉산더는 바다를 메워서 두로를 점령했다.

알렉산더는 이집트에 자신의 이름을 붙여서 알렉산드리아라는 도시를 세웠다. 이집트의 아몬 신전에서 '신의 아들'이란 신탁을 받기도 했으며, 요세푸스의 기록에 의하면 알렉산더는 구약시대 마지막 제사장인 얏두아(느 12:11)를 예루살렘에서 만나 하나님께 희생제사를 드리는 데 함께했다고 한다.

파죽지세로 온 세계를 점령하던 알렉산더는 33세의 나이에 갑자기 세상을 떠났다. 당시에 세상의 끝은 인도였는데, 그 앞에서 "더 이상 정복할 땅이 없다"고 울었다는 후문도 있다. 알렉산더는 인도에서 돌아오던 길에 횡사했는데 열병이나 독살, 혹은 말라리아였다는 주장이 있으나 그 원인은 밝혀지지 않았다.

알렉산더가 요절한 뒤 그 넓은 땅을 누가 차지할지에 관심이 집중

되었다. 이복동생인 필립 아리대우스는 지적장애가 있었고, 록산나 사이에 태어난 알렉산더 4세는 너무 어렸다. 결국 알렉산더의 힘 있고 젊은 네 명의 장군이 제국을 나눠 갖는데, 그중에서도 프톨레미가 이집트, 동아프리카, 페니키아, 소아시아 등을 차지했고, 셀류코스는 페르시아제국의 대부분과 시리아 북부 등을 차지했다.

다니엘의 예언이 그대로 이루어진 것이다. "그러나 그가 강성할 때에 그의 나라가 갈라져 천하 사방에 나누일 것이나 그의 자손에게로 돌아가지도 아니할 것이요 또 자기가 주장하던 권세대로도 되지 아니하리니 이는 그 나라가 뽑혀서 그 외의 다른 사람들에게로 돌아갈 것임이라"(단 11:4).

[프톨레미와 셀류코스시대 (BC 323-163년)]

프톨레미 왕조는 유클리드 기하학이라든가 70인역의 번역이라든가 다양한 기술의 발전을 가져왔고, 셀류코스 왕조는 안디옥 신도시를 건설하고 이스라엘 지역을 차지하는 등 서로 숙적으로 싸우면서 격변의 세월을 지냈다. 그중에서도 우리는 셀류코스 왕조의 안티오쿠스 4세(BC 175-163년)를 주목할 필요가 있다.

제우스의 화신인 에피파네스라 불리기를 원했던 그는 팔레스타인 지배를 확실히 하고 싶었다. 로마와의 전쟁에서 졌기에 전쟁 배상금을 갚고 재정을 확보하기 위해서 그는 점령 국가들의 수탈을 자행했다. 식민지국가에 그리스 문화를 억지로 주입하는 데도 공을 들였다.

프톨레미 왕국과 셀류코스 왕국의 비교

프톨레미 왕국	셀류코스 왕국
프톨레미 1세 (BC 323-283년) 프톨레미 2세 (BC 283-247년) 프톨레미 3세 (BC 247-221년) 프톨레미 4세 (BC 221-203년) 프톨레미 5세 (BC 203-181년)	셀류코스 1세 (BC 312-281년) 안티오쿠스 1세 (BC 281-261년) 안티오쿠스 2세 (BC 261-246년) 셀류코스 2세 (BC 246-225년) 안티오쿠스 3세 (BC 225-187년) 셀류코스 4세 (BC 187-175년) 안티오쿠스 4세 (BC 175-163년)

안티오쿠스 4세는 유대교를 탄압하면서 메넬라우스라는 허수아비 제사장을 세우고, 성전의 성물을 훔쳤으며, 금을 입힌 성전 벽을 뜯어 갔다. 부정한 동물제사를 드리게 하고, 유대인들에게 억지로 돼지고기를 먹였으며, 할례받은 유대인을 사형시켰고, 안식일을 지키는 자는 칼로 쳤다. 이 모든 일은 다니엘이 경고한 그대로 이루어진 것이다. "군대는 그의 편에 서서 성소 곧 견고한 곳을 더럽히며 매일 드리는 제사를 폐하며 멸망하게 하는 가증한 것을 세울 것이며"(단 11:31).

당시 유대인은 두 부류였는데 헬레니즘 문화에 영향을 받은 유대인들은 현실을 받아들여 안티오쿠스 황제의 지시대로 따르자고 했고, 율법에 충실한 또 한 그룹은 저항했다. 전자는 후에 사두개파로 이어졌고, 후자는 바리새파의 선조가 된다. 당연히 후자에 속한 사람들이 박해로 많이 죽었다.

[마카비 왕조시대 (BC 142-63년)]

맛다디아라는 늙은 제사장에게는 다섯 명의 아들이 있었다. 시골에 사는 이 노인에게도 안티오쿠스의 군사들이 닥쳐서 돼지고기 제사를 강요했다. 맛다디아는 군사들을 제압하고 아들들과 함께 항쟁에 나섰다. 다섯 아들은 요한, 시몬, 유다, 엘르아살, 요나단인데 그중에 셋째 유다가 주도권을 잡았다. 그는 망치를 들고 전쟁에 나섰기에 망치라는 뜻의 히브리어 '마카비'가 여기에서 등장한다.

유다는 안티오쿠스 군대와 전쟁을 하면서 한편으로는 로마와 동맹을 맺었고, 막내 요나단은 교묘한 외교술로 팔레스타인의 우위를 점했다. 형제들이 차례로 공을 세운 덕분에 마지막 남은 둘째 시몬은 셀류코스 왕국과 협정을 맺는 데 성공하여 독립국가로 인정을 받았다. 그리하여 시몬은 마카비 왕조의 최초의 왕이 된다.

여리고 요새에서 암살을 당한 시몬에 이어 아들 요한 힐카누스는 적들을 물리치고 예루살렘에 입성을 하면서 두 번째 왕이 된다. 그때쯤이면 셀류코스 왕조도 퇴락하여서 힐카누스는 솔로몬시대만큼이나 넓은 영토를 차지한다. 내친김에 힐카누스 왕은 이두매의 에돔 족속들에게도 할례를 강제하여 유대교로 개종시킨다. 이것은 후에 이두매 출신의 헤롯이 이스라엘의 분봉왕이 되는 근거가 된다.

요한 힐카누스가 죽은 후에 아리스토불루스 1세가 왕이 되어 1년간 통치했다. 이때부터 사두개인들은 여당이 된다. 아리스토불루스 1세는 사마리아 북쪽 갈릴리를 정복해 유대인들을 이주시키는데 예수님의 육신의 아버지인 요셉 일가가 이때 갈릴리로 갔다.

마카비 왕조시대 왕들의 업적

이 름	업 적
시몬 (BC 142-134년)	독립 국가 인정받음, 아크라 함락
요한 힐카누스 (BC 134-104년)	바리새파 불신임, 이두매 강제 개종
아리스토불루스 1세 (BC 104-103년)	갈릴리 정복(요셉의 조상 이주)
알렉산더 얀네우스 (BC 103-76년)	사두개파 지지, 가장 넓은 땅 소유
살로메 알렉산드라 (BC 76-67년)	최초의 여왕, 바리새파 지지, 평화와 번영
(장남) 힐카누스 2세 (차남) 아리스토 불루스 2세	장남 - 무능, 바리새파 지지 차남 - 권력욕, 사두개파 지지, 로마 개입의 빌미

　아리스토불루스 1세가 죽은 뒤 그의 아내 살로메 알렉산드라가 왕위에 올랐다. 그러나 살로메는 감옥에 갇힌 남편의 동생 알렉산더 얀네우스를 풀어주고 그와 결혼하여 왕으로 추대했다. 바리새인들이 좋아할 리 없었다. 얀네우스는 왕이 되어 대규모 반란을 일으킨 바리새인 6천 명을 살해하는 등 끔찍하게 국정을 이끌어갔다. 얀네우스는 죽으면서 아내에게 왕위를 돌려주었고 그녀는 이스라엘 최초의 합법적인 여왕이 되었다.

　살로메가 죽은 뒤에 두 아들은 서로 왕위를 차지하고 싶었다. 장남 힐카누스 2세는 바리새인들의 지지를, 차남 아리스토불루스 2세는 사두개인들의 지지를 받으면서 팽팽한 긴장이 흘렀다. 명석하고 재빠른 동생이 먼저 움직여 주도권을 차지했으나 이두매 출신의 교활한 안티파테르가 힐카누스 2세에게 붙으면서 갈등은 심화되었다. 이렇게 마카비 왕조가 저물어가고 있었다.

[로마시대 (BC 63년에서 예수님 오실 때까지)]

마카비 왕조의 내란을 수습한 이는 로마의 폼페이우스 장군이었다. 그는 유대를 로마의 속주로 강등시켰다. 안티파테르는 재빠르게 폼페이우스에게 줄을 대면서 후원자 힐카누스 2세를 유대의 왕으로 내세웠다. 뒤에서 조종하고 싶었던 것이다. 로마의 제1차 삼두정치(BC 63-55년)의 주인공 중 하나인 폼페이우스는 군사력과 인기를 등에 업고 있었다.

그는 해적을 소탕하기 위해 로마 1년 예산의 절반을 지원하는 등 파격적인 행보를 통해서 로마를 지중해의 최강으로 키웠다. 셀류코스 왕국을 없애 시리아로 편입시킨 폼페이우스는 안티파테르의 400달란트 지원금을 받고 힐카누스 2세를 대제사장으로, 안티파테르를 유대의 행정관으로 임명해버렸다.

한편 삼두정치의 또 다른 주인공인 율리우스 카이사르는 스페인 총독의 임기를 마치고 집정관이 되었다. 폼페이우스와 카이사르 사이의 묘한 라이벌 의식이 생길 수밖에 없었다. 폼페이우스는 늙어갔고 카이사르는 천년 로마의 유일한 천재라는 별명답게 세력을 착착 넓혀나갔다. 얼마 후 카이사르는 무장한 채 로마로 진격했다. 그는 루비콘강을 건너며 "주사위는 던져졌다"라는 유명한 말을 남긴다(BC 49년).

폼페이우스와 카이사르의 대결은 젊은 카이사르의 승리로 끝난다. 쿠데타에 성공한 카이사르는 원로원으로부터 정당성을 확보받았으며 폼페이우스는 이집트로 도망을 갔다. 이집트에서 클레오파트라와 사랑에 빠진 폼페이우스는 얼마 지나지 않아서 죽고 만다. 카이사르는 폼페이우스를 죽이기 위해 이집트에 갔다가 그가 죽은 것을 확인하고 그대로 이집트에 눌러 앉았고, 자신도 클레오파트라와 사랑에 빠지게 된다. 그 후 카이사르가 허송세월을 하다 그만 적의 기습 공격을 받게 되는데 이때 안티파테르가 지원군을 보내 카이사르의 목숨을 구해주었다.

로마로 돌아온 카이사르는 안티파테르에게 팔레스타인의 독보적인 권력을 안겨주었다. 안티파테르는 장남 파사엘을 유대 총독으로, 차남 헤롯을 갈릴리 총독으로 앉혔다. 카이사르는 브루투스에게 암살당하고 후임으로 18세의 옥타비아누스가 등장한다. 이렇게 안토니우스, 레피두스와 함께 제2차 삼두정치가 시작되었다(BC 43-33년).

옥타비아누스는 천재적인 통치 능력으로 반대파를 숙청하면서 강한 로마를 만들어갔다. 안티파테르의 아들 헤롯은 옥타비아누스와 안토니우스 양 진영의 지지를 받아 유대의 분봉왕이 되었습니다. 예수님이 태어났을 때 베들레헴의 두 살 미만의 아기를 죽인 천인공노할 짓을 벌인 사람이 바로 헤롯 대왕이었습니다(BC 38-4년). 이렇게 구약을 지나 중간기를 거쳐 우리는 신약시대로 진입하게 되었다(신구약 중간기는 남성덕 지음, 「바이블 히스토리」(서울: 브니엘, 2019), 143-155쪽을 발췌 정리한 것이다).

유대교의 종파들 (중간시대)

바리새파
분리주의자
1. 율법학자, 서기관 (헤롯시대 6000명)
2. 613계명 준수 → 초과민주의
3. 장로유전 (미드라쉬-미쉬나-탈무드)

사두개파
자연주의, 세속주의자
1. 제사장계급, 종류계층으로 부유한자들, 정치세력
2. 구전율법 인정 않음
3. 부활, 천사, 마귀 부인
4. 민간의 노력으로 성공

서기관
1. 직업적인 율법학자
2. 세부율법 논쟁
3. 예수님 증오

헤롯당
1. 헤롯가 정치원함
2. 메수님 반대

셀롯당
행동주의자
1. 자객이라 불리는 (열심당)
2. 유대인 독립을 원하는 민족주의자
3. 의로운 투쟁과 로마에 항거 (게릴라전)

엣센파
금욕주의자
1. 흰옷을 입음, 독신강조
2. 수도원생활 (쿰란동굴)
3. 선악과 종말대망
4. 은유적 해석방법
5. 안식일준수, 부활믿음

- 이대희 지음, 『내 인생을 바꾼 31일 성경통독』(서울: 브니엘, 2015), 195쪽 발췌

거침없이 빠져드는
신약성경 여행

- 예수님의 탄생부터 승천까지 구원으로의 여행
- 온 땅으로 복음이 전파되는 행전시대로의 여행
- 믿음의 눈으로 꼭 보아야 할 하나님 나라로의 여행

예수님의 탄생부터 승천까지 구원으로의 여행

[왜 복음서는 넷뿐인가]

　　성경에 복음서는 네 개가 있다. 마태복음, 마가복음, 누가복음, 그리고 요한복음이다. 이 중에 마태복음, 마가복음, 누가복음은 서로 공통된 부분을 많이 갖고 있다. 또한 내용의 전개에서도 같은 시각에서 쓰였기 때문에 특별히 '공관복음' 이라고 한다. 이에 비해 요한복음은 공관복음과 상당한 차이가 있다.

　　성경에서 복음의 핵심은 결국 메시아이신 예수님이 이 땅에 오셨고, 그 예수님이 우리의 죄를 위해 십자가에 돌아가셨으며, 우리가 회개하고 예수님을 믿으면 하나님이 구원을 주신다는 것으로 요약될 수 있다. 복음서의 내용은 그런 예수님의 행적에 대해 특별히 예수님의 고난과 죽으심, 그리고 부활에 대해서 초점을 맞추고 그 역사적 사실을 기록하고 있다. 그리고 예수님의 역사성과 사실성과 함께 예수님의 교훈과 사역을 소개한다.

그러면 왜 복음서가 쓰였는가? 여기에는 여러 동기가 있다. 그 첫 번째는 예수님을 알지 못하는 유대인과 이방인들의 선교 차원에서 예수님의 행적을 기록할 필요가 있었기 때문이다. 기독교가 빠르게 확장되면서 사도들의 목격담을 직접 들을 수 없는 사람들과 지역이 생기면서 복음서가 필요했던 것이다. 또한 기독교를 오해하는 불신자들에게 예수님이 누구이시며 그분의 사역의 의의와 가르침이 무엇인지 자세히 소개할 필요가 있었다.

누가복음의 서문에서 누가는 많은 사람이 복음서의 기록을 시도했다고 말하고 있다. "우리 중에 이루어진 사실에 대하여 처음부터 목격자와 말씀의 일꾼 된 자들이 전하여 준 그대로 내력을 저술하려고 붓을 든 사람이 많은지라"(눅 1:1-2). 이와 같이 초기에는 출처를 알 수 없는 많은 복음서가 나왔다. 그러나 그들 모두가 사도들의 목격을 그대로 기록한 것은 아니었다. 그중에는 위조한 부분도 있었다.

결국 초대교회는 이들 중에서 오직 네 복음서(마태복음, 마가복음, 누가복음, 요한복음)만을 사도적 전통이 있는 기록으로 보고 정경으로 인정했다. 때때로 초대교회의 교부인 클레멘트는 이집트인의 복음서와 같은, 다른 복음서를 인용하기도 했다. 그러나 그도 분명하게 그러한 복음서들과 성경의 네 복음서를 명백히 구분했다. 이 네 복음서가 정경으로 확정된 이후에도 후속적으로 복음서들이 나타났다. 한 예로 당시 이단이었던 영지주의자들에 의해 도마복음이 나왔던 것이다. 그러나 이 복음서들은 성경의 복음서에 빠진 부분들을 꾸며서 채우고 있다는 특징을 가진다.

로마 산루이지데이프란체시성당에 있는 카라바조의 〈성 마테오의 영감〉(1602년 作)

그러면 왜 성경은 네 개의 복음서를 가지고 있는가? 복음의 기초를 이룬 예수님의 행적과 사역을 소개하는 복음서가 굳이 네 개나 될 필요가 있는가? 이 물음에 대한 답으로 먼저 하나님의 섭리를 언급할 수 있다. 하나님은 예수님의 행적, 교훈, 그리고 예수님이 가져다준 구원의 의미를 한 시각보다는 여러 시각에서 다양하게 바라보도록 섭리하셨다. 즉 복음의 의미를 다양한 저자를 통해 여러 각도로 볼 수 있도록 한 것이다. 실질적으로 복음서를 읽는 독자층도 다양하고 문화도 다양하기 때문에 그들의 특성에 맞게 예수님의 복음의 의미를 더 잘 설명해 줄 수 있는 여러 복음서가 필요했다. 이러한 필요를 충족시키기 위해 복음서가 넷이나 나타나게 되었다고 설명할 수 있다.

이제 복음서의 각 특징을 살펴보기로 하자.

먼저 마태복음은 주 독자층이 유대 크리스천이었다. 그래서 처음부터 예수님이 아브라함의 자손으로서 다윗의 혈통임을 강조했다. 그리고 산상수훈에서 모세의 율법과 권위에 대조하여 그보다 더 뛰어난 예수님의 모습을 부각시켰다. 모세는 이렇게 말했으나 예수님은 이렇게 말씀하신다는 구조를 자주 사용했다. 그리하여 예수님이 모세의 권위를 초월하신 분임을 보여준다. 그러나 마태복음은 유대인의 관점에서만 예수님의 행적과 교훈을 제한하여 보지는 않는다. 마태복음은 끝부분에서 보편주의의 색체를 띠고 있다. 즉 예수님의 사역이 유대인의 경계를 넘어 온 세상과 온 우주에게도 해당된다는 점을 강조하고 있는 것이다.

마가복음은 예수님의 탄생과 예수님의 초기시절에 대해서는 관심이 없다. 마가복음은 처음부터 예수님이 하나님의 아들임을 강조한다. 이것은 마가복음의 목적이기도 하다. 마가복음에는 다른 복음서와 달리 예수님의 가르침이나 교훈이 거의 나오지 않는다. 오직 예수님의 행적을 단순하게 나열하고 있다. 그러나 단순한 배열 속에서도 마가는 나름대로 하나님의 아들인 예수님을 믿는 믿음과 참된 제자도가 무엇인지 보여주고 있다. 마가복음의 독자층은 주로 이방인들이었다. 어떤 증거에 의하면 로마에 사는 이방인들을 겨냥해서 기록되었다고 한다.

누가복음은 다른 복음서에 비해 예수님의 가르침과 예수님의 성품을 아주 인상적으로 잘 보여주고 있다. 그래서 많은 사람이 누가복음을 다른 복음서보다 더 많이 통독하는 경향이 있다. 어떤 목회자는 초신자에게 성경을 읽을 때 먼저 누가복음을 읽으라고 권한다. 그만큼 누가복음은 체계적으로 잘 정리된 복음서이다. 사도 누가는 누가복음 서문에서 자신의 복음서의 목적을 실제 일어난 일을 차례대로 쓰기 위함이라고 규정하고 시작한다. 특히 누가복음은 갈릴리에서 예루살렘으로 죽으시기 위해 위험을 무릅쓰고 올라오시는 예수님을 잘 묘사하고 있다. 누가복음 서문에서는 독자가 데오빌로(하나님을 사랑하는 자라는 뜻) 각하로 되어 있다. 결국 누가복음은 역사적인 관심을 가진 누가가 데오빌로와 같은 기독교에 관심 있는 모든 이방인을 대상으로 기록한 것이다.

요한복음은 마태, 마가, 누가복음보다 상당히 다른 내용과 어조로 쓰여 있다. 처음부터 예수님을 창조자로서 태초에 하나님과 같이 있었던 분으로 묘사한다. 즉 예수님의 신성을 강조하면서 새로운 창조자, 구원자로 묘사하고 있는 것이다. 요한복음은 구약의 절기(유월절, 초막절 등)들을 자주 인용하는데, 결국 예수님이 그러한 절기들의 모형을 성취하시는 분임을 제시하기 위함이다. 요한복음의 목적은 요한복음 자체에서 요한이 말하고 있다. "오직 이것을 기록함은 너희로 예수께서 하나님의 아들 그리스도이심을 믿게 하려 함이요 또 너희로 믿고 그 이름을 힘입어 생명을 얻게 하려 함이니라"(요 20:31).

[메시아 구세주 예수님의 탄생]

예수님은 유대 땅 베들레헴 말구유에서 동정녀 마리아의 몸에서 나셨다. 베들레헴은 예루살렘 남쪽에 약 8km 떨어진 곳에 위치한 지역이다. 정확하게 예수님의 탄생은 주전 4년경이다. 주전 4년 헤롯의 죽음 전보다 약간 일찍 태어나셨다. 역사는 예수님의 탄생을 전후로 하여, 시기를 주전(B.C.)과 주후(A.D.)로 나눈다. 하지만 실제 예수님의 탄생은 주전 4년의 일이었다. 이러한 불일치는 주후 6세기 학자 디오니시우스 엑시구스의 계산 착오로 일어난 것이다.

예수님이 탄생하실 때 동방으로부터 박사들이 왔다. 일반적으로 크리스마스 날 사람들은 동방박사 세 사람이 왔다는 캐럴을 부른다. 그러나 사실 성경은 동방박사가 몇 명인지를 이야기하지 않는다. 다만 그들의 예물이 황금, 유향, 몰약 등 세 가지였기 때문에 아마도 세 명이었을 것이라고 추측하는 것뿐이다.

동방박사들은 유대인의 왕으로 태어나신 자를 보기 위해 동방에서 별을 보고 찾아왔다. 그들은 왕이라면 예루살렘 궁전에서 태어날 것이라 생각하고 예루살렘에 있는 헤롯 궁전을 방문했다. 헤롯은 그 소식을 듣고 놀라지 않을 수 없었다. 헤롯은 모든 대제사장과 백성의 서기관들을 모아 그리스도(메시아라는 뜻의 헬라어)가 어디서 나겠느냐고 물었다. 이들은 미가서 5장 2절의 말씀을 인용해 베들레헴에서 메시아가 나올 것이 예언되었다고 말했다.

여기서 재미있는 것은 그들이 인용한 성경 말씀이다. "또 유대 땅 베들레헴아 너는 유대 고을 중에서 가장 작지 아니하도다. 네게서 한

베들레헴의 바실리카성당 안에 있는 예수님이 탄생하신 장소를 나타내는 은빛 별

다스리는 자가 나와서 내 백성 이스라엘의 목자가 되리라"(마 2:6). 그러나 서기관들이 인용한 미가서 5장은 다음과 같이 되어 있다. "베들레헴 에브라다야 너는 유다 족속 중에 작을지라도 이스라엘을 다스릴 자가 네게서 내게로 나올 것이라"(미 5:2).

　　마가서에서는 베들레헴이 작은 고을이라고 말하는데 서기관들이 인용한 베들레헴은 작지 않다고 말하고 있다. 학자들의 견해에 의하면 당시 서기관들은 미가서의 해당 히브리어 본문에서 철자 라메드를 부정어로 봄으로써 베들레헴이 작지 않다고 해석했을 것이라고 말한다.

어쨌든 예수님은 성경의 예언대로 베들레헴, 다윗의 동네에서 태어나셨다.

그러면 왜 성경은 베들레헴에서 메시아가 나온다고 예언했을까? 여기에는 이유가 있다. "여호와께서 사무엘에게 이르시되 내가 이미 사울을 버려 이스라엘 왕이 되지 못하게 하였거늘 네가 그를 위하여 언제까지 슬퍼하겠느냐. 너는 뿔에 기름을 채워 가지고 가라. 내가 너를 베들레헴 사람 이새에게로 보내리니 이는 내가 그의 아들 중에서 한 왕을 보았느니라"(삼상 16:1).

즉 베들레헴은 다윗 왕이 태어났던 곳이었다. 그러므로 베들레헴에서 태어난 그리스도는 일차적으로 새로운 다윗 왕이라는 의미를 가진다. 그리스도를 다윗에 비유한 것은 다윗은 이상적인 왕으로서 하나님의 대리자의 전형적인 모습이었기 때문이다. 그러나 이 새로운 다윗 왕인 그리스도는 옛날 다윗 왕과는 구별된 존재이다.

이사야는 그 새로운 다윗 왕의 특성에 대해 다음과 같이 말했다. "그날에 이새의 뿌리에서 한 싹이 나서 만민의 기치로 설 것이요 열방이 그에게로 돌아오리니 그가 거한 곳이 영화로우리라"(사 11:10). 이새는 다윗의 아버지이며 이새의 뿌리에서 한 싹은 다시 새롭게 시작하는 다윗 왕을 의미하는 것이다. 그리고 이사야 11장의 문맥에서 이 새로운 다윗 왕은 이스라엘 국가의 왕뿐만 아니라 열방의 왕, 만인의 왕임을 암시하고 있다.

초대교회는 예수 그리스도께서 하나님의 아들이며 메시아이자 구원자라는 사실을 전파하여 많은 박해를 당했다. 여기서 전도의 큰 걸림돌은 예수 그리스도께서 베들레헴이라는 작은 마을의 비천한 말구유에서 탄생하셨다는 사실을 전하는 일이었다. 무엇인가 화려하게 출생했다고(부처처럼) 말해도 믿지 않을 사람들에게 인류의 구원자이신 메시아가 가장 낮은 모습으로 태어났다는 사실을 전한다는 것은 쉬운 일이 아니었다. 그러나 초대교회는 그것을 미화하지 않았다. 이것은 역설적으로 아기 예수 그리스도의 말구유 탄생이 거짓이 아님을 보여준다.

그러면 왜 만왕의 왕으로서 오신 예수 그리스도께서 비천한 말구유에서 태어났어야 했을까? 결론적으로 말해 예수님의 비천한 출생은 예수님이 세상에서 군림하기 위해서 오신 분이 아니라 낮고 천한 자, 고통받는 자, 죄에 눌린 자들과 자신을 동일시하고 궁극적으로 그들의 죄와 고통에서 구원하려고 오셨음을 시위하는 것이었다.

물론 예수님은 모든 사람에게 자신이 인류의 구원자로 왔음을 알리기 위해 초자연적인 방법을 동원하여 화려한 모습으로 오실 수도 있었다. 그러나 예수님은 그렇게 오시지 않았다. 오히려 예수님은 비천하게 오신 자신의 모습을 보고 사람들이 믿음의 결단을 통해 자신이 구원자임을 믿기를 원하셨다. 이런 점에서 말구유의 예수님을 구세주로 발견할 수 있도록 믿음을 주신 하나님께 우리는 감사하지 않을 수 없다.

[두 살 이하 사내아이들의 살생]

헤롯은 박사들이 돌아오지 않자 자신이 박사들로부터 속았다는 사실을 알고 심히 노했다. 그 결과 베들레헴과 그 모든 지경 안에 있는 두 살 이하 사내아이들을 모두 죽이라는 영아살해령을 내렸다. 헤롯은 포악한 왕으로 유명했다. 물론 그도 유대인들에게 환심을 사기 위해 많은 치적을 세우기도 했다. 그러나 자신의 왕권에 도전하는 세력에 대해서는 혹독한 잔인함을 보였다. 실로 자신의 아내 마라암네와 그의 아들들을 처형할 정도로 잔인한 왕이었다.

역사가인 요세푸스의 기록에 의하면 헤롯은 자기가 죽을 때 사람들이 자신의 죽음을 애도할 수 있도록, 모든 가정에서 한 사람씩 죽여 모든 사람이 슬퍼할 수 있도록 하라고 유언을 남겼다고 한다. 이처럼 헤롯은 잔인하고 포악했다. 그러므로 자신의 왕권을 위협하는 예수 그리스도의 탄생은 왕권 보호 차원에서 영아들을 살해하기 위한 충분한 명분이 되었다.

그렇다면 여기서 왜 굳이 두 살 이하의 사내아이를 죽였을까 하는 물음이 생긴다. 한 살 또는 갓 태어난 아이를 죽여도 되었을 텐데 두 살 된 아이까지 죽인다는 것은 너무한 처사가 아닌가? 베들레헴뿐만 아니라 근방에 사는 아이들까지 죽였다는 것을 보아서 그가 유대인의 왕으로 난 메시아를 확실히 죽이려고 했기 때문이라고 설명할 수 있다.

그러나 한편으로 학자들은 동방박사들이 예루살렘으로 찾아오기까지 아기 예수의 탄생을 알렸던 그 별은 이미 오래전부터 박사들에 의해 관찰되었을 것이며, 아마도 거의 2년 동안 별을 관찰한 후 박사들이 메시아의 탄생을 알리는 별임을 깨닫고 예루살렘으로 찾아왔을 것이라고 추정한다. 그래서 동방박사들로부터 별의 출현이 거의 2년이 되었다는 소식을 듣고 헤롯은 두 살 된 아이들과 그 이하의 영아들을 죽였다고 주장한다. 이것은 어디까지나 학자들의 추측이지만 어느 정도 설득력이 있다.

마태복음에서는 영아살해를 선지자 예레미야의 말의 성취로 보았다. "라마에서 슬퍼하며 크게 통곡하는 소리가 들리니 라헬이 그 자식을 위하여 애곡하는 것이라. 그가 자식이 없으므로 위로 받기를 거절하였도다"(마 2:18). 라마는 라헬의 무덤이 있는 곳이다(삼상 10:2). 이 말씀은 선지자 예레미야가 이스라엘의 많은 사람이 포로로 잡혀갔기 때문에 그 땅에 사람이 없음을 보고 그 비참함을 라헬의 애곡으로 비유한 것이다. 그러면서도 후에 그 아픔을 치유할 기쁨과 행복과 새 언약을 예레미야는 같은 문맥에서 말하고 있다. 이런 의미에서 헤롯시대의 영아살해는 메시아의 출현과 메시아의 기쁨이 있기 전에 있을 아픔을 상징한다.

[메시아의 길을 예비한 세례 요한의 출생]

일반적으로 세례 요한은 에세네파와 연관이 있을 것이라고 말한다. 예수님 당시 유대인들에게는 여러 파가 있었다. 그중에 잘 알려진 것이 바리새파이다. 바리새파는 율법을 실천함으로써 자신들만이 하나님 백성의 남은 자라고 자부했다. 이들보다 더 급진적으로 타인과 분리해서 자신들의 공동체만이 하나님의 참 백성이라고 생각했던 사람들이 에세네파였다. 이들은 사해 근처에 있는 쿰란 동굴을 배경으로 광야에서 엄격히 분리된 공동생활을 했다. 바리새인들은 식사 전에 의식적으로 손을 씻을 것을 요구했지만, 에세네파는 강도를 더 높여 식사 전에 전신 목욕을 요구했다고 전해진다. 그만큼 이들의 사상은 급진적이고 과격했다.

세례 요한이 이런 에세네파와 연관되었다고 주장하는 것은 그가 에세네파와 비슷하게 광야에서 금욕적인 생활을 했고(눅 1:80), 그의 사상도 매우 급진적이었다는 데 있다. 성경은 그가 약대 털옷을 입고 허리에 가죽 띠를 띠고 음식은 메뚜기와 석청을 먹었다고 기록하고 있다. 그러나 엄밀한 의미에서 세례 요한은 에세네파와 구별된다. 에세네파는 소수의 무리만이 구원의 백성이 될 수 있다고 생각했던 반면, 세례 요한은 하나님의 심판을 심각하게 받아들이고 회개하는 자는 누구든지 하나님이 구원하시는 백성이 될 수 있다고 선포했다. 그리고 그것을 받아들이고 회개하는 자들에게 세례를 주었다. 후에 예수님도 세례 요한의 세례를 받으셨다.

세례 요한의 출생은 이사야 40장 3절의 말씀을 성취하기 위함이었다. "외치는 자의 소리여 이르되 너희는 광야에서 여호와의 길을 예비하라. 사막에서 우리 하나님의 대로를 평탄하게 하라." 즉 그는 광야에서 메시아 예수 그리스도의 길을 평탄하게 하기 위해서 외치는 자로서 태어났던 것이다. 세례 요한은 예수님의 사역을 준비하기 위해 예수님보다 6개월 전에 태어났다.

세례 요한의 출생에 대한 세세한 내용은 누가복음 1장에 기록되어 있다. 세례 요한의 아버지는 제사장 사가랴요 그의 어머니는 엘리사벳이었다. 당시에는 제사장의 수가 많았기 때문에 제사장이 성전에 들어가서 향을 피우는 직책은 일생에 겨우 한두 번 가질 수 있는 기회였다. 마침 사가랴는 제비에 뽑혀 성전에 들어가서 분향을 하게 되었다. 성전 안에서 분향하던 그는 거기서 천사 가브리엘을 만나 요한의 출생에 대한 예고를 듣게 된다. 처음에 그는 천사의 말을 믿을 수 없었다. 그러자 천사는 그에게 아이가 탄생할 때가지 말을 못할 것이라고 했고, 그 말대로 사가랴는 말을 할 수 없게 되었다.

그의 아내가 임신하여 아이를 낳았을 때 아이의 모친은 아이의 이름을 요한이라고 정하려 했다. 하지만 사람들은 친족 중에 그러한 이름을 가진 자가 없다고 반대했다. 아버지의 의사를 묻자, 사가랴는 손으로 요한이라는 이름을 썼고, 그 순간 입이 열려 하나님을 찬송하게 되었다. 세례 요한의 출생과 사명은 천사를 통해 미리 부모에게 알려졌는데 그의 사명은 다음과 같았다. "그가 또 엘리야의 심령과 능력으로 주 앞에 먼저 와서 아버지의 마음을 자식에게, 거스르는 자를 의인의 슬기에 돌아오게 하고 주를 위하여 세운 백성을 준비하리라"(눅 1:17).

이 말씀은 말라기 4장 5~6절을 인용한 말씀이다. 이 말씀을 통해 유대인들은 메시아가 오시기 전에 엘리야가 먼저 올 것을 기대했다. 천사의 말에서 우리는 엘리야가 바로 세례 요한임을 알 수 있다. 예수님도 세례 요한이 바로 그 엘리야라고 말씀하셨다(마 17:10-13). 그의 공적인 사역은 디베료 황제 제15년(27년경)에 시작되었다.

[예수님의 어린 시절과 교육은 어땠을까]

천사의 도움으로 요셉과 마리아는 헤롯을 피하기 위해 아기 예수를 데리고 애굽으로 갔다. 당시 애굽에는 이방 땅에서 흩어져 사는 유대인(디아스포라 유대인)이 많이 살고 있었기 때문에 요셉은 어려움

없이 쉽게 그곳에 정착할 수 있었다. 헤롯이 죽었다는 소식을 들고 요셉과 마리아는 어린 예수와 함께 다시 이스라엘 땅으로 돌아왔다. 그러나 그는 유대 땅이 헤롯의 아들 아켈라오가 다스린다는 말을 듣고 유대를 피하여 갈릴리 나사렛 동네로 갔다. 요세푸스에 의하면 아켈라오는 그의 잔인성과 폭력으로 고소를 당해 10년 동안만 통치하고 아우구스도 황제에 의해 축출되었다고 한다. 아마도 이스라엘로 돌아온 요셉은 아켈라오의 폭력성과 잔인성으로 듣고서 그곳을 피하여 갈릴리고 갔을 것이라고 추측할 수 있다.

당시 갈릴리는 헤롯의 아들 헤롯 안디바가 통치하고 있었다. 이 헤롯 안디바(성경은 단지 헤롯이라고 말하고 있다)는 후에 첫 번째 아내와 이혼하고 동생의 아내인 헤로디아와 결혼함으로써 세례 요한의 책망을 듣게 된다(막 6:18).

성경은 예수님의 어린 시절에 대해서 "아기가 자라며 강하여지고 지혜가 충만하며 하나님의 은혜가 그의 위에 있더라"(눅 2:40)라고 말하고 있다. 또한 부모에게 순종하고 하나님과 사람들에게 사랑을 받았다고 기록하고 있다. 예수님은 어린 시절에 아버지 요셉의 목수 일을 도와주며 자랐다(마 13:55). 그래서 예수님은 장성해서도 사람들에 의해 목수라는 칭호를 받았다(막 6:3). 당시 목수는 주택 건축의 모든 목재 일을 도맡아 했고 가구와 농사 도구도 만들었다. 큰 도시에서는 손수레(혹은 전쟁 시에는 전차)를 만들기도 했다.

예수님은 열두 살 시절 유월절에 예루살렘으로 올라가 성전의 선생들과 대화하며 지혜롭게 질문하고 대답해서 주위를 놀라게 했다. 돌아오는 길에 부모는 어린 예수가 없는 것을 보고 사흘 동안 그를 찾다가 성전에서 그를 발견했다. 이때 어린 예수는 부모에게 "자신이 아버지 집에 있어야 할 줄을 알지 못하십니까"라며 반문했다. 이미 어린 시절부터 예수님은 자신에 대한 확고한 정체성을 갖고 있었음을 알 수 있다. 성경은 예수님의 교육에 대해서 우리에게 구체적으로 말하지 않는다. 하지만 확실한 것은 예수님은 랍비 밑에서 공식적인 교육은 받지 않았다는 사실이다.

예수님은 공생애 기간에 많은 사람을 가르쳤다. 그때 사람들의 반응은 그의 가르침이 권위 있는 자와 같고 서기관과 바리새인들과 같지 않았다고 증거했다(막 1:22). 또한 고향사람들은 예수님의 행적과 교훈을 보고 놀라워했다고 말한다(막 6:3). 이런 점에서 예수님은 어떤 공식적인 교육을 받지 않은 것이 분명하다. 혹자는 예수님이 공생애 시작 전에 바리새파 사람들로부터 교육을 받았다고 주장하기도 한다. 하지만 이런 주장은 성경 어디에서도 그 증거를 찾을 수 없다.

구원자이신 예수님이 세례를 받으신 이유는

예수님은 공생애를 시작하기 전 요단강에서 세례 요한으로부터 세례를 받으셨다. 당시 세례 요한은 많은 사람에게 요단 강가에서 회개를 위한 세례를 베풀었다. 여기서 우리는 다음과 같은 질문을 하게 된다. 예수님이 무슨 이유 때문에 세례를 받아야 했는가? 메시아로서 구원자이신 하나님이 왜 회개의 세례를 받아야 했는가? 이해하기 힘든 부분이다. 사실 세례 요한도 예수님을 알아보고 세례 주기를 꺼렸다고 성경은 기록하고 있다. "요한이 말려 이르되 내가 당신에게서 세례를 받아야 할 터인데 당신이 내게로 오시나이까"(마 3:14).

예수님은 세례가 하나님의 의를 이루기 위한 것이라고 말씀하셨다. 여기서 하나님의 의에 대해서 생각할 필요가 있다. 성경에서 말하는 하나님의 의는 도덕적 의를 가리키는 것이 아니다. 물론 때때로 그런 의미도 있지만 본질적으로 하나님의 의는 도덕적 용어가 아니라 관계적 용어이다. 즉 하나님과 올바른 관계를 맺고 하나님의 뜻대로 행하는 것을 가리킨다. 이런 점에서 하나님의 의는 세상의 의와 다르다. 우리가 세상에서 아무리 의롭게 산다고 할지라도 그런 의로는 천국에 갈 수 없다. 하나님의 의는 세상의 의가 아니기 때문이다.

예수님은 하나님의 의, 즉 하나님과 올바른 관계 안에서 하나님의 뜻을 이루기 위해 세례를 받으셨다. 이 세례를 통해 요한의 사역은 절정을 이루었다. 그리고 예수님의 경우는 공생애를 시작하는 새로운 시발점이 되었다. 또한 세례의 의미는 예수님이 자신의 구원의 백성과 자신을 동일시하고 그들의 모든 아픔과 필요와 죄를 담당하겠다는 구속사적 의미를 지니고 있다. 그러므로 세례는 예수님의 사역을 시작하는 공식행사였다.

세례를 받을 때 하늘에서 비둘기 같은 성령이 예수님께 임했다. 예수님이 사역을 감당하기 위해서 성령에 의해 공식적으로 기름 부음을 받았다는 것을 상징하는 의미였다. 이에 하늘에서 "이는 내 사랑하는 아들이요 내 기뻐하는 자라"(마 3:17)는 음성이 들렸다. 혹자는 이 말씀을 통해 예수님은 세례 시 하나님의 아들로서 양자처럼 택함을 받았다

나사렛에 있는 예수님이 세례 요한에게 세례를 받았다고 전해지는 곳. 예수님의 세례는 공생애를 시작하는 새로운 시발점이며 구원의 백성과 자신을 동일시하고 그들의 모든 아픔과 필요와 죄를 담당하겠다는 구속사적 의미를 지니고 있다.

고 주장한다. 즉 예수님은 평범한 사람이었는데 하나님의 메시아 사역을 위해 하나님의 아들로 입양되었다는 설명이다. 이렇게 해서 예수님의 신성을 부인한다.

하지만 성경은 분명히 예수님은 하나님의 아들로 오셨고 이미 창세 전에 하나님과 함께 존재하셨던 하나님이셨다고 선언한다. 예수님이 십자가의 고난을 위해 유대인들에게 잡히실 때 산헤드린공회 앞에서 자신을 하나님의 아들이라고 하자 대제사장은 예수님을 정죄했다. 통상적으로 성경은 이스라엘 전체나 이스라엘 왕에게 하나님의 아들이라는 칭호를 붙였다(시 2편). 예수님이 하나님의 아들이라고 했을 때 그런 통상적인 의미에서 말씀하셨다면 문제가 덜 심각했을 것이다. 하지만 예수님은 진정한 의미에서 자신이 하나님의 아들이며 하나님과 같은 신성의 소유자임을 밝히셨다. 그래서 대제사장은 예수님을 참람하다고 말했다. 이런 증거들을 미루어 볼 때 예수님은 태어날 때부터 신성을 가진 하나님의 아들로서 오셨다는 사실을 알 수 있다.

예수님이 세례를 받자 하늘에서 "사랑하는 아들" "내 기뻐하는 자"라는 음성이 들려왔다. 이 음성은 메시아로서 예수님의 모습을 확증해주는 것이었다. 당시 유대인들은 메시아가 하나님의 아들이라는 칭호로 불릴 것이라고 기대했다. 예수님의 탄생 전에 유대인들의 쿰란 문서에서 이미 그런 사상들을 발견할 수 있다. 또한 구약에서 왕에 대한 칭호로 하나님의 아들이 사용되었기 때문에(시 2:7) 다윗 계열의 유대인의 왕인 메시아가 하나님의 아들로 불리는 것은 당연했을 것이다. 예수님 당시 유대인들은 이사야서 42장에 나오는 하나님의 종의 사역을 메시아의 사역으로 이해했다. 그런데 이사야서 42장 말씀은 하나님의 종에 대해서 "내 마음에 기뻐하는 자 곧 내가 택한 사람"이라고 말하고 있다. 그래서 그들은 메시아가 하나님이 기뻐하는 자라는 칭호를 더불어 가지게 될 것이라고 생각했다.

그와 같은 당시의 사상적 배경에서 하늘의 음성은 예수님께 하나님의 아들, 하나님이 기뻐하는 자라는 칭호를 적용시킴으로써 예수님이 메시아임을 드러내주는 것이었다. 예수님은 그 음성을 통해서 메시아 사역에 공식 취임하신 것이다.

[예수님은 40일 동안
유대광야에서 무슨 시험을]

세례를 받으신 예수님은 그 후 광야에서 40일 동안 금식을 하셨다. 성경에서 40이라는 숫자는 매우 의미 있는 숫자이다. 이스라엘은 출애굽을 한 후 가나안 땅에 들어가기까지 광야생활을 40년 동안 했다. 또한 엘리야도 아합에게 쫓겨 실망할 때 40일 동안 광야에서 생활했다(왕상 19:8). 이와 같이 40이라는 숫자는 고난과 시련의 숫자이다. 예수님도 자신의 공생애를 시작하기에 앞서 이런 고난과 시련을 통과해야 했다.

예수님이 시험받은 장소는 요단강과 사해 서쪽에 있는 고지의 유대 광야였다. 예수님은 성령의 이끌림을 받고 광야로 가셨다. 세례를 통해 공식적으로 예수님께 성령이 임하셨는데, 이제 그 성령의 이끌림을 받고 순종하며 행동하신 것이다.

예수님은 광야에서 사탄으로부터 세 번의 시험을 당하셨다. 이 시험은 한마디로 하나님의 아들로서 예수님께 하나님과 동등됨을 버리고 진정으로 하나님을 섬기며 순종하는지를 평가하는 시험이었다. 따라서 이 시험은 창세기의 아담의 시험과 많은 공통점을 지니고 있다. 아담은 선악과를 따먹으면 하나님과 같이 될 수 있다는 뱀의 유혹에 하와와 함께 선악과를 따먹고 말았다. 이는 하나님과 동등되지 않으면서도 하나님과 같이 되려는 실수였다. 이에 비해 예수님은 하나님의 아들로서 하나님과 같은 신성의 소유자이시지만 사탄의 유혹 앞에서 하나님과의 동등됨을 포기하고 자신의 권위를 주장하지 않으셨다. 오히려 아들로서 하나님 아버지께 순종하는 모습을 보이셨다.

사탄은 먼저 예수님께 만약 하나님의 아들이거든 돌들을 떡덩이가 되게 하라고 말하며 첫 번째 시험을 했다. 하나님의 아들로서 권위를 사용하라는 시험이었다. 그러나 예수님은 자신을 위해서 그 권위를 사용하지 않으셨다. 아들로서 하나님께 자신의 모든 것을 단념하고 순종하려고 했기 때문이었다. 예수님은 신명기 8장 3절의 "사람이 떡으로만 사는 것이 아니요"라는 말씀으로 사탄의 시험을 물리치셨다. 사탄은 아담에게 선악과를 통해 시험한 것같이 예수님께도 먹는 것으로 시험하였지만 예수님은 넘어가지 않으셨다.

두 번째 시험을 위해 사탄은 예수님께 천하만국을 보여주며 자신에게 절하면 그 모든 것을 주겠노라고 말했다. 그러나 이 시험도 예수님은 신명기 6장 13절의 "네 하나님 여호와를 경외하며"라는 말씀으로 물리치셨다. 하나님만을 섬기며 순종하려는 예수님의 의지를 사탄은 꺾을 수 없었다.

예수님이 성경 말씀으로 시험들을 물리치자 사탄은 다른 전략을 사용했다. 즉 성경 말씀으로 예수님을 넘어뜨리려는 계략이었다. 사탄은 예수님을 예루살렘으로 데려가 성전 꼭대기에 세우고 뛰어내리라고 말했다. 성전은 하나님의 임재와 하나님의 보호를 상징하는 곳이다(왕상 9:3, 대하 7:16, 시 61:4-5). 사탄은 시편 91편 11절의 "그가 너를 위하여 그의 천사들을 명령하사 네 모든 길에서 너를 지키게 하심이라"는 말씀을 인용하면서 예수님이 뛰어내려도 하나님이 보호하실 것이라는 논리를 폈다. 예수님이 성경 말씀으로 시험을 이기는 것을 보고 성경 말씀을 가지고 예수님께 함정의 덫을 놓았던 것이다.

시험산. 예수님이 40일 동안 사탄에게 시험을 받았다고 전해지는 곳. 여리고 서쪽산에 카란텔수도원 또는 시험수도원이라고 알려진 희랍 정교 수도원이 있다.

이 시험은 십자가에서 예수님의 죽으심을 미리 생각하고 사탄이 예수님께 하나님의 보호하심을 주장하여 죽음을 회피하도록 하는 시험이기도 했다. 만약 예수님이 하나님의 보호하심을 주장하고 죽음을 회피한다면 예수님은 하나님의 아들로서 이 땅에 오신 목적을 이루지 못하는 셈이 된다. 사탄은 이 점을 노리고 예수님께 마지막으로 어려운 시험을 했다. 그러나 예수님은 사탄의 계략에 넘어가지 않으셨다. 예수님은 다시 신명기 6장 16절의 "너희의 하나님 여호와를 시험하지 말고"라는 말씀으로 사탄의 시험을 물리치셨다. 그래서 예수님은 광야에서 사탄의 모든 시험을 물리치셨다.

그러나 사탄은 이후에도 예수님을 계속 시험했다. 예수님의 공생애는 어떤 의미에서 시험과 시련으로 점철되었다고 해도 과언이 아니었다. 예수님은 "너희는 나의 모든 시험 중에 항상 나와 함께 한 자들인즉"(눅 22:28)이라고 말씀하셨다. 예수님은 공생애 기간 동안 이처럼 항상 시험을 당하셨던 것이다.

가장 큰 사탄의 시험은 십자가의 죽으심에서 예수님을 돌이키려는 방해 획책이었다. 노상에서 자신이 십자가에서 고난당할 것을 제자들에게 말씀하시는 예수님을 향해 베드로는 예수님을 꾸짖어 비판했다. 그런 베드로의 태도에 대해 예수님은 "사탄아 물러가라"고 말씀하셨다. 이와 같이 광야의 시험 이후에도 사탄은 끊임없이 예수님을 넘어뜨리려 했고, 심지어 예수님의 제자들을 이용하면서까지 집요하게 예수님으로 하여금 죽음을 회피하도록 시험했다.

그러나 예수님은 그 어떤 시험에도 넘어가지 않으셨다. 우리는 그 비결을 예수님의 다음 말씀에서 짐작할 수 있다. "너희가 나와 함께 한 시간도 이렇게 깨어 있을 수 없더냐. 시험에 들지 않게 깨어 기도하라"
(마 26:40-41). 한마디로 시험에 들지 않기 위해서 끊임없이 기도하셨
던 것이다.

[예수님이 행하신 최초의 이적은]

예수님이 공생애에서 최초로 이룬 기적은 가나의 혼인잔치
에서 물을 포도주로 만든 기적이었다. 이에 대한 기록은 요한복음 2장
에 나온다. 무엇이든지 첫 단추가 중요하다. 혹자는 목회자가 안수를
받고 목회를 할 때 그 첫 3년의 행동이 그의 나머지 목회인생의 모습을
결정한다고 말한다. 그만큼 첫 출발이 중요하다는 의미이다. 그런 의미
에서 예수님의 첫 기적은 우리에게 예수님의 사역이 어떻게 전개될 것
인지를 단적으로 보여주는 중요한 사건이었다. 물로 포도주를 만드는
기적을 통해 예수님은 자신의 출현이 물과 같은 무미한 세상을 포도주
와 같은 기쁜 세상으로 만들기 위함임을 암시해주셨다.

무엇보다 이 사건은 예수님의 창조적 능력을 보여주셨다. 예수님은
이 사건을 통해 전혀 새로운 것을 만드는 하나님의 능력을 제자들에게
나타내셨다. 이미 요한복음 1장은 서두에서 예수님을 창조의 하나님으
로 소개했다. 그러므로 요한복음 2장의 이 기적은 예수님이 어떻게 새
롭게 창조하고 변화시키는 분인지를 보여주는 구체적 예시였다.

예수님은 물로 포도주를 만드셨다. 여기서 포도주는 일차적으로 기
쁨을 상징한다. 그러나 예수님에게 포도주는 좀 더 깊은 의미가 있다.

마사다와 쿰란의 유적을 발굴한 결과, 일상생활과 종교생활을 위해 쓰던 유물들이 나왔다. 향로와 등잔, 청동 그릇, 기름이나 포도주를 담는 항아리 등이 그것이다. 예수님이 가나안 혼인 잔치에서 물로 포도주를 만드실 때 위의 돌 항아리 같은 항아리를 사용하셨을 것이라 추정된다.

예수님은 자주 천국을 잔치로 비유하셨다. 이 잔치에서 빼놓을 수 없는 것이 포도주였다. 그러므로 포도주는 천국의 기쁨과 축복을 상징한다. "내가 너희에게 이르노니 내가 이제부터 하나님의 나라가 임할 때까지 포도나무에서 난 것을 다시 마시지 아니하리라 하시고"(눅 22:18). 이런 의미에서 물로 포도주를 만든 이 기적은 예수님이 우리에게 천국의 축복과 기쁨을 주기 위해서 오셨음을 제시한다.

예수님은 물로 포도주를 만들기 위해서 여섯 개의 돌 항아리를 사용하셨다. 돌 항아리는 당시 집에 왕래하는 사람들을 위해 발과 손을 씻을 수 있도록 물을 담아 두는 큰 용기였다. 그렇다면 왜 예수님은 이 큰 돌 항아리에 있는 물을 사용하셔서 포도주를 만드셨을까? 사실 그렇게 많은 포도주를 만드실 필요는 없었다. 이미 연회장의 사람들은 많은 포도주를 마셔서 어느 정도 취한 상태에 있었기에 단지 부족한 부분만을 보충해주는 것으로도 충분했다. 그러나 예수님은 큰 항아리 여섯 개를 사용하셔서 물로 포도주를 만드셨다.

이 사실은 예수님이 오신 목적이 우리에게 차고 넘치는 풍성한 은혜를 가져다주기 위함임을 예시한다. 예수님이 주시는 이런 풍성한 은혜에 대해서 요한은 요한복음 1장 16절에서 이렇게 말하고 있다. "우리가 다 그의 충만한 데서 받으니 은혜 위에 은혜러라." 끝으로 가나의 혼인잔치에서 얻을 수 있는 교훈은 하나님의 기적은 우리의 눈에는 불가능해 보이는 상황일지라도 하나님의 말씀대로 순종하는 자에게 하나님의 뜻이 이루어진다는 사실을 깨닫게 해준다.

[완전한 산상설교와 황금률]

예수님의 산상설교는 일명 산상수훈으로 불리는데, 예수님이 산위에서 하신 설교를 가리킨다. 이 산상설교는 마태복음 5장에서 7장까지 자세하게 기록되어 있다. 마태복음 5장에서 예수님은 먼저 팔복(여덟 개의 복)에서 누가 천국을 소유할 수 있는지를 말씀하셨다. 그리고 마태복음 7장 마지막에서 다시 천국의 주제를 꺼내어, 천국은 "주여 주여 하는 자마다 다 천국에 들어갈 것이 아니요 다만 하늘에 계신 내 아버지의 뜻대로 행하는 자라야 들어가리라"고 말씀하셨다. 이런 의미에서 산상설교는 천국에 들어가기 위한 사람이 누구이며, 그 사람이 지켜야 할 하나님 나라의 계명이 무엇인지를 소개하는 말씀이다.

산상설교에서 예수님의 명령은 매우 급진적이었다. 그러나 예수님은 자신이 온 목적이 구약의 율법을 폐하기 위함이 아니라 그 율법을 완전하게 하기 위해서라고 말씀하셨다(마 5:17). 여기서 "완전하게 한다"는 의미는 여러 가지로 해석될 수 있으나 율법의 온전한 의미를 가르쳐주기 위해서 오셨다는 의미로 보는 것이 바람직하다.

산상설교에서 예수님의 명령의 급진성은 다음과 같은 예에서 잘 나타난다. 서기관과 바리새인보다 더 낫지 못하면 결단코 천국에 들어 갈수 없다. 또한 오른 눈이 실족하게 하거든 빼어내버려라, 너희를 핍박하는 자를 위하여 기도하라, 외식하지 말라, 염려하지 말라, 남을 비판하지 말라, 맹세하지 말라, 악한 자를 대적하지 말라, 누구든지 네 오른편 뺨을 때리거든 왼편도 돌려 대라 등 실로 우리가 받아들이기 어려운 명령들이었다. 또한 예수님은 모세의 법과 대조해서 모세의 법보다 더 철저한 명령을 내리셨다. 그 예로 예수님은 "간음하지 말라 하였다는 것을 너희가 들었으나 나는 너희에게 이르노니 음욕을 품고 여자를 보는 자마다 마음에 이미 간음하였느니라"고 말씀하셨다.

예수님의 명령의 급진성과 철저함을 보고, 어떤 이들은 예수님의 명령이 처음부터 실현 불가능한 명령이었다고 주장한다. 한 예로 의사이자 신학자인 알버트 슈바이처는 예수님의 계명은 임시적 윤리로서 이제 막 천국이 도래할 것을 예수님이 기대하고 천국에 들어가기 위해 임시적으로 지켜야 할 계명으로 주신 것이라고 보았다. 그러므로 이후에는 필요 없는 계명이라고 주장했다. 비슷하게 자유주의 신학자 요하네스 바이스는 이것을 예외적 법령으로 보고 예수님이 처하신 상황이 전쟁 상태에 있었기 때문에 그런 상황에서만 적용되는 계명이기에 오늘날에는 적용되지 않는다고 말했다.

그러나 임시적이거나 예외적 계명이라는 주장은 예수님의 의도를 왜곡하는 것이다. 예수님은 분명하게 "진실로 너희에게 이로노니 천지가 없어지기 전에는 율법의 일점 일획도 결코 없어지지 아니하고 다 이루리라"고 말씀하셨다. 이 산상설교는 천국백성으로서 오늘을 살아가는 우리에게 하나님이 요구하시는 의의 기준이 무엇인지 분명하게 보여주는 말씀이다. 예수님 당시 율법주의자들은 하나님에 대한 외형적 형식을 강조했다. 그러나 이 산상설교를 통해 예수님은 하나님의 계명은 외형적 행동보다 마음이 더 중요하다는 사실을 가르쳐주셨다.

가령 "예물을 제단 앞에 두고 먼저 가서 형제와 화목하고 그 후에 와서 예물을 드리라"(마 5:24)는 말씀은 형식적으로 예물을 드리는 것보다 드리는 사람의 마음과 중심이 중요하다는 사실을 보여준다. 더 나아가 산상설교에서 예수님의 철저한 율법해석은 율법의 지향점이 단순히 올바른 행위를 하느냐에 있는 것이 아니라 하나님과 의로운 관계 속에 있도록 하는 데 있음을 제시하는 것이었다. 그러므로 산상설교는 당시 사람들에게 외면당한 하나님의 의를 예수님이 다시 새롭게 전해주시는 말씀이었다.

여기서 우리는 다음과 같은 질문을 던질 수 있다. 이렇게 높은 하나님의 의를 과연 누가 소유할 수 있는가? 형식만이 아니라 마음에서까지 하나님의 의를 이루고 하나님과의 올바른 관계에 선다는 것은 죄 많은 우리에게는 불가능한 일처럼 보인다. 또한 이러한 의를 지켜야만 천국에 갈 수 있다면 예수님의 말씀은 복음이 아니라 율법사들의 가르침보다 더 무거운 올무가 될 수 있다. 과연 어떤 의미에서 예수님의 말씀이 복된 소식인가? 이에 대한 해답으로서 우리는 마태복음 19장의 사건을 주시할 필요가 있다.

어느 부자 청년이 예수님을 찾아왔다. 그는 자신이 어떻게 해야 영생을 얻을 수 있을지 예수님께 물었다. 예수님은 율법의 말씀대로 하나님의 계명을 지키라고 말씀하셨다. 그러자 청년은 자신이 그 모든 것을 지켰노라고 대답했다. 이에 예수님은 "네가 온전하고자 할진대 가서 네 소유를 팔아 가난한 자들에게 주라. 그리하면 하늘에서 보화가 네게 있으리라. 그리고 와서 나를 따르라"고 말씀하셨다. 예수님의 말씀에 부자 청년은 근심하며 돌아갔다. 그러자 예수님은 부자는 하나님 나라에 들어가기 어렵다는 것을 제자들에게 말씀하셨다. 이 말씀에 제자들은 놀라서 과연 누가 하나님의 말씀대로 구원을 얻을 수 있느냐고 물었다. 예수님은 다음과 같이 대답하셨다. "사람으로는 할 수 없으나 하나님으로서는 다 하실 수 있느니라"(마 19:26).

이 말씀에 비추어 볼 때 산상설교에 나타난 하나님의 의는 우리 힘으로 이룰 수 없지만 하나님의 은혜로 얻을 수 있다는 것을 알 수 있다. 하나님은 우리에게 자신의 의를 주시기 위해서 자신의 외아들 예수 그리스도를 십자가에 우리 대신 죽게 하셨다. 결국 산상설교는 우리로 하여금 하나님의 의가 무엇인지를 보여주고 그 의에 따라 살도록 권면하면서, 동시에 전적으로 하나님의 은혜로 주어지는 하나님의 의를 사모해야 할 것을 말씀하시는 것이다.

산상설교에서 마태복음 7장 12절은 '황금률'이라 불리는 예수님의

예수님이 산상설교를 한 장소를 기념하기 위해 세워진 팔복교회

말씀이다. "그러므로 무엇이든지 남에게 대접을 받고자 하는 대로 너희도 남을 대접하라. 이것이 율법이요 선지자니라." 이 말씀은 남이 자신에게 진실된 사랑으로 대해주기를 바라듯이 모든 행위를 진심어린 사랑하는 마음으로 할 것을 가르쳐주는 말씀이다. 이런 의미에서 하나님과 이웃을 향한 율법은 결국 하나님을 사랑하고 이웃을 진정으로 사랑하는 사랑으로써 궁극적으로 하나님과 올바른 관계에 있도록 하는 데 있음을 보여준다(마 22:35-40).

[예수님의 어머니와 형제들]

예수님의 어머니와 형제에 대한 언급은 마태복음 13장 55절 이하에 나타난다. 거기에는 예수님의 모친 마리아와 예수님의 형제들이 등장한다. 그들은 야고보, 요셉, 시몬, 그리고 유다이다. 또한 예수님의 누이 동생들도 언급된다. 이들 모두는 아마도 성경의 증거에 의해 나사렛 동네에서 살았던 것 같다. 여기서 야고보와 유다는 후에 신약성경의 야고보서와 유다서를 각각 썼다. 유다는 유다서 1장 1절에서 자신이 예수님의 형제임을 밝히고 있다. "예수 그리스도의 종이요 야고보의 형제인 유다는"이라고 자신을 소개하고 있는 것이다. 후에 야고보는 예루살렘교회의 지도자가 되었다.

초대교회에서 야고보의 위상은 매우 높았다. 예수님이 부활하신 후 실질적으로 예루살렘교회를 지도한 사람은 베드로가 아니라 바로 야고보였다. 그는 유대인의 규례대로 모든 신자가 율법을 지켜야 하는 문제를 논의하기 위해서 예루살렘공회가 소집되었을 때 그 공회를 이끈 사람이기도 하다(행 15장).

로마 가톨릭교회는 성모 동정녀 마리아의 거룩하심을 강조하기 위해서 "마리아는 예수님의 출생 이후 아이를 갖지 않았으며 성경에서 언급되는 형제들의 이름은 정확한 의미에서 사촌들을 지칭한다"고 주장한다. 그 근거로 셈어에서 형제라는 뜻은 또한 사촌의 의미를 가지고 있는 경우를 지적한다. 그러나 이런 주장은 성경의 지지를 받을 수 없다. 단지 성모 마리아의 숭배를 위해 꾸며낸 이야기에 불과하다.

마태복음 12장을 보면 예수님이 귀신을 내쫓고 많은 기적을 베풀자 예수님의 어머니와 동생들이 예수님을 찾아왔다는 기록이 나온다. 아마도 아버지 요셉의 이름이 빠진 것은 그가 이미 죽었기 때문이라고 추측할 수 있다. 이들이 무슨 목적으로 예수님을 찾아왔는지는 명확하게 나오지 않는다. 그러나 성경 본문에서 예수님이 자신의 사역을 믿지 않는 바리새인과 유대인들을 꾸짖는 문맥에서 그들이 등장하기 때문에 아마도 예수님에 대해 부정적으로 생각하고 왔을 것이라고 추측할 수 있다. 실제로 요한복음에서는 다음과 같이 형제들의 생각을 노골적으로 말하고 있다. "이는 그 형제들까지도 예수를 믿지 아니함이러라"(요 7:5).

이런 형제들에게 예수님은 "누구든지 하늘에 계신 내 아버지의 뜻대로 하는 자가 내 형제요 자매요 어머니이니라"고 말씀하셨다. 즉 예수님을 믿는 자만이 진정으로 예수님과 같이 하나님의 자녀가 될 수 있다고 하신 말씀이다. 예수님의 공생애 동안 형제들은 예수님에 대해 부정적이었지만 나중에 예수님이 부활하신 후에는 야고보와 유다의 경우에서 볼 수 있듯이 이들은 예수님을 진정한 메시아로 믿게 되었다. 야고보는 낙타무릎이라는 별명을 가지고 있었다고 한다. 그가 마치 낙타처럼 무릎이 해어질 정도로 무릎을 꿇고 기도를 많이 했기에 붙어진 별명이란다.

[사람 낚는 어부를 위해
열두 제자를 부르심]

예수님을 따르는 제자들은 많았다. 누가복음 6장에 의하면 예수님은 밤이 새도록 기도하시고 제자들을 불러 그중에 12명을 택하사 사도라 칭하셨다. 예수님은 12명의 제자를 부르실 때 기도를 통해서 신중하게 택하셨다. 열두 제자를 구별하기 전에 이미 예수님을 따르는 제자들이 있었음을 성경은 말하고 있다(눅 5:30). 열두 제자들의 이름은 베드로, 안드레, 세배대의 아들 야고보와 요한, 빌립, 바돌로매, 마태, 도마, 알패오의 아들 야고보와 다대오, 셀롯이라 하는 시몬, 그리고 나중에 예수님을 판 가룟 유다였다.

이 열두 제자는 예수님의 다른 제자들과 달리 특별한 임무가 있었다. 그들의 임무는 베드로가 사도로 부름을 받았을 때 잘 드러났다. 예수님은 처음 베드로를 부를 때 그를 '사람을 낚는 어부'가 될 것이라고 말씀하셨다. 결국 이 열두 제자는 사도로서 사람들을 구원하는 하나님의 사역을 위해서 부름 받은 것이다. 마태복음 10장에 보면 이들에게 특별한 권능이 주어졌음을 알 수 있다. 그것은 더러운 귀신을 쫓아내며 모든 병과 모든 악한 것을 고치는 권능이었다.

특별히 열두 제자는 사도로서 후에 예수님의 부활 이후 예수님의 사역을 전수하는 대표자로서의 역할을 수행했다. 나중에 이 사도들의 전승은 교회가 하나됨과 통일성, 그리고 정체성을 위해서 필수불가결한 기준이 되었다.

복음서는 12명의 제자 중 베드로에게 많은 비중을 둔다. 아마도 베드로는 제자들을 대변하는 대표자였던 것처럼 보인다(마 15:15, 막 1:36, 9:5, 10:28, 11:20, 눅 5:5 참조). 여기서 간단하게 열두 제자의 특성들을 살펴보기로 하자.

베드로는 원명은 바요나 시몬이다. 베드로(반석이라는 뜻)라는 이

예수님의 첫 제자는 갈릴리 호수에서 만난 어부들이었다. 그렇기에 베드로를 부를 때 그를 '사람을 낚는 어부'가 될 것이라고 예수님은 말씀하셨다.

름은 예수님이 붙여주신 이름이다. 베드로는 아람어로 게바(갈 2:9, 고전 1:2, 15:5)라 불린다. 그의 동생은 안드레였는데, 그도 역시 예수님의 열두 명의 제자 중 하나가 되었다. 안드레는 베드로를 예수님께로 인도한 사람으로서 예수님께 오기 전에는 세례 요한의 제자였다(요 1:35 이하). 아마도 베드로도 안드레와 같이 세례 요한의 제자였을 것으로 추정된다. 세배대의 아들 야고보와 요한은 갈릴리 출신의 어부였다(마 4:21, 막 5:37, 9:2, 14:33). 야고보와 요한은 '우뢰의 아들들'이라는 뜻의 '보아너게'라는 별명을 얻었다(막 3:17, 10:35, 눅 9:54). 나중에 야고보는 헤롯 아그립바에 의해 44년경에 순교당했다(행 12:2).

벳새다인 빌립은 예수님을 믿고 따른 후 친구 나다나엘을 주께 인도한 사람이다(요 1:45-46). 빌립은 예수님이 오병이어(다섯 개의 떡과 두 개의 물고기)로 5천 명을 먹이실 때 예수님께 200데나리온 어치를 사와도 부족하겠다고 계산적으로 대답한 사람이다(요 6:7). 그는 예수님께 아버지를 보여주시면 족하겠다고 요구하기도 했다(요 14:8). 전설에 의하면 예수님이 승천하신 후 부르기아에서 전도를 하였고 히엘라볼리에서 순교를 당했다고 전해진다.

도마는 갈릴리 사람으로서 디두모라는 이름을 가지고 있었다. 예수님을 위해 열심히 봉사하였으나 나중에 예수님의 부활을 의심하여 손의 못자국을 보고야 믿겠다고 한 사람이다(요 20:24-25). 알패오의 아들 야고보와 다대오는 모친이 마리아였으며 요세라는 형제가 있었다(마 10:3, 막 3:18, 15:40). 전설에 의하면 야고보는 아라비아와 메소포타미아에서 전도했고 페르시아에서 순교를 당했다고 전해진다.

마태는 일명 레위(히브리어)라고 불린 사람이었다. 세리로서 세관에 앉아 있다가 주님의 부르심을 받고 모든 것을 버리고 예수님을 좇은 인물이다. 예수님을 위해 성대한 잔치를 베풀었다고 전하며(눅 5:27-29) 마태복음을 기록했다. 바돌로매는 종종 빌립의 동료로 나온다. 아마도 나다나엘과 동일 인물로 추정된다(요 1:45, 요 21:2).

셀롯이라 하는 시몬은 당시 예수님의 제자가 되기 전에 셀롯(영어에 zealous가 여기서 유래되었음)이라는 당파에 소속된 사람이었다. 이 당파는 일명 열심당이었다. 그는 마태복음에서 가나안이라고 불렸는데 이 말은 지역을 의미하는 것이 아니라 아람어로서 열심을 의미하는 용어였다. 그가 한때 속했던 열심당은 갈릴리 출신인 유다에 의해 시작된 배타적 애국단체로서 하나님의 나라를 위해 폭력도 합법화했다.

에스파냐 엘그레코박물관에 있는 엘 그레코의 〈성 베드로의 눈물〉(1587-1596년경 作)

마지막으로 가룟 유다가 있다. 가룟이라는 성은 '그리욧 사람'이란 말에서 유래된 듯하다. 그리욧은 예레미야 48장 24절과 아모스 2장 2절에 따르면 모압에 속한 곳이었다. 어떤 신학자들은 가룟을 헤브론 남쪽 19km 지점에 있는 그리욧 하솔과 연관시키기도 한다(수 15:25). 가룟 유다는 사도들의 돈 주머니를 맡은 자였으며 공금을 슬쩍 훔칠 정도로 행실이 바르지 못했다(요 12:6, 13:29). 마리아가 예수님께 비싼 향유를 부었을 때 가룟 유다는 그 향유를 살 돈으로 구제했다면 더 좋았을 것이라는 그럴 듯한 이유로 마리아를 비판했다. 하지만 정작 그는 예수님을 불과 돈 몇 푼에 대제사장들에게 팔아넘김으로써 스스로가 돈에 약한 자임을 보여주었다.

예수님의 열두 제자 중에서 가장 핵심적인 역할을 한 사람은 베드로와 세베대의 아들인 야고보와 요한이었다(눅 8:51, 9:28).

[열두 제자의 사회적 지위]

베드로와 안드레는 벳새다 출신의 어부였으며(요 1:44), 그들의 집은 가버나움에 있었다. 또한 세베대의 아들 야고보와 요한도 어부 출신이었다. 빌립 또한 벳새다 사람으로서 아마도 어부였을 것이다. 또한 예수님의 제자 중에는 마태와 같은 세리도 포함되어 있었다. 셀롯이라는 시몬은 예수님의 제자가 되기 전에 열심당에 속해 무력으로 로마에 대항하여 하나님의 나라를 세우려고 했다. 그의 이런 전력을 볼 때 기본적으로 그는 기득권 세력이 아니라 변두리의 삶을 살았던 사람임을 알 수 있다.

이상에서 짐작하듯이 예수님의 제자들은 대체로 사회적으로 지위가 높은 사람들이 아니었다. 그런데 예수님은 이와 같은 사람들을 불러 자신의 제자로 삼으셨다. 그리고 그들에게 영적 능력과 권세를 주어 하나님의 나라를 확장시키는 사역에 동참하게 하셨다.

예수님의 제자들 중에는 자신의 낮은 사회적 지위를 감안하여 예수님을 따르면 출세할 수 있을 것이라고 기대하는 자들도 있었던 것 같다. 마태복음 20장에 따르면 세배대의 아들 야고보와 요한의 어머니는 아들들을 데리고 예수님께 다음과 같이 노골적으로 청탁했다. "나의 이 두 아들을 주의 나라에서 하나는 주의 우편에 하나는 주의 좌편에 앉게 명하소서"(마 20:21). 이와 같은 점을 생각할 때 예수님의 제자들은 확실히 낮은 신분에 있었다고 추정할 수 있다.

그러면 왜 예수님은 이런 낮은 지위에 있는 사람들을 제자로 삼으셨을까? 예수님은 얼마든지 학식 있고 세력 있는 사람들을 자신의 제자로 삼을 수도 있었다. 그리고 실제로 예수님은 자신의 가르침을 받기 위해 몰래 찾아온 바리새인인 니고데모를 제자로 받아들일 수도 있었다. 실로 니고데모는 예수님의 부르심이 있었다면 얼마든지 예수님의 제자가 될 수 있었다.

하지만 예수님은 그러한 자를 부르시지 않고 낮고 천한 자, 소외받은 자들을 부르셨다. 이런 예수님의 부르심에서 우리는 예수님 사역의 목적을 엿볼 수 있다. 예수님은 사역 초기에 사역 목적이 이사야서에 있는 구약의 예언을 이루는 것이라고 말씀하셨다. "주의 성령이 내게 임하셨으니 이는 가난한 자에게 복음을 전하게 하시려고 내게 기름을 부으시고 나를 보내사 포로 된 자에게 자유를 눈먼 자에게 다시 보게 함을 전파하며 눌린 자를 자유롭게 하고 주의 은혜의 해를 전파하게 하려 하심이라"(눅 4:18-19).

예수님은 자신이 온 목적이 가난한 자들을 위해 복음을 전하기 위함이라고 말씀하셨다. 여기서 가난한 자들은 물질적으로 가난한 자만을 의미하는 것이 아니다. 구약에서 가난이란 영적으로 갈급해 있는 상태를 의미하기 때문이다. 그러나 예수님은 주로 가난한 자, 버림받은 자, 소외된 자를 위해서 오셨다. 그리고 그 목적을 이루기 위해서 사회적으로 낮고 천대받은 제자들을 부르셨던 것이다.

성경은 그런 비천한 자들을 택하여 귀한 자로 높이는 것을 하나님의 방법이라고 말씀한다. "그러나 하나님께서 세상의 미련한 것들을 택하사 지혜 있는 자들을 부끄럽게 하려 하시고 세상의 약한 것들을 택하사 강한 것들을 부끄럽게 하려 하시며 하나님께서 세상의 천한 것들과 멸시 받는 것들과 없는 것들을 택하사 있는 것들을 폐하려 하시나니 이는 아무 육체도 하나님 앞에서 자랑하지 못하게 하려 하심이라"(고전 1:27-29).

[베드로의 신앙고백과 천국의 열쇠]

하루는 길을 가시던 예수님이 제자들에게 자기를 누구라고 생각하는지 물으셨다. 이 물음에 베드로는 다음과 같이 고백했다. "주는 그리스도시요 살아 계신 하나님의 아들이시니이다"(마 16:16). 베드로의 고백을 들으신 예수님은 그를 칭찬하며, 그 고백이 베드로 스스로의 지혜가 아니라 하나님의 은혜로 인한 고백임을 말씀하셨다.

그리스도란 히브리어로 기름 부음을 받은 자인 메시아를 헬라어로 번역한 말이다. 베드로는 예수님을 구약에서 예언한 메시아로 고백하였다. 또한 하나님의 아들로서 고백했다. 이 고백은 단순히 전통적인 입장에서 예수님을 하나님의 아들에 준한 인물로 인정하는 말이 아니라 실제로 하나님의 신성을 가진 아들로 고백하는 말이었다. 이미 제자들은 예수님이 풍랑을 꾸짖어 잔잔하게 했을 때 예수님을 하나님의 아들로 고백했던 상태였다(마 14:33). 그러므로 베드로의 이 고백은 예수님이 신성을 가진 하나님의 아들이시라는 사실을 다시 확인하는 고백이었다.

이 고백을 통해 예수님은 베드로에게 두 가지를 약속하셨다. 하나는 마태복음 16장 18절에서 그 반석 위에 예수님의 교회를 세우겠다는 것이고, 또 하나는 베드로에게 천국 열쇠를 준다(19절)는 것이었다. 그래서 그가 땅에서 무엇이든지 매면 하늘에서도 매일 것이고 무엇이든지 풀면 하늘에서도 풀릴 것을 약속하셨다.

이 약속을 근거로 로마 가톨릭은 베드로를 통해 예수님은 교회를 세우시고 교회의 대표자로서 그에게 천국의 열쇠를 주셨다고 주장한다. 그래서 예수님은 베드로를 통해 교회가 하나되는 통일성을 유지할 수 있도록 의도하셨다고 말한다. 오늘날 교황은 그 베드로의 전통을 이어 받아 교회의 대표로서 교회를 하나되게 하는 수장이라고 한다. 그러나 본문을 잘 읽어보면 그러한 약속이 베드로 한 개인에게 주어진 것이 아님을 알 수 있다.

사실 베드로의 고백은 제자들을 대표해서 베드로가 한 말이었다. 이미 베드로를 제외한 제자들도 예수님의 기적을 통해 예수님이 메시아시고 하나님의 아들임을 깨달았다(마 14:33). 그러므로 이 고백은 어떤 의미에서 베드로를 통한 제자들의 고백이기도 했다. 물론 베드로의 고백 후에 예수님은 베드로를 지칭하시고, 그 반석(베드로라는 이름의 뜻은 반석임) 위에 교회를 세우겠다고 약속하셨다. 그러므로 베드로의 위치가 크다는 것은 부인할 수 없다.

그러나 전후 문맥을 볼 때 그러한 약속은 베드로 한 개인에게 주어진 것이라는 해석은 너무 지나치다. 신약성경에서 바울은 교회가 사도들의 터 위에 세워졌다고 말하지, 베드로 위에 세워졌다고 말하지 않는다(엡 2:20). 결국 반석 위에 교회를 세우겠다는 말씀은 베드로를 위시한 사도들 위에 교회를 세우겠다는 의미이다.

마태복음 16장 19절에서 베드로에게 천국 열쇠가 주어졌는데 그것도 베드로 한 사람에게 주어진 것으로 보기에는 무리가 있다. 천국 열쇠는 매고 푸는 힘을 가지고 있는데 앞 절에서는 그런 권위가 베드로 한 사람이 아니라 여러 사람에게 주어지는 것으로 기록하고 있다. "진실로 너희에게 이르노니 무엇이든지 너희가 땅에서 매면 하늘에서도 매일 것이요 무엇이든지 땅에서 풀면 하늘에서도 풀리리라"(마 18:18). 즉 매고 푸는 자가 복수인 '너희'로 되어 있는 것이다.

'매고 푼다'라는 말은 여러 의미를 함축하고 있는데 그중에는 용서함과 용서하지 않음의 의미가 포함되어 있다. 그와 같은 권세를 언급하는 요한복음 20장 23절에서도 그 주체는 한 사람이 아니라 여러 사람이다. "너희가 누구의 죄든지 사하면 사하여질 것이요 누구의 죄든지

갈릴리 호수가의 가버나움. 갈릴리 호수를 배경으로 가버나움의 회당 잔해, 주거 구역, 베드로의 집을 덮고 있는 새 교회 등이 보인다.

그대로 두면 그대로 있으리라 하시니라"(요 20:23). 즉 너희라는 복수형으로 되어 있다.

　이상을 종합해 볼 때 베드로의 고백을 통해 예수님이 베드로에게만 천국의 열쇠를 주시고 그를 교회의 수장으로 삼았다는 주장은 설득력이 없다. 실제로 예수님의 부활과 승천 이후 교회의 역사를 보면 예루살렘교회의 우두머리는 베드로가 아니라 바로 예수님의 형제인 야고보였다. 또한 신약성경에서 신학적으로 많은 교회의 터를 닦고 교회를 세운 사람도 베드로가 아니라 사도 바울이었다. 이런 점에서 베드로라는 한 개인의 터 위에 예수님이 교회를 세웠고 그에게만 권세를 주셨기에 베드로의 전통을 계승한 교황이 교회의 수장이라는 로마 가톨릭의 주장은 억지라고 말할 수 있다.

[세리장 삭개오는 왜 뽕나무로 올라갔을까]

삭개오는 세리장으로서 국경선 지역에서 세금을 거둬들이는 사람들의 책임자였다. 삭개오사건은 누가복음 19장 1절에서 9절까지 등장한다. 결론 부분에서 "인자가 온 것은 잃어버린 자를 찾아 구원하려 함이니라"(눅 19:10)고 한 것처럼 이 사건은 잃은 자에 대한 예수님의 관심을 보여준다. 우리는 이 사건을 예수님의 측면과 삭개오의 측면이라는 두 가지 입장에서 바라볼 수 있다.

예수님의 측면에서 보면, 우선 삭개오의 구원은 전적으로 예수님의 주도 아래 이루어졌음을 알 수 있다. 예수님은 삭개오를 보자마자 바로 그에게 구원을 선포하지는 않으셨다. 대신 삭개오를 향해 그의 집에 유하겠다고 말씀하셨다. 이러한 예수님의 태도는 외관상 단순한 행동일 수도 있지만 성경 전체를 볼 때 상당히 의도적인 것이었다. 예수님은 삭개오의 집에서 교제하며 식사하기를 원하셨다. 복음서에서 자주 등장하는 예수님과 죄인들간의 식탁교제였던 것이다.

예수님의 식탁교제는 죄인들과 버림받은 자들에게 위로와 친근감

세리에게 세금 내기 부조. 세금은 현지 유대인이 거두었다. 세리는 신약성경 시대에 가장 경멸당한 사회 구성원 중 하나였다. 예수님의 제자 중 마태도 세리였다.

을 주는 것 이상의 의미를 갖고 있었다. 예수님은 식탁교제를 통해 그들에게 하나님의 구원의 은혜를 삶 속에서 체험할 수 있도록 하셨다. 식탁교제는 그들이 하나님과 새로운 관계를 맺고 전혀 다른 사람이 되게 하는 매개체였던 것이다. 그들은 그 교제를 통해 하나님의 주권을 경험하고 그 앞에서 순복할 수 있었다.

성경은 천국의 축복과 기쁨을 자주 잔치에 비유하곤 했다(사 25:6, 눅 14:16). 그래서 최후의 만찬의 경우에서도 예수님은 그것을 미래의 천국의 기쁨을 미리 맛보는 것과 비교하며 말씀하셨다(마 26:27, 계 19:9). 동일하게 마가복음 2장 14절 이하에서도 예수님은 알패오의 아들 레위를 부르실 때에 그의 집에 유하시며 식탁교제를 하셨다. 식탁교제는 죄인들이 자연스럽게 하나님의 사랑을 느끼게 하는 통로이자 천국잔치의 모형이었던 것이다. 그래서 죄인들은 이 식탁교제를 통해 하나님의 사랑과 천국의 축복을 미리 맛볼 수 있었다.

결국 예수님과의 식탁교제를 통해 천국의 기쁨을 알게 된 삭개오는 새사람으로 변했다. 그는 예수님께 다음과 같이 고백한다. "내 소유의 절반을 가난한 자들에게 주겠사오며 만일 누구의 것을 속여 빼앗은 일이 있으면 네 갑절이나 갚겠나이다"(눅 19:8). 이 삭개오의 사건은 예수님이 추구하신 구원의 공동체가 어떤 공동체인지를 잘 보여주는 사건이었다. 다르게 표현한다면 예수님의 구원 공동체는 삭개오처럼 자격은 없지만 하나님의 무조건적인 사랑과 천국의 기쁨을 맛보았을 때 예수님을 순수하게 따르는 무리라는 것을 보여주는 사건이었다. 크리스천은 예수님의 구원 공동체의 일원으로서 자격은 없지만 무조건적인 하나님의 사랑으로 천국의 기쁨을 누리며 사는 자임을 잊지 말아야 한다.

이제 삭개오의 측면에서 살펴보기로 하자. 예수님 당시 세리는 로마 정부를 위해 세금을 거두어 바치는 자들이었다. 때로는 그 과정에서 속임수와 규정 이상의 징수를 통해 잉여세를 착복하고 부를 축적했다. 그러므로 세리는 유대인들의 비난의 대상이었다. 게다가 삭개오는 세리의 우두머리인 세리장이었기 때문에 그에 대한 유대인들의 반감은 매우 컸다. 그렇기에 사람들로부터 따돌림을 받았던 삭개오는 외로울 수밖에 없었다. 이런 상황에서 그는 예수님이 여리고로 오신다는 소식을 들었다. 삭개오는 예수님을 보고 싶었다. 이미 예수님은 세리와 죄인들의 친구라는 소문을 듣고 있었던 터라 보고 싶은 그의 마음은 더욱 간절했을 것이다.

그러나 그에게 넘어야 할 장애물이 있었다. 그것은 크게 두 가지였

삭개오의 돌무화과나무. 여리고 중심가에서 북쪽으로 약 2백 미터 정도 올라가면 아름드리 무화과나무가 나온다. 현지인들은 약 2천 년 정도 됐다고 하지만 정확한 수령은 알 수 없다. 그러나 삭개오가 올라갔던 것과 동일한 종류의 돌무화과나무인 것은 확실하다.

다. 첫째는 키가 작다는 것이었다. 많은 사람이 모인 곳에서 예수님을 볼 때 키가 작다는 것은 분명히 장애물이었다. 또한 그에게는 외적인 장애물이 있었다. 사람들이 자기를 싫어한다는 것이었다. 키가 작다는 자신의 내적인 장애물과 사람들이 자신을 싫어한다는 외적인 장애물 앞에서 삭개오는 예수님을 보고자 하는 마음을 접을 수도 있었다. 그러나 그는 그 모든 장애물을 극복했다. 이처럼 크리스천은 예수님의 은혜를 받고자 할 때 장애물이 있음을 알아야 한다. 자신의 내적인 장애물과 외적인 장애물이 그것이다. 하지만 삭개오는 그것들을 훌륭하게 극복했다.

그렇다면 삭개오는 어떻게 신앙의 장애물을 극복할 수 있었을까? 그의 해결책은 뽕나무에 올라가는 것이었다. 입장을 바꿔 놓고 생각해 보라. 사실 지위와 나이가 있는 사람이 점잖지 않게 사람들 앞에서 아이처럼 예수님을 보기 위해 나무에 올라간다는 것은 우스꽝스러운 일이다. 그러나 삭개오는 수치를 무릅쓰고 뽕나무에 올라갔다. 삭개오는 모든 체면을 버리고 어린아이와 같은 겸손한 모습으로 행동했던 것이다. 삭개오사건은 장애물을 극복하고 하나님을 만나는 길은 어린아이와 같은 마음이라는 것을 우리에게 교훈한다. "진실로 너희에게 이르노니 너희가 돌이켜 어린아이들과 같이 되지 아니하면 결단코 천국에 들어가지 못하리라"(마 18:3).

[예수님의 기도와 주기도문]

유대인들에게 기도는 낯선 것이 아니었다. 유대인들은 이미 오랫동안 하나님께 기도를 해왔고 기도에 대해 소홀히 하지 않았다. 통상적으로 아침과 저녁마다 셰마(Shema, 히브리어로 '들어라'는 뜻)를 암송하고, 이어서 소위 테필라라는 기도를 정기적으로 드렸다. 바리새인들의 경우는 아침과 저녁뿐만 아니라 오후까지 하루에 세 번 기도를 드렸다. 바리새인들은 오후 제사 시간에 성전에서 나팔소리가 날 때 일

오스트라콘. 이 도자기 파편은 기원전 2세기의 것인데 셰마의 첫 문장 "이스라엘아 들어라"가 새겨져 있다. 이 셰마는 성경의 신명기 6장 4-9절, 11장 13-21절, 민수기 15장 37-41절의 3개의 본문으로 이루어진 유대인들의 신앙고백이다. 셰마라는 이름은 신명기 6장 4절의 "이스라엘아, 들으라. 우리 하나님 여호와는 오직 유일한 여호와이시니"의 첫 구절에서 유래되었으며, 이 셰마는 개인기도와 더불어 아침예배 및 저녁예배에 없어서는 안 될 중요한 요소였다. 이 셰마 본문은 유대인들의 예배의식에서도 노래로 불리었으며, 여러 가지 의식도구의 윗부분 및 건물의 문기둥 등에도 부적처럼 새겨졌다.

손을 멈추고 기도를 드렸다. 이들 중에는 사람들에게 자신의 기도 모습을 보여주려고 일부러 시간에 맞춰 군중 속에 있다가 나팔소리를 듣고 형식적으로 기도하기도 했다. 예수님은 이러한 그들의 기도를 외식이라고 비판하셨다. 어쨌든 유대인들에게서 기도는 매우 필수적인 일이었다.

예수님도 공생애 동안 스스로 모범을 보이시며 기도를 강조하셨다.

그러나 예수님의 기도는 이전의 유대인들의 기도 개념과 달랐으며 매우 새로웠다. 한마디로 기도에 대해 새로운 시각을 가르쳐주셨던 것이다. 예수님은 하루에 세 번씩 드리는 형식적인 기도에 만족하지 않으셨다. 때때로 예수님은 홀로 몇 시간, 또는 밤새도록 기도하셨다(눅 6:12).

특별히 예수님은 기도의 방법에 대해 제자들에게 다음과 같이 교훈하셨다. 첫째, 바리새인들의 형식적이고 외식적인 기도를 금하셨다. 또한 중언부언하지 말라고 하셨다. 유대인들이 중언부언하며 긴 기도를 드렸던 것은 기도를 하나의 공로개념으로 보고 오래 하는 기도가 하나님을 호의적으로 감동시킬 수 있다고 생각했기 때문이다. 마지막으로 예수님은 기도의 전제 조건으로써 용서를 강조하셨다. 이에 비해 바리새인들의 기도는 주로 하나님 앞에서 용서보다는 자신들이 행한 공로를 고백하는 형식이었다(눅 18:11-12). 예수님은 남을 용서하지 않고 기도하는 것과 자신의 죄 용서함을 구하지 않는 기도는 하나님이 들어주시지 않는다고 말씀하셨다.

예수님은 산상설교에서 "구하라. 그리하면 주실 것이요"라는 말씀을 통해 제자들에게 기도할 것을 권고하셨다. 그리고 기도는 하나님의 축복을 받는 통로임을 말씀하셨다(막 9:29). 그러나 이런 기도가 기복적인 신앙을 부추기는 것은 아니었다. 마치 기도에 어떤 신비한 마력이 있어서 무조건으로 기도하면 하나님이 기계적으로 응답하실 것이라는 생각은 잘못이다. 예수님이 기도를 강조하신 목적은 기도가 종말을 사는 그리스도인들이 하나님의 통치의 권능을 세상 속에서 체험할 수 있는 도구이기 때문이었다. 예수님은 종말과 관련해서 기도의 목적과 기도 응답의 확실성을 새롭게 일깨워 주셨다. 이런 요소는 당시 유대인들의 기도에는 찾아 볼 수 없는 것이었다.

예수님은 구체적으로 제자들에게 기도하는 법을 주기도문을 통해 가르쳐주셨다. 이제 그 주기도문에 대해 생각해 보기로 하자.

먼저 예수님은 제자들에게 기도의 대상인 하나님의 호칭을 새롭게 말씀하셨다. 예수님은 제자들에게 하나님을 아버지라고 부르도록 하셨던 것이다. 당시 유대인들은 하나님을 아버지라고 부르지 않았다. 물론 구약에서 왕이나 또는 이스라엘 민족 전체를 하나님의 아들로 묘사하기는 하지만, 개인이 하나님에 대한 칭호로 아버지라고 부르는 것은 신성모독이었다. 그러나 예수님은 주기도문에서 제자들에게 하나님을 직접 아버지라고 부르게 하셨다. 정말 파격적인 일이었다. 그리고 예수님 자신도 하나님을 아버지라고 부르셨다(마 11:27).

그러나 예수님은 항상 '나의 아버지'와 '너희들의 아버지'를 구분해서 사용하셨다. 하나님의 아들로서 예수님은 일반 그리스도인들과 다른 자신의 독특한 아들됨을 보여주셨던 것이다. 아버지와 아들의 관계는 자녀의 입장에서 아버지에 대한 순종을 전제하는 것이다. 이런 의미에서 하나님을 아버지라고 부르며 기도하는 것은 일차적으로 아버지의 뜻대로 순종하며 그 뜻을 이루기 위해 기도한다는 것을 의미한다.

그다음으로 주기도문은 하나님에 대한 간구와 우리에 대한 간구로 나눠진다. 하나님에 대한 간구는 "이름을 거룩하게 하시며 나라의 임하옵시며"이다. 이 간구는 종말에 하나님의 나라가 이루어지기를 기도하는 것이다. 이런 의미에서 주기도문은 종말론적 색체에서 하나님 나라의 도래를 바라보며 기도하는 것임을 알 수 있다.

우리를 위한 간구는 일용할 양식과 죄 용서, 그리고 악에서의 보호를 위한 기도이다. 일용할 양식은 원문을 보면 내일을 위한 양식으로도 해석될 수 있기 때문에 그 의미에 대해서 많은 논쟁이 있다. 하지만 일용할 양식을 위한 간구를 현재의 관점보다 종말론적 관점에서 종말에 주어질 하나님의 미래의 축복을 미리 선취할 수 있도록 해달라는 간구로 본다면 의미상으로는 오늘날이든 내일이든 별 차이가 없어진다. 결국 우리에 대한 간구도 앞에서 하나님에 대한 간구처럼 종말론적 기도라고 할 수 있다. 악에서의 보호는 종말에 하나님의 나라가 임하기 전에 시련과 환난을 염두하고 간구하는 내용이다. 무서운 환란과 시련에서 믿음을 잃지 않도록 기도하는 것이다.

결론적으로 주기도문은 우리에게 기도가 종말에 하나님 나라의 도래를 고대하는 기도가 되어야 함을 가르쳐준다. 현재의 필요도 결국 종말과 연관되며 종말에 있을 하나님의 축복을 이 세상에서 미리 나타나게 해달라는 간구인 것이다. 또한 종말에 있을 대심판에 앞서 미리 죄용서를 구하는 것도 마찬가지다.

[베다니의 마리아와 마르다]

누가복음 10장 38~42절을 보면 예수님이 마리아와 마르다의 집을 방문하신 사건이 나온다. 마리아와 마르다의 집은 베다니에 위치해 있었다. 예수님은 베다니를 지나가시면서 그들의 집에 잠깐 들르셨다. 마르다는 아람어로 주인이라는 의미를 가지고 있다. 아마도 그녀는 마리아보다는 가정을 책임지는 손위의 언니라고 추정할 수 있다.

뮌헨의 알트피나코덱미술관에 있는 틴토레토의 〈마르다와 마리아의 집을 방문하신 그리스도〉(16세기 전반경 作). 먼 과거의 성경이야기를 지금 눈앞에서 막 벌어지고 있는 일처럼 생생하게 재현하고 있다.

이 사건은 주님의 말씀을 듣는 일과 봉사하는 일에서 무엇이 우선순위인지를 보여준다. 마르다는 예수님의 방문 때문에 준비하는 일로 바빴다(40절). 여기서 준비하는 일이란 아마도 예수님께 음식을 대접하는 일이었을 것이다. 예수님은 일반적으로 사람들과 식탁교제를 통해 천국의 기쁨을 전하고 하나님과의 교제의 모범을 의도적으로 구현하셨다(눅 5:27-32, 7:36-50, 14장).

이런 맥락에서 예수님이 그들의 집에 방문하신 것도 마리아와 마르다와 함께 식탁교제를 하기 위함이라고 생각할 수 있다. 마르다는 그런 예수님의 의도를 알고 식사를 준비했을 것이다. 그러므로 분주하게 행동하는 마르다의 모습은 예수님의 의중을 먼저 알고 말없이 행동하는 충성된 모습이라 칭찬할 수도 있었다. 그러나 예수님은 마르다보다는 자신의 발밑에서 말씀을 듣는 마리아를 더 칭찬하셨다. 그러면 마르다의 실수는 무엇인가?

첫째, 마르다는 그 상황의 특수성을 고려하지 못했다. 마르다는 모든 상황을 일반화시키고 자신의 생각대로 행동했다. 자신의 판단에 따라 예수님이 식사교제를 원하신다고 생각하고 식사준비를 돕지 않는 동생 마리아의 행동을 못마땅히 여겼다. 이윽고 마르다는 예수님께 동생으로 하여금 자신을 돕도록 말씀해달라고 부탁했다.

우리의 신앙생활에서도 이와 같은 잘못이 있을 수 있다. 마르다의 의도는 좋았다. 그러나 의도가 좋다고 모든 것이 하나님이 보시기에 옳은 것은 아니다. 참된 신앙은 자신의 의도와 생각이 아무리 옳다고 할지라도 최종적 판단을 하나님께 맡기고 하나님의 뜻을 구하는 태도이다. 신앙은 하나님과 동행하는 것을 뜻한다. 미가는 미가서 6장 8절에서 "하나님이 구하는 것이 겸손히 하나님과 동행하는 것"이라고 말했다. 마르다의 잘못은 항상 모든 상황을 일반화시켜서 예수님의 생각보다 자신의 생각을 앞세운 데 있었다.

둘째, 마르다는 봉사에 앞서 주님의 말씀을 듣는 일에 소홀히 했다. 그녀가 말씀에 소홀히 했다는 것은 당시 상황에서 마리아처럼 말씀을 듣지 않고 식사준비를 했기 때문만은 아니다. 예수님의 지적대로 그녀가 염려하고 근심하는 태도에서 우리는 그것을 엿볼 수 있다. 확실히 그녀의 행동은 염려하지 말라는 예수님의 말씀과 대조되는 행동이었다(눅 8:14).

이 사건을 통해서 예수님은 참된 봉사는 말씀에 입각한 봉사임을 가르쳐주셨다. 마리아는 예수님의 말씀을 듣는 일을 택했다. 그래서 오히려 마리아는 마르다보다도 나중에 더 큰 봉사를 했다. 마리아는 예수 그리스도께서 십자가에서 돌아가셨을 때 예수님의 장사를 준비했던 것이다(요 12:1-3). 참된 봉사는 말씀을 듣는 데서 시작한다는 사실을 잘 보여주는 대목이다.

셋째, 마리아는 예수님이 원하시는 말씀을 들으려고 했던 반면, 마르다는 자신이 듣고자 하는 것을 예수님이 말씀해주시기를 원했다. 마르다는 예수님께 다음과 같이 요구했다. "주여 내 동생이 나 혼자 일하게 두는 것을 생각하지 아니하시나이까. 그를 명하사 나를 도와주라 하소서"(눅 10:40). 그러나 이것은 잘못이다. 참된 신앙은 예수님께 자신이 원하는 것을 말씀해달라고 요구하는 것이 아니라 예수님이 말씀하고자 하는 것을 듣는 것이다.

누가복음 10장에 선한 사마라아인의 비유 다음으로 이 사건이 나온다는 것은 시사하는 바가 크다. 전자는 성도가 이웃과의 수평적 관계에서 어떻게 행동해야 하는지를 보여주었다면, 후자는 하나님과의 수직적 관계에서 어떤 자세를 견지해야 하는지를 말해주기 때문이다. 크리스천에게 봉사는 중요하다. 그러나 봉사보다도 말씀 듣는 일이 더 중요함을 잊지 말아야 한다.

[구원받은 수가성의 사마리아 여자]

예수님은 갈릴리로 가는 도중에 사마리아 수가성을 들러 사마리아 여자를 만나셨다. 당시 유대인과 사마리아인들 사이에는 서로 적대감이 있었다. 특별히 유대인들은 사마리아인들을 타민족과의 혼인으로 잉태된 혼혈인이었기 때문에 이스라엘의 정통성을 잃은 사람들로 무시했다. 이에 비해 사마리아인들은 자신들만이 진실된 이스라엘인이며 하나님의 약속의 상속자로 생각했다. 그리고 자신들이 갖고 있는 사마리아 오경이 모세로부터 직접 계승된 성경이라고 주장했다. 이처럼 유대인과 사마리아인 사이에는 심한 알력이 있었다.

그러나 당시 요세푸스의 증거에 의하면 그럼에도 유대인들은 급한 공무를 위해 갈릴리로 가기 위해서는 가장 빠른 길이 사마리아를 통과하는 길이었기에 사마리아 지역을 가로질러 지나갔다고 기록하고 있다. 그러므로 예수님도 갈릴리로 빨리 가기 위해서 사마리아 지역을 통과했다고 말할 수 있다. 이것을 뒷받침해주는 증거로 요한복음 4장 4절의 "사마리아를 통과하여야 하겠는지라"는 말씀을 지적할 수 있다.

뉴욕 메트로폴리탄미술관에 있는 렘브란트의 〈예수와 사마리아 여인〉(1655년 作). 예수님을 만나 영원히 목마르지 않는 구원의 생수를 얻은 사마리아 여인은 그 즉시 믿음을 행동으로 옮긴다.

이 사마리아 여자에 대한 기록은 요한복음 4장에 나온다. 결국 이 여자는 예수님을 만남으로써 변화되었음을 성경은 말한다. 이전에 요한복음 3장에서 예수님은 바리새인 니고데모를 만나셨다. 그는 사마리아 여자에 비하면 학식과 능력을 겸비한 정통적인 신학교육을 받은 사람이었다. 이에 반해 사마리아 여자는 도덕적으로도 매우 부정한 여인이었다. 이렇게 해서 요한복음 3장과 4장은 두 종류의 사람이 신분상의 차이에도 불구하고 똑같이 예수님을 필요로 한다는 사실을 제시한다. 그러면 사마리아 여자와 예수님의 만남에 대해서 좀 더 구체적으로 살펴보자.

예수님은 수가성에 들어가서 우물곁에 앉아 계셨다. 이때 사마리아 여자가 정오쯤에 물을 길러 왔다. 예수님은 그 여자에게 물을 달라고 말씀하셨다. 여자는 유대인과 사마리아인이 서로 상종하지 않는데 어떻게 자신에게 물을 달라고 하느냐고 퉁명스럽게 대답했다. 여자가 더운 정오에 물을 길러 온 것은 하루 중 제일 한가한 때에 사람들의 눈을 피하기 위함이었다. 이것은 그 여자가 도덕적으로 흠이 있어 사람들로부터 비판을 받는 여자임을 암시한다. 나중에 예수님에 의해 밝혀졌듯이 그녀는 남편을 5명이나 바꾸어가며 인생의 만족을 찾으려 했지만 찾지 못했던 난잡한 여인이었다.

퉁명스럽게 구는 사마리아 여자에게 예수님은 자신에게 구하면 참된 인생의 갈급함을 해결할 수 있는 생수를 얻을 수 있을 것이라고 말씀하셨다. 요한복음 7장 39절을 근거해 볼 때 여기서 생수란 믿는 자들의 마음속에 부어지는 성령을 통해 중재되는 새로운 삶이라고 요약될 수 있다. 구약성경은 생수의 근원으로써 하나님에 대해 말씀하고 있다(렘 2:13, 17:13). 여기서 우리는 하나님과 같이 생수를 가져다주는 예수님의 신성을 발견할 수 있다.

그러나 여자는 예수님의 말씀을 오해했다. 여자는 예수님의 물을 인간적인 물로 잘못 이해했던 것이다. 그런 오해 때문에 예수님은 부연 설명하며 자신이 주는 물을 마시는 자는 영원히 목마르지 않을 것이라고 말씀하셨다. 예수님은 자신의 생수가 영원토록 인생의 모든 문제를 진정으로 해결해 줄 수 있는 영적인 물임을 강조하셨던 것이다. 하지만 여자는 영원토록 목마르지 않는다는 말에 그 물을 어떤 신비한 물리적인 물로 여전히 오해했다. 마침내 그녀는 그런 물을 받으면 더 이상 우물가에 올 필요가 없고 사람들의 시선을 받지 않아도 될 것이라는 희망 속에서 예수님께 물을 달라고 애원했다.

이때 예수님은 먼저 여자의 부도덕한 삶을 지적하셨다. 그 여자에게 진정한 문제가 육신의 삶의 문제가 아니라 영적, 도덕적 삶의 문제라는 것을 깨닫게 하신 것이다. 여자는 예수님이 자신의 비밀을 언급하자 예수님을 선지자로 여기게 되었다. 자연히 대화의 주제가 영적, 도덕적 문제로 바뀌게 되었다. 여자는 예수님께 참된 예배 장소에 대해 질문했다. 당시 사마리아인들은 모세오경의 신명기 11장 29절을 근거로 하나님의 성전은 사마리아 땅 그리심산에서 세워져야 한다고 믿었다. "네 하나님 여호와께서 네가 가서 차지할 땅으로 너를 인도하여 들이실 때에 너는 그리심 산에서 축복을 선포하고 에발 산에서 저주를 선포하라"(신 11:29).

그래서 그리심산을 중시했던 사마리아인들은 자신들의 사마리아 오경에서 신명기 27장 4절에 요단을 건너면 에발산에서 단을 세우라는 말씀을 그리심산에서 단을 세우라는 말씀으로 고칠 정도였다. 사마리아인들은 그리심산만이 진정한 하나님의 예배 장소이며 예루살렘은 아니라고 주장했다. 실제로 페르시아의 통치를 받을 때 그리심산에 성전이 세워지기도 했다. 그러나 주전 128년에 하스몬 왕가의 요한 히르카누스에 의해 파괴되었다.

예수님은 참된 예배 장소에 대해 예루살렘과 그리심산을 모두 반대하셨다. 그리고 예수님은 모든 사람이 하나님에 대해 신령과 진정으로 예배할 때를 말씀하셨다. 이 말씀에 여자는 "메시아 곧 그리스도라 하는 이가 오실 줄을 내가 아노니 그가 오시면 모든 것을 우리에게 알려주시리이다"라고 대답했다. 사마리아인들에게서 메시아의 기대는 전적으로 신명기 18장 15~18절의 말씀과 연관되어 있었다. 거기서 모세는 후에 자기와 같은 선지자가 올 것이며, 그가 자기와 같이 하나님에 대한 믿음과 바른 섬김의 방법을 가르쳐줄 것이라고 약속했다. 그래서 사마리아인들은 모세와 같은 선지자로서 메시아가 오면 모든 것을 새롭게 가르쳐줄 것이라고 믿었다. 이 여자도 그런 생각 속에서 예수님께 그와 같은 말을 하였던 것이다.

결론적으로 예수님은 그 여자에게 자신이 그리스도임을 밝히셨다. 그리고 메시아를 발견한 그녀는 새사람으로 변하게 되었다. 이어서 그녀는 용기를 내 자신을 비난해서 피하려 했던 사람들에게 그 기쁜 소식을 전했다.

[베다니에서 죽은 나사로를 살리심]

나사로는 누이 마리아와 마르다와 함께 촌 베다니에서 살았다. 아마도 예수님은 예루살렘으로 올라가실 때 자주 베다니의 나사로 집에 머무르셨던 것 같다(요 12:1-2). 나사로가 병들어 죽을 지경에 이르렀을 때 누이들은 예수님께 사람을 보내어 병을 고쳐달라고 부탁했다. 그러나 예수님은 그들의 청원에 곧바로 응하시지 않고 오히려 계신 곳에서 이틀을 더 유하셨다. 그리고 나사로가 죽은 다음에 비로소 나사로를 살리기 위해서 오셨다. 이미 나사로는 죽어서 무덤 속에 사흘이나 있던 상태였다. 예수님은 나사로의 죽음이 하나님의 영광과 하나님의 아들에게 영광을 얻게 하기 위함이라고 말씀하셨다.

성경은 예수님이 마르다와 마리아, 그리고 나사로를 사랑했다고 말한다. 그런 나사로가 병들었을 때 예수님이 즉시 반응하지 않으셨던 것은 하나님의 때를 기다리기 위함이었다. 예수님의 사역 중심은 하나님의 영광에 있었다(요 11:4). 그래서 예수님은 항상 하나님의 뜻에 따라 움직였다. 드디어 하나님이 정하신 때가 되었을 때 자기를 대적하는 유대인들의 위협에도 불구하고 예수님은 유대 지방 베다니로 나사로를 살리려 오셨다. 여기서 우리는 변함없이 하나님의 뜻 중심에서 행동하시는 예수님의 모습을 엿볼 수 있다.

예수님은 마르다에게 나사로가 다시 살아날 것을 말씀하셨다. 예수님은 "나는 부활이요 생명이니 나를 믿는 자는 죽어도 살겠고 무릇 살아서 나를 믿는 자는 영원히 죽지 아니하리니 이것을 네가 믿느냐" 하시면서 마르다에게 믿음을 요구하셨다. 실로 죽음에서 다시 살아난 나사로의 기적은 예수님의 죽음과 부활을 예표하는 것이기도 했다. 예수님은 죽은 나사로를 살림으로써 하나님께 영광을 돌린 것처럼 자신의 죽음과 부활로 하나님께 영광을 돌릴 것을 예견하셨다. 또한 예수님은 나사로의 사건을 통해서 살아 있는 사람들에게 미리 부활신앙을 각인

시켜주셨다. 여기서 예수님은 마르다에게 부활신앙을 위해서는 믿음이 필요함을 역설하셨다. 부활신앙은 논리적으로 이해하는 것이 아니라 믿음으로 받아들인 것이기 때문이었다.

이때 마리아가 예수님에게 다가왔다. 그녀는 "주께서 여기 계셨더라면 내 오라버니가 죽지 아니하였겠나이다"라고 말하며 예수님을 은근히 원망했다. 이에 예수님은 그녀와 주위의 유대인들이 우는 모습을 보고 분히 여기셨다. 그리고 예수님도 눈물을 흘리셨다고 기록하고 있다(요 11:35). 하지만 이것은 나사로가 죽었기 때문에 그 죽음을 동정하는 눈물이 아니었다. 또한 주위의 사람들이 우는 것을 보고 그들을 불쌍하게 여겨 흘리시는 눈물도 아니었다. 이 눈물은 사람들의 불신으로 인한 눈물이었다.

예수님은 마르다에게 말씀하신 것처럼 마리아에게도 비슷한 말씀을 하셨다. "내 말이 네가 믿으면 하나님의 영광을 보리라 하지 아니하였느냐"(요 11:40). 예수님은 마리아에게도 부활신앙을 위해 다시 한번 믿음을 강조하셨다.

예수님은 무덤의 돌을 치우게 한 다음, 하나님께 감사를 드리고 말씀을 마치신 후 큰소리로 나사로를 부르셨다. 그 부름에 성경은 나사로가 수족을 베로 동인 채, 그리고 얼굴은 수건에 싸인 채 나왔다고 기록하고 있다.

나사로의 부활사건은 두 종류의 반응을 불러 일으켰다. 한 무리는 일어난 사건을 보고 예수님을 믿었지만 대제사장과 바리새인들은 예수님을 믿지 않고 오히려 예수님을 죽이려고 모의를 했던 것이다. "만일 그를 이대로 두면 모든 사람이 그를 믿을 것이요 그리고 로마인들이

나사로의 묘. 여기에 안치된 죽었던 자 나사로는 예수님의 부르심에 수족을 베로 동인 채, 그리고 얼굴은 수건에 싸인 채 나왔다. 예수님이 행하신 많은 기적 중에 가장 유명한 나사로의 부활을 기념해서 여기에 세워진 3개의 소예배당 흔적은 지금도 남아 있다.

와서 우리 땅과 민족을 빼앗아 가리라"(요 11:48).

결국 부활신앙은 우리가 그것을 직접 본다고 가질 수 있는 것은 아니다. 우리에게 믿음이 없다면 아무리 객관적인 증거와 소문이 있다고 할지라도 부활신앙을 갖는 것은 불가능하다. 부활신앙은 믿음을 전제로 하는 것이다. 그래서 예수님은 보고 믿으려는 도마의 어리석음을 다음과 같이 말씀하셨다. "네 손가락을 이리 내밀어 내 손을 보고 네 손을 내밀어 내 옆구리에 넣어 보라. 그리하여 믿음 없는 자가 되지 말고 믿는 자가 되라"(요 20:27).

[포도원으로 보냄 받은 두 아들의 비유]

예수님은 공생애 동안 많은 말씀을 비유로 가르치셨다. 비유의 목적은 여러 가지가 있었다. 첫째 목적은 숨겨진 사실을 알아듣기 쉽게 전하기 위해서였다. 그래서 예수님은 자신을 통해서 천국이 시작되었다는 사실을 이해시키기 위해 천국의 말씀을 주로 비유를 통해 말씀하셨다. 비유의 또 다른 목적은 듣는 사람들이 듣고도 깨닫지 못하게 하기 위함이었다. 그리고 셋째 목적은 듣는 사람들로 하여금 즉각적인 반응과 함께 행동하도록 촉구하기 위함이었다.

그중 잘 알려진 선한 사마리아인의 비유는 그 목적이 이 마지막에 해당된다. 당시 예수님을 찾아온 율법사는 누가 진정한 이웃인지를 물었다. 이 질문에 예수님은 이웃을 설명하기 위해 신학적이고 논리적인 진술을 사용하실 수도 있었다. 그러나 예수님은 대신 강도 만난 사람을 치료한 어떤 선한 사마리아인을 비유로 설명하셨다. 그 이유는 그 비유를 통해 율법사에게 선한 사마리아인처럼 "너도 이와 같이 할 것"을 촉구하기 위함이었다. 이러한 비유의 목적을 염두에 두고 두 아들의 비유를 살펴보기로 하자.

두 아들의 비유는 마태복음 21장 28~31절에 나온다. "그러나 너희 생각에는 어떠하냐. 어떤 사람에게 두 아들이 있는데 맏아들에게 가서 이르되 얘 오늘 포도원에 가서 일하라 하니 대답하여 이르되 아버지 가겠나이다 하더니 가지 아니하고 둘째 아들에게 가서 또 그와 같이 말하니 대답하여 이르되 싫소이다 하였다가 그 후에 뉘우치고 갔으니 그 둘 중의 누가 아버지의 뜻대로 하였느냐. 이르되 둘째 아들이니이다. 예수께서 그들에게 이르시되 내가 진실로 너희에게 이르노니 세리들과 창녀들이 너희보다 먼저 하나님의 나라에 들어가리라." 이 두 아들의 비유는 누가복음의 탕자 비유와 유사하나 차이가 있다. 여기서 첫째 아들은 유대 지도자들을 가리키고, 둘째 아들은 예수님이 말씀하신 것처럼 세리와 창녀들이다.

아버지가 두 아들에게 포도원에 가서 일할 것을 명령했다. 당시 문화에서 자식은 아버지에게 절대적으로 순종해야 했다. 그렇기 때문에 아버지의 명령을 거역한다는 것은 있을 수 없었다. 첫째 아들이 포도원에 가겠다고 대답한 것은 아버지의 명령을 진정한 마음으로 순종한 것이 아니라 당시 상황에서 어쩔 수 없었기 때문임을 보여준다. 이 말씀의 의미는 유대 지도자들이 다른 사람들보다 먼저 하나님의 율법을 받았고 율법의 계명에 따라 순종할 것을 약속했지만 포도원에 가지 않음으로써 그들이 진정으로 마음에서 계명을 좇지 않았다는 사실을 암시한다. 결국 유대 지도자들이 처음 동기부터 하나님의 말씀에 순종하지 않았고 그 말씀대로 행동하지 않았음을 지적하는 말씀이었다.

반면에 둘째 아들은 처음에는 거절했다. 하지만 뉘우치고 포도원에 가서 나중에 일하는 자로 묘사된다. 이 아들이 뉘우쳤다는 말은 그가 아버지의 명령을 진정으로 마음에서 실천하겠다는 것을 의미한다. 이런 점에서 둘째 아들은 죄인과 세리들을 대표하는 자로서 하나님의 율법을 처음에는 거절했지만 결과적으로 뉘우치고 진정으로 하나님의 뜻을 따르는 자임을 보여준다.

결론에서 예수님은 첫째 아들격인 유대 지도자들이 하나님의 율법을 받고도 행동하지 않았고, 그래서 하나님이 보낸 다른 사자들도 거부하였음을 지적했다. "요한이 의의 도로 너희에게 왔거늘 너희는 그를 믿지 아니하였으되 세리와 창녀는 믿었으며 너희는 이것을 보고도 끝내 뉘우쳐 믿지 아니하였도다"(마 21:32). 유대 지도자들이 세례 요한을 거부했기 때문에 예수님도 거부했다는 사실을 지적하신 말씀이었다. 결론적으로 두 아들의 비유는 하나님의 말씀대로 사는 삶은 진정한 마음에서 시작되어야 한다는 진리를 제시한다.

[어리석은 부자의 비유]

어리석은 부자의 비유는 누가복음 12장 16~21절에 나온다. "또 비유로 그들에게 말하여 이르시되 한 부자가 그 밭에 소출이 풍성하매 심중에 생각하여 이르되 내가 곡식 쌓아 둘 곳이 없으니 어찌

할까 하고 또 이르되 내가 이렇게 하리라. 내 곳간을 헐고 더 크게 짓고 내 모든 곡식과 물건을 거기 쌓아 두리라. 또 내가 내 영혼에게 이르되 영혼아 여러 해 쓸 물건을 많이 쌓아 두었으니 평안히 쉬고 먹고 마시고 즐거워하자 하리라 하되 하나님은 이르시되 어리석은 자여 오늘 밤에 네 영혼을 도로 찾으리니 그러면 네 준비한 것이 누구의 것이 되겠느냐 하셨으니 자기를 위하여 재물을 쌓아 두고 하나님께 대하여 부요하지 못한 자가 이와 같으니라."

부자는 한 해 풍년으로 큰 수확이 들어오는 것을 보자 어리석은 생각을 했다. 부자는 소출의 풍성함을 보고 큰 곡간을 지어 자신의 안전을 보장하고 먹고 마시며 즐기고자 했다. 하지만 하나님이 그의 생명을 거두자 그의 모든 계획은 어리석었음이 드러났다. 부자의 어리석음은 인생의 덧없음을 깨닫지 못한 것, 죽음 이후의 삶을 대비하지 못한 것, 하나님에 대해 무관심했던 것, 그리고 세상의 쾌락을 인생의 목적으로 삼은 것이라고 할 수 있다. 무엇보다도 자신의 생명과 소유물을 자기의 것으로 생각했다는 착각이 결정적인 잘못이었다. 인생에 대해 사도 야고보는 다음과 같이 말했다. "부한 자는 자기의 낮아짐을 자랑할지니 이는 그가 풀의 꽃과 같이 지나감이라"(약 1:10).

그렇다고 이 비유에서 예수님이 부 자체를 비판하신 것은 아니었다. 성경은 물질적인 축복을 죄악시하지 않는다. 그러나 문제는 이 어리석은 부자는 그 부를 가지고 현세의 삶만을 준비했다는 것이다. 물론 그가 부를 축적하고 곡간을 지어 미래의 흉년을 대비하는 것 그 자체는 잘못이 아니다. 창세기에 보면 요셉도 7년 풍년이 있을 때 7년 흉년을 대비했다. 그러나 어리석은 부자의 잘못은 재물로써 자신의 삶만을 생각하고 자신의 죽음 이후의 삶을 대비하지 못했다는 데 있다.

복음서에서 예수님은 지혜로운 것과 어리석은 것에 대해 말씀하셨다. 마태복음 7장에서 예수님은 지혜로운 자와 어리석은 자를 설명하시면서 지혜로운 자는 반석 위에 집을 짓는 사람이고, 어리석은 자는 모래 위에 집을 짓는 사람이라고 말씀하셨다. 그리고 슬기로운 다섯 처녀와 어리석은 다섯 처녀의 비유에서 지혜로운 자는 미리 준비하는 자임을 가르치셨다. 이와 같이 예수님의 말씀에서 지혜와 어리석음의 기준은 말씀을 행하느냐 행하지 않느냐, 그리고 미래를 준비하느냐 준비하지 않느냐에 달려 있었다. 요약컨대 여기서 부자가 어리석었다는 것은 자신의 재물을 가지고 죽음 이후의 미래를 대비하지 못했기 때문이었고, 하나님의 말씀대로 살지 않고 하나님께 감사하지도 않았기 때문이었다.

[잃은 양, 잃은 은전, 탕자의 비유]

잃은 양, 잃은 은전, 탕자의 비유는 누가복음 15장에서 같이 나온다. 잃은 양의 비유는 마태복음 18장에서도 기록되어 있지만 잃은 은전과 탕자의 비유는 누가복음 15장에서만 등장한다. 이 비유들의 핵심은 잃은 것에 대한 하나님의 관심과 그것들이 다시 원상복귀되었을 때의 기쁨을 말하는 데 있다. 구체적으로 비유의 내용이 전개되면서 잃은 것의 대상이 죄인들이라는 사실이 점점 부각된다.

▶ 잃은 양의 비유

예수님은 잃은 양의 비유에서 아흔아홉 마리의 양과 한 마리의 양을 대조시켰다. 이 숫자는 전형적으로 유대인들이 다수와 소수를 말할 때 자주 사용하는 숫자이다. 잃은 양 한 마리를 찾기 위해서 주인이 아흔아홉 마리의 다수를 내버려두는 것처럼 잃은 자가 하나님께는 더 중요하다는 것을 말씀하고 계신다. 예수님의 이 비유는 다분히 바리새인들과의 논쟁을 의식한 것이었다. 예수님은 자신의 사역에서 항상 죄인들을 가까이하셨다(눅 5:30, 7:34).

물론 바리새인들도 하나님의 죄 용서함을 몰랐던 것은 아니었다. 시편 51편, 다윗의 죄 용서함의 기도를 통해 그들도 하나님이 죄를 용서하시는 분임을 잘 알고 있었다. 그러나 바리새인들이 생각한 하나님의 죄 용서함은 예수님의 죄 용서함과는 거리가 있었다. 바리새인들에게서 죄 용서함이란 하나님이 율법을 지키지 않아 심판을 받아야 할 죄인에게 그 심판을 잠시 보류하고 율법을 한번 더 지킬 수 있는 기회를 준다는 것을 의미했다. 그래서 그 죄인이 기회를 얻어 율법을 지키면 율법의 공로 때문에 이전의 죄가 상쇄되는 것이었다. 한마디로 조건적인 용서함이었다.

그러나 예수님의 용서함은 그렇지 않았다. 예수님은 무조건으로 죄인들을 찾아가셨다. 그들이 사전에 율법을 지키는 것도, 서약하는 것도 아님에도 불구하고 그들과 어울리고 그들을 그대로 받아주셨다. 예수님의 죄 용서는 무조건적인 용서였다. 반면 바리새인은 죄 용서는 율법을 전제로 하는 것이기에 세리나 창녀들에게는 하나님의 죄 용서함이 적용될 수 없다고 생각했다. 그런 죄인들의 삶에서 율법적 삶을 기대한다는 것은 불가능하다고 보았기 때문이다. 따라서 바리새인들은 그들을 정죄했고 그러한 자들과 어울리는 예수님을 못마땅하게 여겼다.

바리새인들이 예수님을 못마땅하게 생각한 또 다른 이유는 예수님이 죄인들과 함께 식탁교제를 하는 데서 오는 문제였다. 바리새인들은 정결법을 소중히 생각했다. 그래서 구약의 레위기법에 따라 음식을 가려 먹었다. 음식법은 어떤 의미에서 자신들의 정체를 알리는 표시이기도 했다. 음식이라는 것이 사람의 생활에서 떼어 낼 수 없는 중요한 요소이기 때문이다. 그들은 구체적으로 그들이 먹는 음식을 통해 자신들의 삶이 타인들과 구별되었음을 알렸다. 그리고 그것이 하나님의 뜻이라고 생각했다. 소위 선민이라면 이방인과 다른 음식법을 소유하는 것이 마땅하다고 생각했다.

하지만 예수님은 음식과 관련된 정결법에 관심을 두지 않으셨다. 예수님은 허물없이 죄인들과 식사를 했고 아무 음식이나 잡수셨다. 그리고 먹기 전에 손도 씻지 않으셨다(눅 11:38). 이러한 예수님을 보고 바리새인들은 제자들에게 다음과 같이 질문했다. "어찌하여 너희 선생은 세리와 죄인들과 함께 잡수시느냐"(마 9:11). 그들은 예수님이 죄인들과 대화하는 것뿐만 아니라 죄인들과 음식을 먹는 문제에 대해서도 비난했던 것이다. 이러한 바리새인들의 비난을 의식하고 예수님은 주인이 잃은 양을 찾을 때 기뻐하는 것처럼 하나님이 죄인에 대해 얼마나 큰 관심을 갖고 있는지를 보여주셨다.

▶ 잃은 은전의 비유

잃은 은전의 비유는 누가복음 15장에 나오는 두 번째 비유이다. 여기서 은전은 드라크마이다. 드라크마는 고대 은전으로서 그 가치는 시대에 따라 달랐다. 일반적으로 예수님 당시 드라크마 하나의 가치는 대충 노동자의 하루 품삯과 같았다. 이런 점에서 드라크마의 가치는 데나리온 하나와 비슷했다. 드라크마의 모양은 움푹 들어간 사발모양이며 상대적으로 무거웠다. 또한 모양이 원형이 아니었기에 멀리 굴러가지 않았다. 잃은 드라크마의 비유는 앞의 잃은 양 비유와 비교할 때 가치 면에서 큰 대조를 이룬다. 앞의 잃은 양의 비유는 많은 양을 가진 부유한 사람이 자신의 잃어버린 양을 찾는 모습이었다.

반면 잃은 드라크마의 비유는 가난한 여자가 보잘것없는 은전을 안타깝게 찾고 있는 장면을 다룬다. 가치 면에서 드라크마는 양과 비교할 수 없을 정도로 작은 것이다. 그러나 심리적인 면에서 당시 가난한 여자에게 드라크마는 부자가 가지고 있는 양 이상으로 소중한 것이었다. 그러므로 이 비유의 요점은 가치 면에서 보잘것없는 은전이라 할지라도 가난한 여자에게 상대적으로 소중하여 부지런하게 찾은 것처럼 하나님도 죄인들을 상대적으로 귀중하게 생각하고 전심을 다해서 찾는다는 사실을 교훈한다.

▶ 돌아온 탕자의 비유

우리는 탕자의 비유에서 탕자를 기다리는 아버지의 사랑을 통해 죄인을 향한 하나님의 사랑을 느낄 수 있다. 이 비유도 앞서 나온 잃은 양과 잃은 은전의 비유처럼 죄인들로 인해 예수님을 비판하는 바리새인들을 겨냥한 말씀이다. 이 비유의 또 다른 초점은 맏아들에게 있다. 맏아들은 밭에서 집에 돌아와 풍류와 춤추는 소리를 듣고 자초지종을 들었다. 그러고서 화를 내며 아버지께 불평했다.

예수님은 탕자 비유에서 바리새인들에게 죄인의 회개가 그들에게도 잃어버린 형제들을 다시 얻는 것임으로 기뻐해야 할 것을 권고하셨다. 이 비유에서 등장하는 맏아들이 바리새인을 상징한다는 것은 누가복음 18장 11절 이하 바리새인의 기도와 맏아들의 말이 서로 비슷하다는 데서도 분명히 드러난다.

"아버지께 대답하여 이르되 내가 여러 해 아버지를 섬겨 명을 어김이 없거늘 내게는 염소 새끼라도 주어 나와 내 벗으로 즐기게 하신 일이 없더니"(눅 15:29). "바리새인은 서서 따로 기도하여 이르되 하나님이여 나는 다른 사람들 곧 토색, 불의, 간음을 하는 자들과 같지 아니하고 이 세리와도 같지 아니함을 감사하나이다. 나는 이레에 두 번씩 금식하고 또 소득의 십일조를 드리나이다"(눅 18:11-12).

예수님은 이 비유의 결론으로 죄인들을 기뻐하는 것이 마땅함을 다음과 같이 역설하셨다. "이 네 동생은 죽었다가 살아났으며 내가 잃었다가 얻었기로 우리가 즐거워하고 기뻐하는 것이 마땅하다 하니라"(눅 15:32).

한편 탕자 비유는 하나님 곁을 떠난 죄인이 누구인지를 말해준다. 죄인이란 아버지 집에서 잠깐의 고통과 어려움을 참지 못하고 자유를 핑계로 집을 떠나는 사람과 같다는 것이다. 그러나 그런 자유는 진정한 자유가 아니다. 결국에 가서 그것은 그를 망치고 굶주리게 하는 족쇄였다. 그러므로 죄는 이렇게 하나님의 관계에서 하나님 곁을 떠나는 것이다. 도덕적이고 윤리적 죄만이 죄가 아니라 하나님과 올바른 관계를 맺지 못하는 것이 진정한 죄이다.

러시아의 상트페테르부르크 에르미타슈미술관에 있는 렘브란트의 〈돌아온 탕자〉(1669년 作)

집을 떠난 탕자는 마침내 돈이 떨어지자 돼지와 함께 살며 돼지의 음식을 먹는 상황에까지 이르게 되었다. 돼지란 율법적으로 유대인들이 가장 혐오하는 동물이다. 이 비유에서 돼지의 언급은 탕자의 처지가 얼마나 비참했는지를 청자들(바리새인과 서기관들)에게 분명하게 보여주는 수사학적 수단이다.

이런 고난 가운데 탕자는 뜻을 돌이켜 아버지께로 돌아갈 마음을 품게 되었다. 그는 다음과 같이 스스로 고백한다. "내가 일어나 아버지께 가서 이르기를 아버지 내가 하늘과 아버지께 죄를 지었사오니 지금부터는 아버지의 아들이라 일컬음을 감당하지 못하겠나이다. 나를 품꾼의 하나로 보소서 하리라." 그러고 나서 아버지 집을 향해 길을 떠났다. 그리고 고향집에 다다랐을 때 뜻밖에 자신을 기다리는 아버지의 사랑과 인자함을 볼 수 있었다. 감격하지 않을 수 없었다. 그는 아버지가 자신을 온전하게 받아준다는 사실을 새삼 깨달았다.

여기서 우리는 죄인을 향한 하나님의 사랑을 엿보게 된다. 당시 유대인 공동체는 나름대로 하나님의 의를 소유하는 방법에 따라 여러 갈래의 파들이 형성되어 있었다. 대표적으로 바리새파 사람들은 율법을 지킨다는 조건을 통해 하나님의 사랑을 받을 수 있다고 생각했고, 에세네파는 율법뿐만 아니라 금욕적인 생활을 통해 하나님의 사랑 안에 들어올 수 있다고 주장했다. 그리고 세례 요한의 제자들은 회개를 조건으로 하나님의 사랑에 들어올 수 있다고 생각했다. 그러나 예수님이 말씀하신 하나님의 사랑은 그들이 생각하는 사랑과는 달랐다. 한마디로 하나님의 사랑은 무조건적이라는 것이었다. 이 비유는 그처럼 죄인을 향해 베푸시는 하나님의 조건 없는 사랑을 보여준다.

아버지는 탕자를 맞이할 때 그에게 어떤 조건을 내세우지 않았다. 그리고 어떤 다짐도 요구하지 않았다. 그야말로 무조건적으로 아들을 맞이하고 기뻐했다. 그런 아버지를 보고 탕자는 자신을 품꾼으로 써달라고 말할 수 없었다. 아버지의 무조건적인 사랑을 가슴으로 느꼈기 때문이다.

장면은 바뀌어 이제 맏아들이 등장하게 된다. 맏아들은 아버지의 행동이 못마땅했다. 그는 아버지께 불평했다. 그는 아버지가 자신의 노력을 인정해주지 않는다고 불만을 쏟았다. 둘째 아들과 비교해서 더 많은 대가를 주지 않는다는 불만이었다. 그러나 하나님을 섬기는 종의 자세는 남과 비교해 대가를 바라는 것이 아니라는 것을 예수님은 이렇게 말씀하셨다. "너희 중 누구에게 밭을 갈거나 양을 치거나 하는 종이 있어 밭에서 돌아오면 그더러 곧 와 앉아서 먹으라 말할 자가 있느냐. 도리어 그더러 내 먹을 것을 준비하고 띠를 띠고 내가 먹고 마시는 동안에 수종들고 너는 그 후에 먹고 마시라 하지 않겠느냐. 명한 대로 하였다고 종에게 감사하겠느냐. 이와 같이 너희도 명령 받은 것을 다 행한 후에 이르기를 우리는 무익한 종이라 우리가 하여야 할 일을 한 것뿐이라 할지니라"(눅 17:7-10).

맏아들은 밭에 나가서 일을 한 후에 자신이 마땅한 대우를 받지 못하고 오히려 둘째 아들이 대접 받는 사실에 불쾌했다. 그러나 누가복음 17장의 말씀처럼 참 신앙은 대가를 바라는 것이 아니라 자신의 수고를 오히려 당연한 것으로 여기는 자세이다. 맏아들은 이미 아버지의 상속권을 가진 장자이기 때문에 사실 불평할 필요는 없었다. "아버지가 이르되 얘 너는 항상 나와 함께 있으니 내 것이 다 네 것이로되"(눅 15:31).

요약컨대 누가복음 15장에 나오는 세 가지 비유는 예수님이 죄인과 어울리는 자신의 모습을 비난하는 바리새인과 유대인들을 겨냥해서 하신 말씀이다. 그러므로 이 비유들은 죄인을 향한 하나님의 열정과 사랑이 얼마나 큰지를 보여주면서 동시에 하나님의 사랑을 오해하고 참된 신앙을 잃어버린 바리새인들의 잘못을 지적하는 말씀이었다.

[포도원 일꾼을 부르는 자의 비유]

포도원의 비유는 마태복음 20장 1~16절에서 예수님이 하신 비유의 말씀이다. 이 비유는 마태복음에만 기록되어 있는데 이 비유의 핵심은 16절에서 언급된다. "나중 된 자로서 먼저 되고 먼저 된 자로서 나중 되리라"(마 20:16).

이 비유에서 포도원 주인은 하나님으로서 하나님이 포도원에서 일꾼을 부르는 자로 비유되고 있다. 포도원 주인은 품삯을 하루에 한 데나리온으로 정하고 이른 아침(대략 오전 6시)과 오전 9시, 정오, 오후 3시, 그리고 오후 5시에 각각 장터에 사람을 보내 일꾼을 불렀다. 하루가 저물어 품삯을 나누어 줄 때 포도원 주인은 먼저 온 사람이나 나중에 온 사람이나 동일하게 데나리온 하나씩을 나눠주었다. 그러자 먼저 온 사람들이 불평을 하기 시작했다. 그들의 항의는 자신들이 하루 종일 일하였는데 왜 나중 온 사람도 똑같이 한 데나리온씩 받느냐는 것이었다. 그들은 일한 만큼 충분한 대가를 받지 못했다고 오히려 웃돈을 요구했다.

그들의 주장은 세상 사람의 눈으로 보기에 그럴듯했다. 그러나 그들의 실수는 천국의 법칙과 세상의 법칙을 혼동한 것이었다. 천국의 법칙은 세상의 법칙과 다르다. 이 진리는 이 비유의 핵심이기도 하다. 그러면 이 포도원의 비유를 통해 왜 먼저 된 자가 나중 되고 나중 된 자가 먼저 되는지, 그리고 참된 신앙에 대한 예수님의 생각이 무엇인지를 살펴보기로 하자.

　　여기서 먼저 된 자로서 나중 된 자란 바리새인들을 가리킨다. 마태복음은 다른 공관복음(마가복음, 누가복음)과 달리 유대인에 대한 관심이 많다. 그래서 시작부터 예수님의 족보를 언급하고 예수님이 아브라함의 자손이며 다윗의 자손인 유대인임을 부각시킨다. 마태복음의 목적은 모세의 율법을 강조하는 율법주의에 대항해 참된 율법정신과 참된 신앙을 말씀하시는 예수님의 사역을 기록하는 것이었다(마 5:17). 이런 문맥에서 포도원의 비유는 일차적으로 율법주의에 빠진 유대인들, 즉 바리새인들을 겨냥한 것이었다.

　　예수님은 왜 바리새인들을 먼저 된 자로서 나중 된 자라고 비난하셨을까? 단순히 예수님을 믿지 않았기 때문일까? 물론 예수님을 메시아로 인정하지 않은 것도 큰 죄였다. 그러나 예수님이 바리새인들을 비난한 것은 무엇보다도 참된 신앙을 형식으로 혼동하는 율법주의 때문이었다.

　　당시 유대인들이 어떤 신앙을 가지고 있었는지 살펴 볼 필요가 있다. 이를 사도 바울의 진술을 인용해보자. "그들은 이스라엘 사람이라. 그들에게는 양자 됨과 영광과 언약들과 율법을 세우신 것과 예배와 약속들이 있고"(롬 9:4). 한마디로 유대인들은 하나님의 축복 속에서 하나님의 율법과 올바른 예배 형식을 소유하는 특권을 가진 자들로 큰 자부심을 가졌다. 그러나 그들은 크게 오해를 했다. 시간이 지나면서 그들은 율법과 예배 규례를 형식적으로 지키기만 하면 하나님의 축복이 자동적으로 온다고 생각했던 것이다. 즉 신앙을 외형적인 형식으로 오해한 것이었다.

이런 양상은 유다가 바벨론에 의해 멸망당하기 전에 극에 달했다. 유대인들은 예루살렘에 하나님의 성전이 있고, 그 성전 안에서 제사가 행해지고 있으며, 그 속에 하나님의 언약궤가 있기 때문에 자신들은 결코 멸망하지 않는다고 생각했다. 외형적인 형식이나 제도적인 장치가 하나님의 보호를 보장해준다고 믿었던 것이다. 그러자 선지자 예레미야는 유대인들의 형식적인 제사지상주의에 맞서서 다음과 같이 외쳤다. "사실은 내가 너희 조상들을 애굽 땅에서 인도하여 낸 날에 번제나 희생에 대하여 말하지 아니하며 명령하지 아니하고 오직 내가 이것을 그들에게 명령하여 이르기를 너희는 내 목소리를 들으라. 그리하면 나는 너희 하나님이 되겠고 너희는 내 백성이 되리라"(렘 7:22-23).

포로에서 돌아온 유대인들은 그들이 왜 하나님으로부터 심판을 받았는지를 심각하게 생각하기 시작했다. 그들은 선지자 예레미야의 말대로 율법을 순종하지 않고 성전 제사에만 치중했다는 사실을 절실하게 깨달았다. 따라서 포로 이후에 유다 공동체는 율법의 실질적인 행위를 강조하게 되었다. 그러나 차츰 시간이 지나면서 율법의 정신이 쇠퇴하고 다시 형식이 중시되자 다시 포로 이전의 실수가 재현되었다. 신앙의 자리에 형식과 외식이 자리 잡게 되었던 것이다. 그래서 율법의 형식적 행위를 하기만 하면 하나님이 자동적으로 복을 주실 것이라는 기계적인 신앙관으로 다시 돌아갔다. 따라서 예수님 당시에 참된 율법의 정신보다 사람의 계명을 따르고 외식하는 바리새인과 서기관들이 많이 나오게 된 것이다. 이 비유에서 예수님이 말씀하신 먼저 온 자들은 바로 이런 바리새인들이었다.

예수님은 이 비유를 통해 신앙과 형식을 혼동하는 유대인들이 결국 먼저 된 자로서 나중 될 것을 경고하셨다. 이 비유에서 예수님은 유대인들이 하나님과의 관계에서 자신들의 공로와 노력을 통해 더 많은 대가를 요구하는 자들임을 보여주셨다. 예수님이 보시기에 유대인들과 하나님과의 관계는 대가를 주고받는 상업적 관계였다. 그러므로 비유에서 예수님은 유대인들을 먼저 온 사람들과 동일시하고 그들의 외식을 비판하셨던 것이다. 하나님과의 올바른 관계는 대가를 주고받는 상업적이고 기계적인 관계가 아니라 마음을 다해 하나님을 섬기는 인격적 관계이다.

그러면 왜 예수님은 나중 온 자들이 먼저 될 것이라고 칭찬하셨을까? 그 이유는 그들에게서 참된 신앙의 모습을 발견할 수 있었기 때문이다. 나중 온 자들의 처지를 한번 생각해보자. 그들은 하루 종일 해가 지기까지 일자리를 얻지 못해 장터에서 초조하게 서성거렸던 사람들이다(제11시는 오후 5시). 예수님 당시 역사적으로 팔레스타인 지역은 다른 지역에 비해 가난했다. 많은 사람이 일용직 노동자로서 하루하루를 연명했다. 그들에게 하루 일거리를 얻느냐 얻지 못하느냐 하는 문제는 생계에 직접적인 영향을 미치는 중요한 문제였다. 그러므로 하루하루 일자리를 얻는 일은 매우 중요했다.

이런 상황에서 점점 해가 기울어질 때까지 일자리를 얻지 못한 사람들은 초조하지 않을 수 없었다. 이때 포도원 주인이 나타나 그들에게 한 시간만 일해도 하루 품삯을 주겠다는 제안을 했다. 그들에게 이 포도원 주인의 제안은 말 그대로 구원의 손길과 같은 것이었다. 그래서 그들이 포도원에서 일할 때 그들의 모습은 대가보다도 주인에게 감사하는 마음이 앞섰을 것이다.

예수님이 나중 온 자들을 칭찬한 이유는 그들이 대가보다도 감사의 마음으로 일했기 때문이다. 참된 신앙이란 형식적인 자세로 대가만을 바라는 것이 아니라 진정으로 하나님을 사랑하고 감사하는 마음에 있다는 것을 보여주는 교훈이다. 이것이 바로 이 비유의 핵심이다. 우리도 이같이 하나님을 사랑하는 마음을 가지고 먼저 된 자로서 나중 되지 않기 위해 노력해야 할 것이다.

[어리석은 부자와 나사로의 비유]

부자와 나사로의 비유는 누가복음 16장 19~31절에 나온다. 나사로는 부자의 집 앞에서 상에서 떨어지는 음식을 먹고자 했던 병든 거지였다. 그러나 부자는 그런 나사로를 돌보지 않고 무정하게 박대했다. 그런데 이 두 사람이 죽자, 나사로는 천국에서 아브라함의 품에 갔고 부자는 지옥에서 불꽃 가운데서 고통을 당했다. 성경은 지옥의 모습에 대해 다음과 같이 말하고 있다. "그들이 나가서 내게 패역한 자들의 시체들을 볼 것이라. 그 벌레가 죽지 아니하며 그 불이 꺼지지 아니하여 모든 혈육에게 가증함이 되리라"(사 66:24).

불가리아 릴라 수도원에 있는 부자와 거지 나사로 이야기에 관한 벽화

　부자는 이와 같은 꺼지지 않는 불 가운데서 조금이나마 고통을 덜기 위해 아브라함 품에 있는 나사로를 보고 아브라함에게 나사로로 하여금 손가락 끝에 물을 찍어 자신의 혀를 서늘하게 해줄 것을 부탁했다. 부자는 갈증을 해갈하기 위함이 아니라 불로 인해 뜨거워진 자신의 혀를 잠시 식히기 원했기 때문이다. 그가 당하는 고통이 얼마나 큰지를 짐작할 수 있다.

　그러나 아브라함은 그에게 대답하기를 "너는 살았을 때에 좋은 것을 받았고 나사로는 고난을 받았으니 이것을 기억하라. 이제 그는 여기서 위로를 받고 너는 괴로움을 받느니라"고 말했다. 또한 지옥과 천국 사이에는 건널 수 없는 큰 틈이 있어 넘어갈 수 없다고 대답했다. 결국 이 비유는 이 세상에 살면서 자신만의 유익을 위해 사는 사람들에게 경고하는 예수님의 말씀이었다.

나사로는 '하나님이 돕는다' 는 뜻이다. 그는 너무나 아프고 병들어 있어 제대로 먹을 것을 구할 수 없었던 거지였다. 그의 이름이 뜻하는 대로 그의 유일한 희망은 하나님의 도움이었다. 오직 하나님의 도움을 바랐던 그는 나중에 죽어서 하나님의 도움으로 천국에서 위로를 받게 되었다.

부자는 세상에 살면서 자비를 베풀기에 인색했다. 그 결과 자기가 고통을 당하자 아브라함에게 자비를 부탁했다. 그러나 그의 요청은 받아들여지지 않았다. 그는 자신의 요청이 거부당하자 형제들을 위해 간구하기 시작했다. "아버지여 구하노니 나사로를 내 아버지의 집에 보내소서. 내 형제 다섯이 있으니 그들에게 증언하게 하여 그들로 이 고통 받는 곳에 오지 않게 하소서." 그러나 아브라함의 대답은 부정적이었다. "모세와 선지자들에게 듣지 아니하면 비록 죽은 자 가운데서 살아나는 자가 있을지라도 권함을 받지 아니하리라"(눅 16:31).

여기서 모세와 선지자의 말이란 성경의 말씀을 총칭하는 말이다. 따라서 살아 있을 때 하나님의 말씀을 믿지 못하는 자는 죽은 나사로가 살아서 다시 나타나는 놀라운 기적을 목격할지라도 결코 믿을 수 없다는 진리를 여기서 엿볼 수 있다. 천국은 보고 가는 곳이 아니라 믿음으로 알고 믿음으로 가는 곳임을 가르쳐준다.

일반적으로 성경은 세 부류의 사람들을 이야기 한다. 보고 믿지 않는 사람, 보고 믿는 사람, 그리고 보지도 안고 믿는 사람이다. 부자의 형제들은 놀라운 기적을 보고도 믿지 못하는 사람의 부류이다. 보고 믿는 사람 중에는 도마를 지적할 수 있다. 그는 예수님의 부활에 대해 직접 보고서야 믿었다. 그러나 성경은 세 부류의 사람들 중에 보지도 않고 믿는 사람을 칭찬한다. 그러한 사람들에 대해 베드로는 다음과 같이 말했다. "예수를 너희가 보지 못하였으나 사랑하는도다. 이제도 보지 못하나 믿고 말할 수 없는 영광스러운 즐거움으로 기뻐하니 믿음의 결국 곧 영혼의 구원을 받음이라"(벧전 1:8-9).

[혼인잔치에 대한 비유]

이 비유는 예수님이 천국을 결혼잔치에 비유하신 말씀이다 (마 22:1-14). 내용은 어느 임금이 혼인잔치를 베풀었는데 청한 사람들이 오지 않았다. 그들이 바쁘다는 핑계로 오기를 거부했기 때문이다. 다시 임금은 그들을 청하러 종들을 보냈다. 그러나 이번에도 그들은 그 초청에 응하지 않았다. "그들이 돌아 보지도 않고 한 사람은 자기 밭으로 한 사람은 자기 사업하러 가고 그 남은 자들은 종들을 잡아 모욕하고 죽이니"(마 22:5-6). 이에 임금은 노하여 군대를 보냈다. 그래서 살인자를 죽이고 대신 길거리에 악한 자나 선한 자나 상관없이 만나는 사람들마다 혼인잔치로 초청하여 데려오도록 했다.

혼인잔치에 사람들이 가득한 것을 보고 임금이 들어왔을 때 임금은 혼인자리에 예복을 입지 않은 사람들을 발견했다. 임금은 다시 노하였다. 임금은 종들을 시켜 예복을 입지 않은 자들의 수족을 결박한 후 내던져 버리도록 했다. 결론 부분에서 예수님은 "청함을 받은 자는 많되 택함을 입은 자는 적으니라"(마 22:14)고 말씀하셨다.

여기서 혼인잔치는 천국을 의미한다. 그리고 먼저 청함을 받은 사람들은 유대인들을 가리킨다. 그들은 먼저 하나님의 부름을 받았지만 결국 불순종으로, 또는 하나님의 종들을 죽임으로써 하나님의 초청을 거부했다. 그래서 이 비유는 하나님은 이제 예수님을 통해서 유대인뿐만 아니라 모든 이방인까지 초청을 확대하셨다는 것을 보여준다. 그러나 이방인들이라고 할지라도 다 천국을 소유하는 것은 아니다. 천국에 들어가기 위해서는 예복이 준비되어 있어야 하기 때문이다. 예수님의 초청에 응해 천국잔치에 참여했다 할지라도 합당하게 예복을 준비하지 못하면 내쫓기게 될 것을 경고하고 있다. 그러면 여기서 갖추어야 할 예복은 무엇인가?

이 질문을 답하기 위해 먼저 천국을 위해서 왜 예복이 필요한지를 생각해야 한다. 결론적으로 우리는 그 해답을 창세기에서 찾을 수 있다. 창세기 3장에 보면 아담과 하와는 선악과를 따 먹었을 때 자신들이 벗은 것을 알았다. "이에 그들의 눈이 밝아져 자기들이 벗은 줄을 알고 무화과나무 잎을 엮어 치마로 삼았더라"(창 3:7). 여기서 '벗다'라는 히브리어 단어는 창세기 2장 25절에 타락하기 전에 벗었음을 언급하는 단어와 다른 단어이다. "아담과 그의 아내 두 사람이 벌거벗었으나 부끄러워하지 아니하니라"(창 2:25).

창세기 3장 7절의 '벗다'라는 단어는 부정적 의미로서 하나님이 보시기에 수치스러운 상태를 내포하고 있다. 이 창세기 3장 7절의 '벗다'라는 단어는 신명기 28장 48절에서 다시 부정적 의미로 사용된다. "네가 주리고 목마르고 헐벗고 모든 것이 부족한 중에서 여호와께서 보내사 너를 치게 하실 적군을 섬기게 될 것이니 그가 철 멍에를 네 목에 메워 마침내 너를 멸할 것이라."

　예복을 입어야 할 이유는 원죄로 말미암아 하나님 앞에 수치스러운 모습이 된 인간이 다시 하나님 앞으로 나아가기 위해서는 자신의 수치를 가릴 필요가 있기 때문이다. 창세기 3장에 보면 하나님은 벗은 아담과 하와에게 가죽옷을 입히셨다. 이것은 하나님 앞에 나오기 위해서는 수치스러운 죄를 가릴 예복이 있어야 함을 상징하는 예표이다.

　그렇다면 우리가 하나님 앞으로 나아가기 위해서 입어야 할 예복은 구체적으로 무엇인가?

　먼저 그것은 그리스도의 옷이라고 성경은 말하고 있다. "누구든지 그리스도와 합하기 위하여 세례를 받은 자는 그리스도로 옷 입었느니라"(갈 3:27). 이 성경 말씀을 통해서 우리는 이 그리스도의 옷이 그리스도와 연합한 자에게 주어지는 옷임을 알 수 있다. 연합이라는 말은 로마서 6장의 말씀에 비추어 볼 때 회개를 통해 죄와 자신에 대해 죽은 것을 뜻한다. 따라서 이 옷은 회개와 옛 자아의 죽음을 통해 예수님을 닮아가려는 자들에게 하나님이 은혜로 주시는 옷이다. 바울은 이 옷을 구체적으로 빛의 갑옷(롬 13:12-14), 또는 전신갑주(엡 6장)로 표현했다. 한편 베드로는 이것을 베드로전서 1장에서 회개를 통해 그리스도의 피 뿌림을 입는 모습으로 묘사했다. 요컨대 이 옷은 우리가 회개를 하고 그리스도와 연합하려고 할 때 그리스도의 피 뿌림을 통해 주어지는 그리스도의 형상의 옷이다.

　둘째로 우리가 입어야 할 예복은 성령의 옷이다. 사사기 6장 34절에 보면 기드온이 미디안군과 싸우기 위해 전쟁터로 나아갈 때 성령이 그에게 임하였는데, 히브리어 원문에 보면 기드온이 성령의 옷을 입었다고 기록하고 있다. "여호와의 영이 기드온에게 임하시니 (옷을 입혔고) 기드온이 나팔을 불매 아비에셀이 그의 뒤를 따라"(삿 6:34). 이 말씀은 우리가 하나님 앞에 나아가기 위해서는 예복으로서 성령의 옷을 입어야 한다는 것을 말해준다. 그래서 예수님도 부활 후 승천하시기 전에 다음과 같이 말씀하셨다. "볼지어다. 내가 내 아버지께서 약속하신 것을 너희에게 보내리니 너희는 위로부터 능력으로 입혀질 때까지 이 성에 머물라 하시니라"(눅 24:49).

마지막으로 사도 요한은 우리가 입어야 할 예복은 선한 행실의 옷이라고 말하고 있다. "그에게 빛나고 깨끗한 세마포 옷을 입도록 허락하셨으니 이 세마포 옷은 성도들의 옳은 행실이로다"(계 19:8). 선한 행실의 옷은 하나님의 뜻을 물어보고 그 뜻대로 살아가는 사람들의 옷이다. 이러한 옷을 입은 자에게만 하나님의 천국 축복이 주어진다는 사실을 예수님은 결혼잔치의 비유에서 교훈하셨다.

[예수님과 제자들의 최후의 만찬]

최후의 만찬은 예수님이 유대인들에게 잡히시기 전 유월절 음식을 차려놓고 제자들과 함께 베푼 만찬이다. 이 기록은 네 복음서에 다 나와 있다. "이르시되 내가 고난을 받기 전에 너희와 함께 이 유월절 먹기를 원하고 원하였노라. 내가 너희에게 이르노니 이 유월절이 하나님의 나라에서 이루기까지 다시 먹지 아니하리라 하시고 이에 잔을 받으사 감사 기도 하시고 이르시되 이것을 갖다가 너희끼리 나누라. 내

레오나르도 다 빈치의 〈최후의 만찬〉. 이 그림은 밀라노 군주였던 루드비코 일 모르 공작이 그라치에 수도원을 위해 다 빈치에게 부탁하여 그린 그림으로써 1493년에 시작하여 1497년에 완성되었다. 현재 이 그림은 이탈리아 밀라노의 산타 마리아 델라 그라치에 수도원 식당 벽에 그려져 있다.

가 너희에게 이르노니 내가 이제부터 하나님의 나라가 임할 때까지 포도나무에서 난 것을 다시 마시지 아니하리라 하시고 또 떡을 가져 감사기도하시고 떼어 그들에게 주시며 이르시되 이것은 너희를 위하여 주는 내 몸이라. 너희가 이를 행하여 나를 기념하라 하시고 저녁 먹은 후에 잔도 그와 같이 하여 이르시되 이 잔은 내 피로 세우는 새 언약이니 곧 너희를 위하여 붓는 것이라"(눅 22:15-20).

누가복음은 마태복음과 마가복음보다 더 세밀하게 최후의 만찬사건을 기록하고 있다. 유월절에 유대인들은 유월절 양을 잡아 불에 구워 누룩 없는 떡과 쓴 나물과 함께 먹었다(출 12:8). 그리고 후대에 오면서 여기에 포도주가 추가되었다. 예수님 당시 유대인의 유월절 규례의 시작은 먼저 가장이 식사 전에 잔을 돌리며 축사로 이루어졌다. 예수님도

이 규례에 따라 유월절 음식을 먹기 전 잔을 가지고 '포도나무의 열매'를 언급하시면서 제자들과 만찬을 시작하셨다.

예수님은 제자들과 하나님 나라에서 유월절을 먹고 포도주를 마실 때까지 포도나무에서 난 것을 마시지 않을 것이라고 말씀하셨다. 잔치에서 포도주는 빼놓을 수 없는 음료이기에 이 말은 천국의 잔치가 도래할 때까지 제자들과 더 이상 잔치를 하지 않을 것을 의미하는 말이었다. 또한 이 말씀은 역설적으로 지금 예수님과 제자들이 함께하는 최후의 만찬이 천국잔치의 모형임을 시사하는 것이기도 했다.

그러므로 예수님과 함께하는 최후의 만찬은 천국의 잔치를 미리 맛보는 잔치였다. 구약에서 잔치는 주로 하나님 나라의 기쁨과 축복을 상징하기 위해서 사용되었다. 이런 맥락에서 예수님은 공생애 동안 죄인, 세리들과 함께 상을 베풀고 식탁교제를 하셨다(마 8:11, 22:2, 눅 13:28, 22:30 등). 그것은 단지 그들과 친교를 과시하기 위함이 아니라 그들과 잔치를 통해서 천국의 기쁨과 축복을 미리 선취하도록 하기 위함이었다. 그러므로 죄인들과의 잔치는 천국잔치의 모형이었다.

한편 요한복음 18장 28절에서는 유월절이 예수님이 산헤드린공회로 끌려가는 바로 그날 저녁에 시작되었다는 점을 암시해준다. "그들이 예수를 가야바에게서 관정으로 끌고 가니 새벽이라. 그들은 더럽힘을 받지 아니하고 유월절 잔치를 먹고자 하여 관정에 들어가지 아니하더라." 하지만 이것은 공관복음의 진술과 맞지 않다. 공관복음에서는 예수님이 산헤드린공회에 끌려가기 전날 저녁에 유월절이 시작되었다고 말하고 있다. 참고로 유대인들에게서 유월절의 하루는 저녁에서 시작되어 그다음 날 저녁에 마치는 24시간을 뜻한다.

시온산에 위치한 마가의 다락방. 예수님이 제자들과 최후의 만찬을 하신 곳으로 전해지고 있다.

　　요한복음과 공관복음에서 유월절 시작에 대한 이런 상이점은 당시 유대인들 사이에 유월절의 날짜에 대해 견해 차이로 설명될 수 있다. 실제로 사두개인들은 바리새인들보다 하루 늦게 유월절을 지켰다. 이에 반해 예수님과 제자들은 바리새인들의 견해를 따랐기 때문에 복음서에서 그런 차이점이 나타났다고 추정할 수 있다.

　　예수님은 유월절 만찬에서 제자들에게 떡을 나눠주셨다. 여기서 떡은 무교병을 가리킨다. 떡을 나눠주시면서 예수님은 떡의 의미가 사람들을 위해 희생하는 자신의 몸을 가리킨다고 말씀하셨다. 이처럼 떡은 예수님의 대속적 죽음을 상징하는 것이었다. 유월절의 의미를 고려할 때 대속적 죽음을 강조하기 위해서는 무교병보다는 출애굽 때 이스라엘을 구원하기 위해 희생시켰던 유월절 양을 언급하는 것이 더 적합했을 것이다. 그러나 예수님 당시에 유월절 규례는 양을 죽여 나눠 먹는 의식이 존속하지 않았던 것 같다. 그래서 예수님은 대신 떡을 나눠주시면서 떡의 의미를 설명하셨다고 추측할 수 있다. 또한 예수님은 양이라는 민족주의적 특색을 배제하고 세상 이방인들이 쉽게 성만찬을 기념할 수 있도록 보편적인 떡을 가지고 말씀하셨다고 볼 수도 있다.

포도주 잔을 들고 예수님은 그 포도주가 자신의 피, 곧 새 언약의 피라고 말씀하셨다. 여기서 예수님이 흘리시는 피는 유월절 어린 양의 피로서 대속의 피만을 의미하는 것이 아니었음을 알 수 있다. 포도주 잔을 가지고 하신 말씀은 예수님의 피가 대속뿐만 아니라 하나님과 새로운 관계를 가져다주는 새 언약의 피임을 말한다. 피로서 언약을 맺는 예는 구약에 기록되어 있다(출 24:8). 이제 예수님의 피로 우리는 하나님과 새 언약을 맺고 하나님의 자녀로서 새 생명 가운데 살 수 있게 된 것이다. 결국 예수님의 성만찬은 천국잔치의 모형이면서 동시에 예수님의 죽음이 백성들의 죄를 사하고 새 언약 안에서 하나님과 함께 살 수 있도록 하는 죽음이었음을 보여주는 의식이었다.

로마 가톨릭과 구 루터교는 성만찬에서 떡과 포도주는 예수님의 몸과 피를 직접적으로 가리킨다고 생각한다. 상징 자체를 실체로 여기는 주장이다. 특별히 로마 가톨릭은 성만찬 때 나눠지는 떡과 포도주가 실제로 예수님의 몸과 피라고 주장하는데 이러한 주장을 '화체설'이라고 한다. 그렇기에 로마 가톨릭에서는 포도주를 성만찬 의식에서 제외시킨다. 만약 성만찬에서 성도들에게 포도주를 나눠주다가 흘리기라도 한다면 거룩한 예수님의 피를 땅에 쏟는 불경함이 되기 때문이다.

어떤 의미에서 로마 가톨릭의 화체설은 성만찬의 떡과 포도주가 예수님의 몸과 피임을 강조해서 사람들로 하여금 경건심을 자극하여 교회의 권위를 세우려는 조치에서 나왔다고 볼 수 있다. 그러나 예수님이 직접 떡과 잔을 마실 때마다 나를 기념하라고 말씀하셨기 때문에(고전 11:23-29) 단순히 기념을 위한 상징으로 보는 것이 옳다. 따라서 화체설보다는 '기념설'이 성경의 진리이다.

[겟세마네 동산에서의 번민]

예수님은 잡히시기 전날 밤 제자들과 겟세마네 동산에 가셨다. 그리고 따로 베드로와 세베대의 두 아들 야고보와 요한을 데리고 기도하러 동산으로 올라가셨다(마 17:1). 아마도 베드로와 야고보와 요한은 제자들 중에서 예수님이 가장 인정하신 핵심인물이었던 것 같다. 그들은 변화산이나 회당장의 여자아이를 살릴 때도(막 5:38) 예수님과 동행했던 제자들이었다.

예수님이 겟세마네 동산에서 기도를 드린 것은 다가올 십자가의 고난을 앞두고 '고민하고 슬퍼하며' 기도하기 위함이었다. 제자들을 동행시켰던 것은 그런 고난의 시기가 얼마나 예수님을 외롭게 했고 힘들게 했는지를 보여주는 대목이다. 예수님이 고민했던 것은 자신이 죽어야 하기 때문만은 아니었다. 예수님의 고민은 세상의 죄를 담당함으로써 죄에 대한 대가로 하나님 아버지의 분노와 버림받을 것을 두려워했기 때문이다. 그래서 예수님은 십자가상에서 다음과 같이 "엘리 엘리 라마 사박다니"라고 외치셨던 것이다. 그 뜻은 "하나님, 나의 하나님, 어찌하여 나를 버리셨나이까"라는 의미이다.

사실 예수님은 공생애 동안 죽음을 위해 달려가셨다. 그 와중에 예수님은 항상 외로우셨다. 많은 무리가 예수님으로부터 병 고침을 얻기 위해 따랐지만 그들의 본의는 예수님을 구원자로 믿고 따른 것이 아니라 예수님의 기적을 보고 따른 것이었고 예수님을 이용하고자 한 것이었다.

사람들은 예수님을 따르면서도 바리새인들의 눈치를 살폈다. 그래서 안식일에 바리새인과 서기관들의 책망을 피하기 위해 무리들은 예수님을 저녁에 찾아왔다(막 1:32). 또한 열두 제자도 예수님을 따랐지만 그들 중에는 예수님을 통해 높은 자리에 오르고자 하는 마음이 있었다. 야고보와 요한은 노골적으로 예수님께 높은 자리를 청탁했으며 제자들 사이에는 누가 크냐는 문제로 논쟁을 하기도 했다.

죽음과 희생, 그리고 버림받기 위해 사역하시는 예수님의 마음을 이해하는 사람은 없었다. 그래서 예수님은 자신의 외로운 처지를 다음과 같이 말씀하셨다. "예수께서 이르시되 여우도 굴이 있고 공중의 새도 거처가 있으되 인자는 머리 둘 곳이 없다 하시더라"(마 8:20).

그러나 외로우셨던 예수님은 자기를 따르는 자들의 마음을 아시고 그들을 의지하지 않으셨다. "예수는 그의 몸을 그들에게 의탁하지 아

겟세마네 동산. 예수님이 번민 속에서 땀을 피 방울 같이 흘리며 기도하셨던 겟세마네 동산. 현재 예수님이 기도하셨다고 전해지는 바위 일부가 앞쪽에 보이는 만국민의교회 안에 있으며 그 위쪽에는 막달라의 성마리아교회가 있다.

니하셨으니 이는 친히 모든 사람을 아심이요"(요 2:24). 예수님은 결국 모든 사람이 자신을 떠날 것을 알고 계셨다. 하지만 그런 가운데서도 예수님이 위로를 받을 수 있었던 것은 하나님 아버지께서 자신과 함께 계셨기 때문이다. "보라. 너희가 다 각각 제 곳으로 흩어지고 나를 혼자 둘 때가 오나니 벌써 왔도다. 그러나 내가 혼자 있는 것이 아니라 아버지께서 나와 함께 계시느니라"(요 16:32).

이렇게 하나님으로부터 위로를 받고 사역하셨던 예수님은 십자가상에서 죄를 짊어짐으로써 하나님으로부터도 버림받게 될 것을 알자 두려워하지 않을 수 없었다. 그 두려움에 예수님은 겟세마네 동산에서 번민하며 슬퍼하셨다.

겟세마네 동산에서 예수님은 그런 죽음과 고통을 될 수 있으면 피하게 해달라고 기도하셨다. 하지만 끝에는 오직 아버지의 뜻대로 되기를 원한다고 덧붙이셨다. 정말로 우리에게 모범이 되는 기도였다. 예수님은 얼굴을 땅에 대고 엎드려 간절히 기도하셨다. 심지어 땀이 땅에 떨어질 때 핏방울 같았다고 성경은 기록하고 있다.

기도를 하고 돌아와서 잠들어 있는 제자들을 향해 예수님은 시험에 들지 않게 깨어 기도할 것을 말씀하셨다. 당시 제자들이 잠을 자는 것은 충분히 이해할 수 있는 일이었다. 저녁부터 유월절을 준비하느라 피곤했고 포도주를 먹었기에 그런 늦은 시간에 잠을 자는 것은 어느 정도 변명의 여지가 있었다. 그러나 예수님은 그들에게 "마음에는 원이로되 육신이 약하도다"(마 26:41)라고 책망하시며 깨어 기도할 것을 요구하셨다. 기도란 어느 순간에도 쉬지 말아야 한다는 진리를 일깨어주는 말씀이셨다.

[은 삼십에 예수님을 판 가룟 유다]

가룟 유다는 예수님의 열두 제자 중 한 사람으로 복음서의 제자 목록에서 항상 맨 나중에 언급되는 인물이다. 가룟이라는 성은 '그리욧 사람' 이란 말에서 유래한 듯한데, 그리욧은 예레미야 48장 24절과 아모스 2장 2절에 따르면 모압에 속한 곳이었다. 어떤 사람들은 가룟을 헤브론 남쪽 19km 지점에 있는 그리욧 하솔과 연관시키기도

산 아폴리네르 누오보성당 벽면에 장식된 〈유다의 입맞춤〉 모자이크. 유다가 예수님의 볼에 입을 맞추는 배반의 순간이다.

한다(수 15:25).

가롯 유다는 사탄이 그의 마음속에 들어가게 되자, 예수님을 대제사장과 군관들에게 은 삼십에 팔아넘길 계획을 세웠다(눅 22:3-6). 여기서 성경이 대제사장을 복수로 표현한 것은 당시 대제사장들이란 대제사장과 살아 있는 전임 대제사장들, 그들의 가족들, 그리고 지도급의 제사장들을 총칭하는 용어였기 때문이다.

가롯 유다는 예수님을 팔아넘길 기회를 최후의 만찬을 하던 날 밤으로 잡았다. 그러나 예수님은 가롯 유다의 마음을 아시고 미리 가롯 유다에게 회개할 기회를 주기 위해서 제자들에게 다음과 같이 말씀하셨다. "그러나 내 떡을 먹는 자가 내게 발꿈치를 들었다 한 성경을 응하게 하려는 것이니라"(요 13:18). 이어서 제자들 중에 하나가 자신을 팔 것을 말씀하셨다. 그러나 유다는 그 말씀에 동요하지 않았다.

시몬 베드로는 요한을 시켜서 그 팔자가 누구인지 예수님께 물어보도록 했다. 예수님은 요한에게 "내가 떡 한 조각을 적셔다주는 자가 그니라" 하시며 가롯 유다에게 주셨다. 직접적으로 예수님은 유다를 지적하셨다. 그러나 유다는 회개하지 않았다. 유월절 떡을 줌으로써 그의 마음을 돌리려고 했으나 유다는 마음을 돌리지 않았다. 예수님은 회개하지 않는 유다에게 "네가 하는 일을 속히 하라"고 말씀하셨다.

가롯 유다는 조각을 받고 나갔다. 성경은 그의 마음속에 사탄이 들어갔다고 기록하고 있다(요 13:27). 밖으로 나간 그는 겟세마네 동산에서 비밀스러운 모임이 있을 것을 밀고하였다. 그 결과 일단의 병사들이 겟세마네 동산으로 와서 예수님을 잡아갔다. 체포 당시에 유다는 예수님께 입맞춤으로써 병사들에게 누가 예수님이신지를 알려주었다(마

26:48). 성경에는 두 군데서 가룟 유다의 불행한 최후를 말하고 있다 (마 27:3, 행 1:18-19). 그는 은 삼십을 다시 돌려주고 목메어 죽었던 것이다. 사도행전 1장은 유다의 종국을 이렇게 묘사한다. "이 사람이 불의의 삯으로 밭을 사고 후에 몸이 곤두박질하여 배가 터져 창자가 다 흘러 나온지라"(18절).

결국 가룟 유다는 예수님을 따랐지만 진실된 예수님의 제자는 아니었다. 가룟 유다가 예수님을 배신하게 된 동기에 대해서는 다양한 의견이 있다. 아마도 탐욕, 질투, 예수님의 사역의 결과에 대한 두려움, 자신을 구해내려는 욕망, 예수님으로 하여금 메시아 사역을 속히 드러내시게 하기 위한 시도, 그의 야망이 좌절된 데 대한 비통한 심정 등을 지적할 수 있을 것이다.

[빌라도의 무의미한 재판]

본디오 빌라도는 예수님이 처형당할 당시에 유대에 부임한 로마 총독이었다. 그는 주후 26년 티베리우스 황제에 의해 유대의 감독관으로 임명되어, 주후 36년까지 유대를 통치하였다. 그는 유대 지역에서 군 통수권과 사형 언도나 집행유예를 내릴 권한을 가지고 있었다. 그는 대제사장을 임명하고 성전과 성전 재정을 통제할 수 있는 권세도 있었다. 이것은 당시 대제사장들이 정치적으로 어느 정도 세속화되어 있었는지를 암시해준다.

유대의 역사가 요세푸스에 따르면 빌라도는 폭군이었다. 그는 유대인들을 싫어해서 황제의 신상을 예루살렘에 세우려다가 유대인들의 감정을 자극하기도 했다. 그는 성전 금고에 침입해서 거기서 빼앗은 돈으로 수로 건설을 하기도 했다. 그의 자극적인 행동으로 말미암아 유대인들은 계속적으로 폭동을 일으켰다. 누가는 빌라도의 자극적인 행동 중에 하나를 다음과 같이 기록하고 있다. "그때 마침 두어 사람이 와서 빌라도가 어떤 갈릴리 사람들의 피를 그들의 제물에 섞은 일로 예수께 아뢰니"(눅 13:1).

그는 후에 불필요하게 사마리아인을 많이 죽였다. 그로 인해 사마리아인들은 시리아의 총독 비텔리우스를 찾아가 빌라도를 비난했다. 그래서 비텔리우스는 빌라도를 면직시키고 로마로 소환했다. 아그립바는 빌라도에 대해 다음과 같이 증언하고 있다. "그는 천성적으로 고집이 센 사람이었고 굽힐 줄을 모르며 엄격한 사람이었다. 그는 뇌물을 좋아하고 방자하게 거만하고 강탈을 잘하고 격노를 잘 발하며 계속적으로 무수한 살인을 저지르고 끝없이 극도로 무서운 잔인성을 나타낸 사람이다."

빌라도의 재판을 생각하기에 앞서 당시 유대의 로마 총독인 빌라도의 임무에 대해 좀 더 구체적으로 살펴볼 필요가 있다. 당시 로마군대의 주력부대는 가이사랴에 있었고 총독의 집무실도 거기에 있었다. 그리고 예루살렘에는 약 700명에서 1000명의 로마 수비대가 주둔하고 있었다. 예수님이 잡히시는 날 빌라도가 우연히 예루살렘에 있었던 것은 유월절 동안 치안질서를 위해 잠시 예루살렘을 방문했기 때문이다. 로마 총독의 임무는 유대 지역에 평화와 안정을 유지하는 일이었다. 당시 로마 총독은 유대인들에게 자치적인 사법제도(산헤드린공회)를 인

이탈리아 피렌체의 피티 궁전 안에 있는 안토니오 시세리의 〈에케 호모〉(1871년 作). '에케 호모' (Ecce Homo)는 '이 사람을 보라'는 뜻이다. 가시면류관을 쓰고 붉은 옷을 걸친 예수님을 가리키며 빌라도가 군중에게 외친 말이다. 이 그림이 충격적인 건 빌라도와 예수님의 뒷모습 때문이다. 때로는 뒷모습이 훨씬 더 많은 감정을 전달한다.

정해주었다. 단 재판이 정치적인 문제나 사형일 때는 로마 총독의 권한에 두었다.

　유대인들은 예수님을 잡아서 산헤드린공회에서 재판을 했다. 그리고 예수님을 사형시키기로 결정했다. 하지만 사형집행권이 없었던 그들은 마침 예루살렘을 방문하고 있었던 로마 총독 빌라도를 찾아갔다. 그들은 빌라도에게 예수님을 넘겨주면서 사형집형을 종용했다. 빌라도는 그들의 고소에 따라 예수님께 "네가 유대인의 왕이냐?" 하고 물었다. 유대인들은 빌라도에게 예수님이 자신을 유대인의 왕으로 여기기 때문에 로마 통치에 큰 위협적인 존재라고 이미 고소한 상태였다. 예수님은 빌라도의 물음에 부인도 긍정도 하지 않으셨다. 예수님은 자신의 나라는 이 세상에 속한 것이 아니라고 대답하셨다(요 18:36).

빌라도는 유대인들의 많은 고소에도 불구하고 침묵하시는 예수님의 모습을 이상하게 여기기 시작했다. 그는 본능적으로 예수님이 무죄라는 것을 알았다. 그리고 단순히 유대 지도자들이 예수님을 시기하여 자신에게 넘겼다는 사실을 알았다. 빌라도는 유월절에 죄인 한 명을 풀어주는 전례에 따라 예수님을 풀어주려고 했다. 그러자 유대 지도자들은 강도 바라바를 대신 풀어줄 것을 요구했다. 이때 빌라도는 계속 침묵하시는 예수님께 자신이 갖고 있는 권세를 말했다. "내가 너를 놓을 권한도 있고 십자가에 못 박을 권한도 있는 줄 알지 못하느냐"(요 19:10). 그러나 예수님은 움츠려들지 않으셨다. 예수님은 빌라도의 권세가 위에서 온 것임을 말하며 자신을 넘겨준 자의 죄가 더 크다고 말씀하셨다.

유대인들은 머뭇거리는 빌라도의 태도를 보고 예수님을 놓아주면 가이사의 충신이 아니라고 외치기 시작했다. 그들은 더욱 목소리를 높여 예수님의 십자가 처형을 요구했다. 아내로부터 예수님이 옳은 사람이며 상관해서는 안 된다는 경고를 받았음에도 불구하고 빌라도는 결국 가이사의 충신이 아니라는 말과 민란이 날 것 같은 두려움 때문에 예수님을 십자가에 못 박도록 허락했다. 그는 손을 씻으며 "이 사람의 피에 대하여 나는 무죄하니 너희가 당하라"며 자신의 책임을 회피했다. 그러나 후대 역사는 빌라도가 예수님의 죽음에 책임이 있음을 증거한다. 오늘날 사도신경을 통해 크리스천들은 빌라도에 의해 예수님이 고난받은 사실을 계속 고백하고 있기 때문이다.

[닭이 세 번 울기 전에]

최후의 만찬을 끝내신 예수님은 제자들에게 그날 밤에 그들 모두가 자신을 버리고 흩어지게 될 것을 예언하셨다. 이 말을 들은 베드로는 "모두 주를 버릴지라도 나는 결코 버리지 않겠나이다"라고 자신 있게 말했다. 그러나 예수님은 베드로에게 새벽닭이 울기 전에 베드로가 자신을 세 번 부인할 것을 말씀하셨다(마 26:34).

그 밤에 가룟 유다의 배신으로 예수님은 대제사장들과 백성의 장로들이 파송한 병사들에게 잡혔다. 그때 제자 중 한 사람이 검으로 대제사장의 종의 귀를 떨어뜨렸는데 요한복음 18장 10~11절 말씀과 26절 말씀에 의하면 그 제자가 바로 베드로였다. 이처럼 베드로는 예수님이 잡히셨을 때 다혈적인 기질을 앞세워 예수님을 방어하려고 했다. 앞에서 예수님께 말한 대로 주를 버리지 않겠다는 약속을 실천하는 것처럼 보였다.

그러나 예수님이 대제사장 가야바 앞으로 끌려가게 되었을 때 성경은 그가 멀찍이 예수님을 좇아갔다고 말하고 있다(마 26:58). 서서히 예수님을 피하는 모습을 보이기 시작한 것이다. 그는 대제사장의 집 뜰까지 가서 종들과 함께 앉아 있었다. 그때 한 종이 베드로가 전에 예수님과 함께 있었다는 것을 기억하고 베드로에게 갈릴리 사람 예수와 같은 무리가 아니냐고 물었다. 이에 베드로는 완강히 부인을 했다.

대제사장 집에서 "네가 누구냐"라는 질문 앞에서 자신의 신분을 진실되게 이야기하시는 예수님과 대조적으로 베드로는 예수님의 제자로서 자신의 신분을 부인하였던 것이다. 부인할 뿐만 아니라 심지어 종을 꾸짖고 "나는 네가 말하는 것이 무엇인지 알지도 못하고 깨닫지도 못하겠노라"고 말했다. 베드로는 그 자리를 회피하기 위해 앞문으로 걸어갔다.

이때 다른 여종이 길을 막으며 사람들에게 베드로가 예수님과 같이 있었다고 말했다. 그러자 베드로는 전보다 더 강력히 부인하기 시작했다. 성경은 그가 맹세를 하며 부인했다고 말한다. 그는 다음과 같이 말했다. "나는 그 사람을 알지 못하노라." 전에 예수님을 향해 주는 살아 계신 하나님의 아들이라고 고백했던 베드로는 이제 예수님을 '그 사람'이라고 깎아내리며 부인했던 것이다.

그 순간 서 있던 여러 남자가 베드로를 공격했다. 이전에 여자들의 공격에 비해 그들은 더 위협적이었다. 남자들은 베드로의 갈릴리 억양을 듣고 "너도 진실로 그 도당이라"고 말했다. 이에 베드로는 아니라고 저주하며 맹세했다. 여기서 "저주하며 맹세했다"는 것은 자신의 말이 거짓이면 하나님의 분노와 저주가 임할 것을 맹세한다는 뜻이었다. 실로 이전의 부인보다 더 강력한 부인이었다.

이때 닭이 울기 시작했다. 베드로는 닭 우는 소리를 듣자 세 번 부인하리라는 예수님의 말씀이 떠올랐다. 그는 밖에 나가 심히 통곡했다. 처음에 자신만만했던 베드로는 시간이 지나면서 점점 예수님을 멀리하고 급기야는 예수님을 저주하며 부인하는 자신의 모습에 슬픔을 억누를 수 없었다. 또한 그렇게 부인할 줄을 알면서도 자신을 참아주신 예수님을 생각하면서 자신의 초라함을 더욱 절실히 느꼈던 것이다.

마드리드 프라도미술관에 있는 반 다이크의 〈가시면류관을 쓰는 그리스도〉(1620년경 作). "군인들이 가시나무로 관을 엮어 그의 머리에 씌우고 자색 옷을 입히고 앞에 가서 이르되 유대인의 왕이여 평안할지어다 하며 손으로 때리더라"(요 19:2-3).

[은혜를 입은 구레네 시몬]

구레네 시몬은 예수님 대신 십자가를 골고다의 언덕까지 지고 간 사람이다. 구레네란 지금의 북아프리카 리비야의 수도를 가리킨다(행 2:10). 그러면 구레네 출신인 시몬이 왜 예루살렘에 있었을까? 이 질문의 답과 관련해서 먼저 우리는 구레네 시몬이 당시 예루살렘에 거주했던 사람이라고 추정할 수 있다. 역사적 증거를 통해 예루살렘에 구레네 출신의 사람들이 참석하는 회당이 있었다는 것을 알 수 있다. 실로 사도행전 6장 9절은 구레네인들의 회당을 언급하고 있다. 또 다른 한편으로 구레네 시몬이 예루살렘에서 유월절을 지키기 위해 구레네에서 방문하러 왔다고 말할 수도 있다.

어쨌든 로마 군병들은 구레네 시몬을 잡아다가 억지로 예수님의 십자가를 지게 했다. 채찍으로 인해 예수님이 십자가를 계속 질 수 있는 여력이 없었기 때문이다. 이 시몬은 나중에 크리스천이 되었다고 말한다. 마가복음 15장 21절은 그의 아들들이 알렉산더와 루포라고 말한다. 이 루포는 로마서 16장 13절에서 다음과 같이 언급된다. "주 안에서 택하심을 입은 루포와 그의 어머니에게 문안하라."

물론 신앙은 하나님에 대한 자발적인 반응이다. 하나님은 우리가 억지로 하는 것을 원하시지 않는다. 자발적으로, 그리고 감사한 마음으로 섬기며 순종하기를 원하신다. 하지만 이 구레네 시몬의 경우를 통해 우리는 한 가지 교훈을 얻을 수 있다. 구레네 시몬은 예수님의 십자가를 어떤 의미에서 억지로 졌다. 그럼에도 나중에 구레네 시몬은 그리스도인이 되어 하나님으로부터 큰 축복을 받았다고 전해진다. 여기서 하나님은 우리가 하나님의 일을 억지로 할지라도 그것을 귀히 여기고 축복하시는 자비의 하나님임을 발견하게 된다.

[만인의 죄를 위하여 십자가에 못 박히심]

예수님은 골고다(해골이라는 뜻) 언덕에서 강도들과 함께 십자가에 못 박히셨다. 십자가 처형은 당시 로마시대에 가장 무서운 사형방법이었다. 십자가에 달린 예수님의 머리 위에는 죄패가 있었는데 그 내용은 '유대인의 왕 예수' 라는 것이었다. 그 죄패는 히브리어와 로마어와 헬라어로 쓰여 있었다. 십자가상에서 예수님은 지나가는 자들과 유대 지도자들, 그리고 심지어 옆에서 못 박힌 강도들로부터 비난과 조롱을 받아야 했다.

로마 군병들은 예수님께 쓸개 탄 포도주를 주려고 했다. 쓸개 탄 포도주는 십자가에 못 박힌 사람들의 감각을 죽이고 고통을 줄이기 위해 주어지는 신 포도주와는 다르다. 쓸개 탄 포도주는 시편 69편 21절에 "그들이 쓸개를 나의 음식물로 주며 목마를 때에는 초를 마시게 하였사오니"라는 말씀을 성취하는 것으로써 조롱을 상징한다. 또한 군병들은 예수님의 옷을 가지고 제비뽑기를 했다. 이로써 시편 22편 18절에 "내 겉옷을 나누며 속옷을 제비 뽑나이다"라는 말씀이 성취되었다. 십자가상에서 못 박히신 예수님은 "아버지, 저들을 사하여 주옵소서. 자기들이 하는 것을 알지 못함이니이다"(눅 23:34)라고 말씀하셨다. 예수님은 자신을 조롱하는 사람들을 조롱하지 않고 오히려 그들을 위해 죄 용서를 구했던 것이다.

십자가상에서 예수님은 모친 마리아와 제자 요한이 곁에 서 있는 것을 보고 마리아에게 "여자여, 보소서 아들이니이다"라고 말씀하시며, 제자에게는 "보라. 네 어머니라"고 말씀하셨다. 로마 가톨릭은 이 말씀을 통해 마리아가 요한뿐만 아니라 모든 제자, 나아가서 모든 성도의 어머니로서 인정을 얻게 되었다고 주장한다. 그러나 본문의 문맥은 예수님이 홀로 남게 된 어머니 마리아를 제자 요한에게 부탁하는 말씀으로 보는 것이 옳다.

예수님이 운명하실 때 육시에서(오전 12시) 구시까지(오후 3시) 해가 빛을 잃고 온 땅이 어두웠다. 예수님은 하나님으로부터 자신이 버림받은 것을 깨닫고 "나의 하나님, 나의 하나님, 어찌하여 나를 버리셨나이까"라고 울부짖었다. 그리고 자신의 사역의 끝남을 알고 "다 이루었다"고 외치셨다. 이렇게 해서 예수님은 하나님 아버지를 끝까지 순종하여 자신에게 주어진 사명을 감당하셨다.

마지막으로 예수님은 하나님께 "아버지, 내 영혼을 아버지 손에 부탁하나이다"라고 말씀하시고 숨을 거두셨다. 그때 성소 휘장이 위로부터 아래까지 찢어져 둘이 되고 땅이 진동하며 바위가 터지며 무덤들이 열리고 자던 성도들의 몸이 부활했다고 성경은 기록하고 있다. 성소의 휘장이란 하나님의 임재의 상징인 지성소로 들어가기 위해 드리워진 일종의 커튼을 말한다. 그 휘장을 통해 지성소 안으로 들어갈 수 있는 사람은 오직 대제사장뿐이었다. 이 휘장이 찢어졌다는 것은 성전의식에 대한 종말과 함께 유대 지도자들을 향한 심판을 의미했다. 동시에 예수님의 대속의 죽음으로 지성소에 계신 하나님 앞에 누구든지 올 수

이탈리아 바티칸의 베드로성당에 있는 미켈란젤로의 〈피에타〉(1498~1499년 作). 예수님의 축 늘어진 시신을 안고 있는 마리아의 모습은 슬프다기보다는 애절할 정도로 아름답다.

있다는 것을 뜻했다.

약간의 성도들이 부활한 현상은 결과적으로 예수님의 죽음으로 죽음의 세력이 물러가게 되었음을 보여준다. 그들은 예수님의 부활 이후 무덤에서 나와 거룩한 성 예루살렘으로 들어가 많은 사람에게 자신들을 보였다고 기록하고 있다. 이들의 부활은 종말에 믿는 자들이 부활할 것이라는 사실을 미리 보여주는 그림자였다.

어떤 이들은 예수님이 십자가에서 돌아가시고 3일 동안 지옥에 내려가셨다고 주장한다. 그 근거로 베드로전서 3장 19~20절 말씀을 인용한다. "그가 또한 영으로 가서 옥에 있는 영들에게 선포하시니라. 그들은 전에 노아의 날 방주를 준비할 동안 하나님이 오래 참고 기다리실 때에 복종하지 아니하던 자들이라." 그러나 이 말씀은 예수님이 죽어서 부활하실 때까지 행하신 일을 묘사하는 것이 아니다. 오히려 예수님이 부활하신 이후에 하신 일들을 말하는 것이다.

부활 후 예수님은 지옥에서 마귀들과 저주받은 자들에게 자신의 승리를 선포하셨다. 성경에서 우리는 예수님이 부활하시기 전 3일 동안 지옥에 계셨다는 증거를 찾을 수가 없다. 예수님 옆에서 함께 처형당한 강도에게 "오늘 네가 나와 함께 낙원에 있으리라"고 하신 말씀을 통해 예수님은 숨을 거두시자마자 바로 그의 영이 천국으로 올라가셨다는 것을 알 수 있다. 그러므로 성경대로 우리는 단지 예수님의 몸은 3일 동안 무덤에서 죽음의 상태에 있었고 거기서 3일 만에 그의 육체가 부활했다고 보는 것이 옳다.

십자가 위 강도의 회개와 구원

예수님이 십자가에 달려 돌아가실 때 예수님의 좌우에 두 명의 강도도 함께 십자가에 달렸다. 죽기 전에 한 강도는 예수님께 자신의 죄를 회개했고 예수님을 비방하는 다른 편 강도를 꾸짖었다. 그리고 회개한 강도는 예수님께 자신의 영혼을 부탁했다. "예수여 당신의 나라에 임하실 때에 나를 기억하소서"(눅 23:42). 여기서 '당신의 나라' 라는 말은 예수님의 왕적 능력을 고백하는 말이었다. 당시 유대인들은 구약의 전통에 따라 메시아가 왕으로 올 것을 고대했다. 그러므로 회개한 강도가 왕적 능력을 고백한 것은 예수님을 왕이신 메시아, 즉 구원자로서 믿었다는 것을 뜻한다.

메시아로서 자신을 믿는 강도에게 예수님은 "오늘 네가 나와 함께 낙원에 있으리라"고 약속하셨다. 실로 천국의 축복은 우리의 행위가 아니라 예수님이 누구신지 고백하고 예수님을 자신의 구원자로 믿는 믿음을 통해 얻어진다는 진리를 다시 깨닫게 해준다.

강도의 회개는 오직 누가복음에서만 기록되어 있다. 마태복음에서는 예수님과 함께 천국으로 간 강도는 처음 회개하기 전 다른 강도와 함께 예수님을 비방했던 것으로 기록되어 있다. 그러나 나중에 회개한 강도는 옆에서 예수님의 태도와 말씀을 들으면서 마음에 변화가 생겼다. 그래서 맞은 편 강도에게 다음과 같이 말했다. "우리는 우리가 행한 일에 상당한 보응을 받는 것이니 이에 당연하거니와 이 사람이 행한 것은 옳지 않은 것이 없느니라"(눅 23:41).

회개한 강도는 자신의 죄과를 알고 있었다. 그리고 자신의 힘으로는 구원받을 수 없다는 사실을 올바로 인지했다. 자연히 그는 예수님께 자신을 기억해 달라고 부탁했다. 구원은 자신의 죄성을 알고 자신의 처지를 알 때 시작된다는 사실을 역설적으로 보여주는 이야기이다.

[예수님의 무덤은 어디에]

예수님이 돌아가시자 산헤드린공회 의원이었던 아리마대 출신의 요셉은 빌라도를 찾아가서 예수님의 시체를 가져다 한번도 사람을 장사한 적이 없는 바위에 판 무덤에 예수님을 장사했다. 그리고 큰 돌로 그 무덤 입구를 막았다. 성경은 요셉에 대해 그는 부자였고 다른 공회원들과 달리 하나님의 나라를 기다렸던 선한 사람이라고 말한다.

무덤의 위치에 대해 요한복음 19장 41절은 예수님이 십자가에 못 박히신 곳에 있는 동산이라고 말한다. 이 새 무덤에 예수님의 시체를 묻는 일은 유대 지도자들도 찬성했을 것이다. 십자가의 처형으로 저주를 받았다고 생각하는 예수님이 일반인들과 함께 묻히는 것은 보기에 좋지 않았기 때문이다. 예수님이 돌아가신 날은 안식일 전날이었고 안식일이 시작되는 저녁시간이 이미 가까워 있었다. 안식일에는 모든 일이 금지되어 있었기 때문에 십자가에서 돌아가신 곳 가까운 무덤에 예수님의 시체를 장사지내게 하는 것은 유대인들에게도 편리한 일이었다.

예루살렘이 멸망한 후 주후 135년에 예수님의 무덤이 있었던 자리에 하드리안 황제는 비너스의 신전을 세웠다. 그 후 4세기경에 콘스탄티누스 황제는 그곳의 신전을 파괴하고 그 자리에 부활교회를 세웠다.

예루살렘에 있는 성묘교회 입구. 325년 콘스탄티누스 황제의 모친 헬레나와 사교 마칼리우스가 가피트리노의 아래에서 예수님의 묘를 발견했다. 황제 모친이 시작한 발굴에 의해 예수님의 묘가 거의 다치지 않고 발견된 것 외에 구덩이 속에서 예수님과 두 범죄인의 십자가가 발견되었다. 콘스탄티누스 황제는 326년부터 335년에 걸쳐 여기에 교회를 건립했다. 하지만 614년에 페르시아군에 의해 완전히 파괴되었다가 1149년 십자군에 의해 완전히 새로운 지금의 모습으로 세워졌다.

성묘교회의 예배당 제단 안에 있는 예수님의 묘

그리고 다시 1149년 십자군에 의해 지금의 성묘교회(The Church of the Holy Sepulchre)가 세워지게 되었다.

요한복음은 요셉 외에 또 다른 공회원이었던 니고데모를 언급하고 있다. 그는 아마도 아리마대 요셉이 빌라도를 찾아가 예수님의 시체를 가져오는 사이 예수님의 장사를 실질적으로 준비했던 사람으로 추정된다. 성경은 그가 몰약과 침향 섞은 것을 백 근쯤 가지고 왔다고 전한다(요 19:39). 이렇게 많은 양을 가지고 온 것을 보면 니고데모도 아리마대 요셉처럼 부자였음을 알 수 있다.

당시 이집트에서는 몰약을 가지고 시체가 썩지 않도록 미라를 만들었다. 그러나 유대인들의 장례 풍습에서 몰약은 가루로 만들어서 침향(일명 알로에)과 함께 섞어 시체의 썩는 냄새를 중화시키기 위해 사용되었다. 요셉은 예수님을 세마포에 감싸서 무덤에 안장했다. 성경은 그것을 보기 위해 막달라 마리아와 다른 마리아가 무덤에 왔다고 기록하고 있다(마 27:61). 여기서 다른 마리아는 야고보와 요셉의 어머니 마리아이다.

장사된 다음 날 대제사장과 바리새인들은 빌라도를 찾아갔다. 그리고 사흘 동안 무덤 앞에 파수꾼을 세워서 굳게 지키게 해달라고 부탁했다. 그들은 그 이유를 "저 속이던 자가 살아 있을 때에 말하되 내가 사흘 후에 다시 살아나리라 한 것을 우리가 기억하노니"라고 말했다. 그렇지만 결국 안식일 후 첫 날 새벽에 예수님은 무덤에서 3일 만에 부활하셨다.

C·H·A·P·T·E·R·05

온 땅으로 복음이 전파되는
행전시대로의 여행

[가룟 유다를 대신할 후임자의 선택]

예수님의 부활 승천 후 사도들은 마가의 다락방에 모여 전심으로 기도를 드렸다. 그 와중에 그들은 가룟 유다를 대신할 후임자를 선택하게 되었다. 그 선택의 기준은 요한의 세례로부터 예수님이 부활 승천 때까지 열두 사도와 함께 다닌 사람이어야 한다는 것이었다. 선택의 목적은 다음과 같았다. "우리와 더불어 예수께서 부활하심을 증언할 사람이 되게 하여야 하리라"(행 1:22).

사도들이 가룟 유다의 후임으로 다른 사도를 선택하려고 했던 것은 예수님의 부활하심을 더욱 확실히 증거하기 위함이었다. 어떤 의미에서 이것은 기독교의 핵심이 예수님의 부활에 있다는 것을 간접적으로 보여주는 증거이기도 하다.

예수님의 부활이야말로 초대교회에서 가장 중요한 사건이었으며 사도들은 이를 증거하기 위해 목숨을 바쳤다. 그들은 부활을 통해 예수님이 참된 메시아임을 알게 되었다. 그래서 예수님을 메시아, 구원자로서 전도하기 위해 부활을 우선적으로 증거했다. 예수님의 부활은 믿는 자들을 위해 사망에서 생명으로 부활하게 하는 첫 열매였기에 부활의 전파는 영생의 소망을 전하는 것이기도 했다. 바울은 부활에 대해 다음과 같이 말했다. "그리스도께서 다시 살아나신 일이 없으면 너희의 믿음도 헛되고 너희가 여전히 죄 가운데 있을 것이요"(고전 15:17).

여기서 바울은 부활을 기독교의 본질이라고 말하고 있다. 이런 맥락에서 사도들은 부활을 더욱 잘 전파하기 위해 가룟 유다의 후임자를 정하기로 했다. 거기서 두 사람이 천거되었다. 바사바라 하기도 하고 유스도라는 별명을 가진 요셉과 맛디아였다.

사도들은 기도를 드린 후 봉사와 사도의 직무를 위해 제비뽑기를 통해 맛디아를 선택했다. 그리고 그를 가룟 유다의 후임자로서 사도로 임명했다. 제비뽑기는 구약에서 종교적인 문제를 결정할 때 하나님의 뜻을 묻기 위해 기도와 믿음으로 행해졌다. 맛디아도 이런 전통에 따라 사도로 선택되었던 것이다.

[오순절 성령과 새로 탄생한 교회]

예수님은 부활 후 승천하실 때 제자들에게 성령을 보내주실 것을 약속하셨다. 그리고 성령을 통해 권능을 받고 예루살렘과 온 유대와 사마리아와 땅끝까지 증인이 되리라고 말씀하셨다(행 1:8). 그 말씀에 따라 제자들은 마가의 다락방에서 120명이 모여 기도로 준비했다. 마침내 오순절이 되었을 때 하늘에서 급하고 강한 바람과 불로 성령이 120명의 성도들에게 임했다.

성령을 받은 사람들은 성령으로 충만하여 성령이 말하게 하심을 따라 방언을 하기 시작했다. 그 당시 각지에서 예루살렘으로 온 경건한 유대인들은 자기들의 방언으로 이 무리들이 말하는 것을 보고 놀라워했다. 오순절에 성령이 임하는 사건은 교회가 새롭게 공식적으로 탄생하는 신호탄이었다. 그래서 새롭게 탄생한 교회는 성령을 받은 사람들이 모이는 교회로 출발했다.

오순절사건을 통해 교회는 성령이 임함으로써 시작되었다. 그러므로 교회와 성령은 처음부터 밀접한 관계를 가졌다. 성령을 받지 않는 사람은 진정한 의미에서 교회의 일원이 될 수 없었다. 한편 어떤 이들은 성령을 받은 증거로 꼭 방언을 해야 한다고 주장한다. 물론 초대교회의 역사를 보면 하나님의 복음이 전파되고 성령이 임할 때마다 성령을 받은 사람들이 방언을 했다고 기록하고 있다. 하지만 방언은 성령을 받는 결과의 일부분이지 성령 받음의 필요충분조건은 아니다.

베드로는 이방인들에게 복음을 전할 때 그들에게도 성령이 임하는 것을 보고 놀랐다. 베드로는 그들이 성령을 받는다는 사실을 그들이 방언함을 보고서 알 수 있었다. 이전에 베드로는 유대인의 전통에 따라 이방인과 상종하는 것을 부담스럽게 생각하고 있었다. 더군다나 이방인들에게도 성령이 임하고 구원을 받는다는 사실은 그에게는 있을 수 없는 일처럼 보였다. 따라서 하나님은 그런 그에게 이방인들도 성령을 받는다는 사실을 객관적으로 보여줄 필요가 있었다. 실로 성령을 받는

오순절 성령이 강림하신 마가의 다락방. 마가의 다락방은 다윗 왕의 무덤이 있는 건물 위층에 있다. 이곳은 예수님이 제자들의 발을 씻기신 후 성찬예식을 하신 곳이며(마 26:17-29), 또한 예수님이 부활하신 후 이곳에 모습을 보이신 곳이기도 하다. 예수님이 승천하신 후 오순절에 제자들이 이곳에 모여 기도할 때 성령이 이곳에 강림하셔서 새로운 교회가 탄생하게 되었다(행 2:1-4). 그리하여 마가의 다락방은 모든 교회의 어머니 교회라고 일컫는다.

다는 것은 눈에 보이지 않는 현상이기 때문이다. 그래서 하나님은 베드로에게 오순절 성령이 임할 때 무리들이 방언을 했던 것처럼 이방인들도 방언하는 것을 보여줌으로써 성령이 임한다는 사실을 보여주셨던 것이다.

이런 의미에서 방언은 당시 사도들에게 유대인뿐만 아니라 이방인에게도 성령이 임한다는 사실을 구속사적 차원에서 확실히 증거하는 역할을 했다. 그러므로 방언을 성령을 받는 데 필수적인 요소로 보는 것은 지나친 해석이다. 방언이 성령 받음의 조건이 아님을 바울은 다음과 같이 말한다. "다 병 고치는 은사를 가진 자이겠느냐. 다 방언을 말하는 자이겠느냐. 다 통역하는 자이겠느냐"(고전 12:30).

한편 교회의 시작을 가져왔던 성령에 대해서 또 다른 오해가 있다. 혹자는 사도행전 2장 13장에 "또 어떤 이들은 조롱하여 이르되 그들이 새 술에 취하였다 하더라"는 말씀을 근거로 성령을 받는다는 것은 술 취한 사람처럼 어떤 격정적인 흥분과 감정을 동반하는 것이라고 주장한다. 그러나 술 취함이라는 말은 유대인들의 조롱적 표현이며 사도들의 증거는 아니다. 물론 성령 충만함에 그러한 격한 감정의 동요가 배제된다는 것은 아니다. 그러나 그렇다고 그것을 공식화하여 일반화시키는 것은 잘못이다.

에베소서 5장 18절에서 바울은 "술 취하지 말라. 이는 방탕한 것이니 오직 성령으로 충만함을 받으라"고 말하고 있다. 성령 충만함은 우리의 이성을 마비시켜서 전혀 딴 사람으로 만드는 것이 아니다. 성령은 인격적인 분이시기 때문에 오히려 우리의 인격을 존중하신다. 성경의 역사를 보면 성령이 사람들에게 임할 때 그 사람의 인품, 인격, 사상, 생각을 도외시하지 않는다는 사실을 알 수 있다. 성령 충만함은 오히려 온전함 속에서 하나님을 바라보고 하나님 안에서 기쁨을 찾는 것이다. 그리고 성령의 능력에 온전히 지배를 받아서 자신의 모든 내적 법칙과 감정, 그리고 의지의 특성을 발휘하여 하나님의 뜻을 온전히 수행할 수 있는 상태에 놓이는 것을 뜻한다.

바울이 교회의 성도들에게 "성령으로 충만하라"고 할 때 그 동사는 끊임없이 계속적으로 충만할 것을 의미한다. 성령의 충만함은 일시적인 것이 아니라 항상 반복해서 성취해가는 과정이다. 초대교회의 성도들은 성령을 통해 온전함 가운데 끊임없이 하나님의 뜻을 구하고 하나님 안에서 기쁨을 추구하며 살았다. 그것은 단회적인 행동이 아니라 계속적인 행동이었다.

어떤 이들은 충만함의 의미를 마치 유리병의 물이 모자라 물을 채워 넣듯이 성령을 더 많이 채워 넣는 식으로 해석하는데 이것은 잘못이다. 성령은 인격적인 하나님이시기 때문에 분리되지 않는다. 성령은 우리가 믿을 때 그대로 온전히 우리 안에 내주하신다. "만일 너희 속에 하나님의 영이 거하시면 너희가 육신에 있지 아니하고 영에 있나니 누구든지 그리스도의 영이 없으면 그리스도의 사람이 아니라"(롬 8:9).

그러므로 성령 충만함을 위해 우리가 성령을 더 많이 부어달라고 하는 것은 잘못이다. 이미 성령은 우리 안에 온전히 거하시기 때문이다. 바울이 성령 충만하라고 당부한 것은 성령이 우리 안에 부족해서가 아니라 성령이 우리 안에 거하지만 인간의 연약함으로 그 성령의 지배를 온전히 받지 못하기 때문이다. 결국 성령 충만함이란 성령에 온전히 지배를 받아서 끊임없이 하나님이 주시는 만족과 능력으로 자신을 채우며 사는 것을 뜻한다.

초대교회는 성령 충만함을 통해 매일매일 하나님의 능력과 기쁨을 맛보며 담대하게 전도함으로 성장했다. 또한 새로 탄생한 초대교회는 영적인 특징과 함께 도덕적인 특징을 잃지 않았다. 그리고 무엇보다도 성도들간의 하나됨이 강조되었다. 우리는 그러한 사실을 사도행전 15장에 나오는 예루살렘공회의 결정에서 엿볼 수 있다. 시간이 흐르면서 유대 기독교인과 이방 기독교인 간에 모세의 율법을 지키는 문제로 갈등이 일어났다. 이 갈등 앞에서 초대교회는 지혜롭게 행동하였다.

무엇보다도 이방교회를 향해 우상의 더러운 것과 음행과 목매어 죽인 것과 피를 먹지 말라는 결정을 내려 교회가 갈라지는 것을 막았다. 또한 초대교회는 공동생활을 했다. 모든 재산을 함께 공유하며 생활했던 것이다. 실로 초대교회는 교회의 하나됨을 위해 노력하였다. 결론적으로 초대교회는 성령을 경험하면서 시작되었고, 성령 충만함을 통해 도덕적인 교회, 그리고 하나가 되려고 노력했던 교회였다. 오늘날 교회를 위해 많은 것을 시사해주는, 정말로 귀감이 되는 교회였다.

[성령을 속인 아나니아와 삽비라의 최후는]

하지만 아나니아와 삽비라 사건은 초대교회도 여전히 완전한 교회가 아님을 보여주는 사건이었다. 이 세상에 완전한 교회는 없다. 오직 그리스도의 재림을 통해 천국이 임할 때 비로소 온전한 교회가 이루어질 것이다.

오순절의 성령 강림을 통해 새로 탄생한 초대교회는 서로 공동생활을 할 정도로 성령으로 충만하였다. 성경은 그들은 모이기에 힘쓰며 사도의 가르침을 받고 교제하며 떡을 떼고 기도하기를 전혀 힘썼다고 말한다. 사도행전 2장 44~45절은 다음과 같이 증언하고 있다. "믿는 사람이 다 함께 있어 모든 물건을 서로 통용하고 또 재산과 소유를 팔아 각 사람의 필요를 따라 나눠주며."

초대교회는 이렇게 서로의 물건을 팔아 공동생활을 하였다. 이러한 공동생활은 공산주의의 사유재산 몰수와는 다른 것이었다. 이들은 성령 충만함을 통해 하나님 안에서 기쁨과 만족을 찾았기 때문에 그들이 가진 것을 자발적으로 서로 팔아 공유할 수 있었던 것이다. 그러나 이런 공동생활에 이탈자가 생겨났다. 성령 충만함이 끊임없이 지속되지 못하면 이탈이 일어날 수밖에 없다는 진리를 보여준다. 그 이탈자는 아나니아와 그의 아내인 삽비라였다.

아나니아와 삽비라는 소유를 팔아 얻은 돈을 사도들에게 모두 내놓지 않고 일부를 자신들을 위해 감추었던 것이다(행 5장). 베드로는 아나니아의 마음에 사탄이 들어간 것을 알고 아나니아를 책망했다. 베드로는 아나니아가 성령을 속였다고 지적했다. 베드로는 소유를 팔든 팔지 않든 간에 그것은 아나니아의 자유이며 팔아도 임의로 할 수 있는 것인데 어떻게 하나님을 속이느냐고 그를 꾸짖었다.

아나니아의 행동은 사람을 속인 것이 아니라 성령과 하나님을 속인 것이었다. 성령은 우리로 하여금 결코 억지로 무엇을 강요하시는 분이 아니다. 성령은 자유의 영이시다. 우리로 하여금 자유 안에서 행하게 하신다. 그래서 자발적으로 우리를 움직이게 하신다. 하나님은 우리가 억지로나 인색하게 행하기를 원하시지 않는다. 성령의 역사는 우리로 하여금 자원하여 행동하도록 하는 것이다. 그래서 바울은 성령 충만함으로 섬기는 일에 자원할 것을 이렇게 말하고 있다. "내가 증언하노니 그들이 힘대로 할 뿐 아니라 힘에 지나도록 자원하여 이 은혜와 성도 섬기는 일에 참여함에 대하여 우리에게 간절히 구하니"(고후 8:3-4). 아나니아와 삽비라의 진정한 잘못은 성령을 통해서 자발적인 마음으로 드린 것이 아니라 소유의 일부만을 드려서 결과적으로 하나님과 성령을 속인 것이었다.

베드로의 말이 떨어지자 아나니아는 성령을 속인 대가로 즉시 죽고 말았다. 혹자는 어떻게 아나니아가 죽을 수 있는지, 하나님이 너무 하신 것 아니냐고 반문할 수도 있다. 그러나 은혜가 많은 곳에 심판도 더 혹독한 법이다. 하나님 앞에서는 평신도의 잘못보다 목회자나 교회지도자가 잘못할 때 더 큰 심판이 임한다. 후자는 더 많은 은혜를 받은 자이기 때문이다. 초대교회의 성령의 역사로 아나니아는 성령 충만함을 통해 성령의 은혜, 기쁨, 능력 등을 누구보다도 크게 받았다. 그러므로 그가 인색함으로 성령을 속일 때 일반 사람들보다 더 큰 심판을 받았던 것이다.

아나니아가 죽자 젊은 사람들이 그의 시신을 싸서 장사하러 간 사이 세 시간 후에 아나니아의 아내 삽비라가 들어왔다. 베드로는 삽비라에게 땅을 판 값이 이게 전부인지를 물었다. 남편 아나니아의 일을 모르는 삽비라는 그렇다며 베드로에게 거짓말을 했다. 베드로는 삽비라에게 "주의 영을 시험하려 하느냐. 보라. 네 남편을 장사하고 오는 사람들의 발이 문 앞에 이르렀으니 또 너를 메어 내가리라"(행 5:9) 하고 책망했다. 이 말에 즉시 삽비라도 혼이 떠나 숨을 거두었다. 베드로의 말대로 아나니아를 장사하고 돌아온 젊은 사람들이 다시 그녀의 시신을 메어 남편 곁에 장사하였다. 아나니아와 삽비라의 사건은 성령을 속이는 것이 얼마나 큰 죄인지를 교훈한다. 그래서 바울은 우리 안에 내주하고 있는 성령을 근심하게 하지 말라고 경고한다(엡 4:30).

[초대교회를 위한 일곱 집사의 임명]

오순절의 성령 강림으로 탄생한 초대교회는 초기부터 수적으로 큰 부흥을 이루었다. 초대교회는 성령 충만함을 통한 영적인 교회였지만 하나님과의 관계뿐만 아니라 이웃을 구제하는 문제에 대해서도 소홀히 여기지 않았다. 그런데 구제하는 과정에서 헬라파 유대인과 히브리파 유대인 사이에 갈등이 일어났다(행 6장). 헬라파 유대인들이 자신들에게 속한 과부들이 구제에서 주어지는 음식을 제대로 공급받지 못한다고 불평했다. 여기서 헬라파 유대인들은 헬라어를 말하는 유대인들을 의미한다. 팔레스타인 지역은 오랫동안 그리스(헬라)의 지배하에 있었고 그리스어(헬라어)가 세계 공통어였기 때문에 유대인들 사이에 헬라어를 모국어로 사용하는 이들이 등장했다.

헬라파 유대인들과 히브리파 유대인들 사이의 갈등을 해결하기 위해 열두 사도는 모든 제자를 모아 놓고 구제를 전담할 수 있는 일곱 명의 집사 선출을 결정했다. 교회가 수적으로 부흥하면서 사도들이 직접 구제하는 일을 책임질 수 없었기 때문이었다. 또한 일곱 명의 집사를 임명하기로 결정한 또 다른 목적은 사도들이 말씀 연구에 더욱 전념하기 위함이었다. 교회의 임무는 외형상 크게 두 가지, 즉 말씀 전파와 구제이다. 교회는 이 두 가지가 균형을 이루며 성장해야 한다.

사도들은 일곱 명의 집사 자격 요건을 '성령과 지혜가 충만하여 칭찬받는 사람'으로 정했다. 여기서 지혜는 영적인 지혜뿐만 아니라 세상적인 지혜도 포함한다. 출애굽기에서 하나님은 모세에게 성막을 지을 사람으로 브살렐을 선택하셨다. 하나님은 그에게 하나님의 신을 충만하게 하여 지혜와 총명과 지식으로 성막을 짓게 하셨다. 여기서 언급되는 지혜는 세상적 기술을 의미한다. 그러므로 하나님의 지혜는 인간적인 지혜와 상충되는 것이 아니다.

또한 집사는 사람들로부터 칭찬받는 사람이어야 했다. 영적으로 충만하면서 사람들로부터 인정받는 사람이어야 한다는 것이다. 이와 같이 사도들은 하나님과 사람들 앞에서 칭찬받는 사람을 선택했다. 후에 교회가 성장하고 체계화되면서 사도 바울은 집사의 자격 요건을 더 상세하게 규정했다(딤전 3:1-13).

일곱 집사는 열두 명의 사도들에 의해 결정되지 않고 교회의 온 무리들이 모여서 선출했다. 그래서 오늘날 교회도 안수집사의 선출은 교회의 투표에 의해 결정하는 것이다. 선출된 일곱 명의 집사 이름은 다음과 같다. "스데반, 빌립, 브로고로, 니가노르, 디몬, 바메나, 니골라."

집사들이 선출되자 사도들은 집사들의 임명을 위해 손을 얹고 그들을 안수했다(행 6:6). 안수는 구약의 전통에 의하면 권위를 위탁하는 행위였다. 그래서 모세도 여호수아를 후계자로 임명할 때 안수를 했다(민 27:23). 사도들의 안수도 집사들의 권위가 합법적이며 하나님에 의해 위탁된 권위임을 공표하는 의미가 있었다.

한편 사도행전은 안수를 통해 성령께서 임하는 예를 기록하고 있다(행 8:17, 19:6). 그렇다고 안수 자체를 통해 성령이 임하는 것은 아니다. 기본적으로 성령의 임함은 믿음을 통해 이루어지는 것이다. 안수 때 성령이 임한 것은 하나님이 성령의 역사에 문외한이었던 초대교회에게 교훈하기 위한 목적이 컸다. 다시 말해 하나님은 새신자들에게도 오순절에 내린 똑같은 성령을 받을 수 있다는 것을 전도자들에게 가시적으로 보여주기 위해 전도자들에게 안수를 통해 성령을 부어주셨던 것이다.

그 결과 전도자들은 자신의 안수를 받은 사람들이 성령을 받았을 때 그 성령이 자신과 동일한 성령임을 깨달을 수 있었다. 이런 점에서 안수는 같은 성령을 받았다는 정통성을 보여주기 위한 도구였다. 사실 고넬료의 경우는 안수 없이 성령이 임했다. 그러므로 성령의 임함에 안수가 반드시 동반해야 한다는 주장은 잘못이다. 오늘날 안수기도에 대해 많은 문제가 있다. 안수 자체가 나쁜 것은 아니지만 안수기도를 신비적으로 바라보거나 남용하는 것은 성경적이지 못하다.

[최초의 순교자 스데반의 순종]

일곱 명의 집사 중 스데반의 사역과 행적이 사도행전 6~7장에 기록되어 있다. 스데반은 지혜와 권능이 충만하여 큰 기사와 표적을 행했다. 스데반은 구레네, 알렉산드리아, 그리고 길리기아와 아시아에서 온 유대인의 회당에서 변론을 했다. 이들은 소위 헬라파 유대인들이었기 때문에 스데반이 이들과 함께 회당에 들어가서 복음을 전했다는 사실은 스데반도 헬라파 유대인이었다는 것을 암시한다.

스데반이 성령과 지혜로 말하자 회당의 사람들은 그를 능히 이길 수가 없었다. 그래서 그들은 무리를 선동하여 스데반에 대해 거짓 고소를 유대인의 최고 법정인 산헤드린공회에 했다. 고소의 내용은 스데반이 모세와 하나님을 모독하는 말을 했다는 것이다. 그들은 또한 나사렛 예수가 성전을 헐고 모세의 규례를 고칠 것이라고 말했던 스데반의 말을 인용했다. 그들의 고소는 예수님에 대한 유대인들의 고소와 비슷한 점이 있었다.

산헤드린공회에 끌려 간 스데반은 대제사장 앞에서 긴 연설을 했다. 공회 앞에서 그의 얼굴은 마치 천사의 얼굴과 같이 빛났다. 스데반은 연설에서 이스라엘에게 행하신 하나님의 은혜에도 불구하고 역사적으로 이스라엘이 어떻게 하나님의 명령에 불순종했는지를 열거했다. 먼저 그는 아브라함을 언급하면서 아브라함이 갈대아 우르를 떠나 가나안 땅으로 들어갈 때 곧바로 가나안 땅으로 들어가지 않고 하란에서 그의 아비가 죽을 때까지 기다린 행위는 일종의 불순종이었음을 암시했다. 또한 야곱의 아들들이 요셉을 시기하였던 일과 모세가 애굽에서 고난받는 이스라엘을 구원하려고 할 때 이스라엘이 그를 거절하였던 사실을 지적했다.

이어서 그는 이스라엘이 출애굽하여 광야에서 생활할 때 하나님의 놀라운 기적을 체험하고도 하나님께 순종하지 않고 우상을 만들었던 일을 비난했다. 스데반은 아모스의 말을 인용하며 다음과 같이 말했다. "이스라엘의 집이여 너희가 광야에서 사십 년간 희생과 제물을 내게 드린 일이 있었느냐. 몰록의 장막과 신 레판의 별을 받들었음이여 이것은 너희가 절하고자 하여 만든 형상이로다. 내가 너희를 바벨론 밖으로 옮기리라"(행 7:42-43).

그리고 마지막으로 스데반은 성전에 대한 고소를 의식하고 성전과 관련된 이스라엘인들의 잘못된 선입관을 꼬집었다. 스데반은 솔로몬을 통해 하나님의 성전이 세워졌지만 인간의 손으로 지은 성전은 하나님의 진정한 처소가 될 수 없음을 선지자들의 말을 인용하여 반박했다. "주께서 이르시되 하늘은 나의 보좌요 땅은 나의 발등상이니 너희가 나를 위하여 무슨 집을 짓겠으며 나의 안식할 처소가 어디냐. 이 모든 것이 다 내 손으로 지은 것이 아니냐 함과 같으니라"(행 7:49-50).

스데반은 이스라엘이 하나님이 보낸 선지자들의 말을 듣지 않고 오히려 많은 선지자를 죽임으로써 무죄한 의인의 피를 흘렸다고 증거했다. 자신은 모세의 율법을 모함하지 않았으며 오히려 문제는 유대인들이 하나님의 율법을 받고 지키지 않았다는 데 있다고 역설했다.

이때 스데반은 성령에 충만하여 하늘을 우러러 하나님의 우편에 계신 예수님을 바라보았다. 그는 예수님이 하나님의 우편에 계신다고 사람들에게 외쳤다. 이 말은 예수님이 하나님의 영광의 자리에 있다는 것을 의미하는 것이기에 예수님이 진정한 하나님의 아들 메시아임을 증거하는 말이었다.

스데반의 연설의 핵심은 하나님의 구원과 약속이 성전이 세워지기 전부터 이미 팔레스타인 밖에서 이루어졌다는 사실을 보여주는 데 있었다. 따라서 그의 연설은 유대인들로 하여금 성전에 대한 잘못된 집착을 교정하려는 시도라고 할 수 있다. 그는 예수 그리스도의 대속의 죽음을 통해 성전은 더 이상 필요 없게 되었음을 선언했다. 아브라함의 부름이나 요셉의 이야기, 그리고 미디안 광야에서 모세의 부름, 시내산과 광야에서 하나님의 임재 등은 팔레스타인 밖에서 하나님이 역사하심을 보여주는 것이기 때문에 팔레스타인에 위치한 성전에 대한 집착은 잘못임을 깨우치려고 했던 것이다.

스데반의 연설을 듣고 화가 난 유대인들을 그를 돌로 쳐 죽였다. 유

스데반이 돌에 맞아 죽었다고 전해지는 성문. 그들이 스데반을 죽인 이유는 성경을 보는 눈이 스데반
과 달랐기 때문이다. 유대인들도 성경을 읽었지만 성령의 조명 없이 읽었기 때문에 스데반을 죽음의
자리로 몰아넣었던 것이다.

대인들은 스데반을 죽이고도 자신들의 잘못을 알지 못했다. 유대인들
이 스데반을 죽인 것은 스데반이 언급한 성경 말씀을 몰라서가 아니었
다. 유대인들은 누구보다도 하나님의 말씀에 정통한 자들이었다. 그들
이 스데반을 죽인 이유는 성경을 보는 눈이 스데반과 달랐기 때문이었
다. 유대인들도 성경을 읽었지만 성령의 조명 없이 읽었기 때문에 스데
반을 죽음의 자리로 몰아넣었던 것이다. 여기서 우리는 말씀을 올바로
이해하기 위해 먼저 성령의 조명이 필요함을 다시 한 번 깨닫게 된다.

[사울이라는 청년의 회심]

바울은 성경에서 사울이라고 불리기도 했다. 사울은 히브리 이름으로 '요구된'이라는 뜻이다. 그리고 바울은 라틴어 이름으로 '작다'라는 뜻이다. 혹자는 바울은 회심 전에는 사울이었으나 회심한 후에 바울로 이름을 개명했다고 주장한다. 그러나 그것은 근거 없는 이야기다. 바울은 스데반이 돌로 순교를 당할 때 현장에 있었으며 스데반의 죽음을 당연하게 생각한 사람이었다(행 8:1). 실로 회심 전의 바울은 기독교인들을 멸하기 위해 교회를 핍박했다.

바울의 배경을 보면 그가 철저한 바리새파 교육을 받은 유대인임을 알 수 있다. 그는 자신에 대해서 다음과 같이 말했다. "나는 팔 일 만에 할례를 받고 이스라엘 족속이요 베냐민 지파요 히브리인 중의 히브리인이요 율법으로는 바리새인이요 열심으로는 교회를 박해하고 율법의 의로는 흠이 없는 자라"(빌 3:5-6). 히브리인 중에 히브리인이라는 말은 다소에서 살았지만 이방인의 피가 섞이지 않았고, 헬라파 유대인들처럼 헬라어를 모국어로 쓰지 않고, 대신 히브리어를 배우며 자랐다는 것을 의미한다. 또한 바울은 바리새인으로 자신을 가말리엘의 문하에서 엄한 교육을 받으며 자랐다고 소개했다(행 22:3). 바리새파는 구약의 하나님의 말씀뿐만 아니라 구전으로 내려오는 율법에 관한 전통까지 지키는 사람들이었다. 이들은 율법의 울타리를 쳐서 모르고 짓는 범죄를 미연에 방지할 정도로 철저한 율법주의자들이었다.

바울은 교회를 핍박하기 위해 활동 범위를 예루살렘뿐만 아니라 예루살렘 밖까지 넓혔다. 그래서 바울은 다메섹으로 피신한 그리스도인들을 예루살렘으로 끌어오기 위해 대제사장의 공문을 받고 다메섹으로 갈 정도로 열성을 보였다. 바울이 교회를 핍박한 가장 큰 이유는 그리스도인들이 예수님을 메시아이자 동시에 하나님이라고 전파했기 때문이다. 당시 유대교는 하나님을 한 분으로 믿었기에 바울의 시각에서 예수님을 하나님이라고 전파하는 기독 교도들은 이단자가 아닐 수 없었다. 그러나 회심 이후 바울은 심경의 변화를 일으켜 적극적으로 예수님을 하나님으로 고백하는 자로 변했다.

바울은 빌립보서 2장에서 그리스도께서 어떤 분이신지를 다음과 같이 언급하고 있다. "그는 근본 하나님의 본체시나 하나님과 동등됨을 취할 것으로 여기지 아니하시고"(빌 2:6). 그는 그리스도를 하나님과 동등된 분이라고 말했다. 이 고백은 실로 그의 복음의 시작이기도 했다. 그러면 그는 어떻게 그리스도를 하나님으로 고백할 수 있었는가?

그 계기는 바울이 다메섹에 있는 기독교인들을 잡으러 가는 도상에서 일어났다. 거기서 그는 진정한 예수님의 본모습을 체험할 수 있었다. 다메섹 도상에서 그는 보좌에서 빛난 광채의 옷을 입으신 예수님을 목격했다. 예수님은 그에게 이같이 말씀하셨다. "땅에 엎드려져 들으매 소리가 있어 이르시되 사울아 사울아 네가 어찌하여 나를 박해하느냐"(행 9:4).

이 경험을 통해 바울은 전혀 새로운 것을 보게 되었다. 예수님이 화려한 광채 속에 승귀하셔서 하나님의 영광의 자리에 계신 모습이었다. 순간 바울은 기독교인들이 전파한 대로 예수 그리스도께서 하나님이심을 직접 깨닫게 되었다. 예수님이 단지 위대한 사람이 아니라 하나님의 아들, 즉 하나님이셨다는 사실을 알았을 때 바울의 가치관과 신앙관

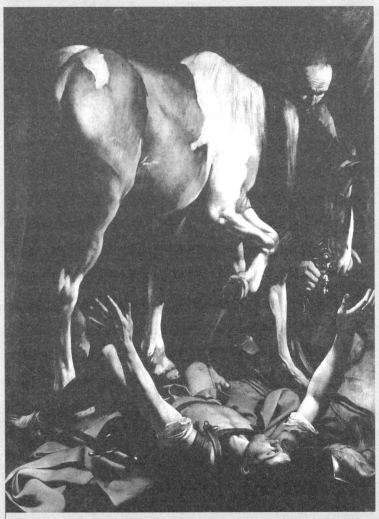

로마 산타마리아델포폴로성당에 있는 카라바조의 〈성 바울의 개종〉(1600~1601년 作). 바울이 예수 그리스도를 하나님이라고 고백하고 전했던 것은 그가 그 놀라운 사실을 다메섹 도상에서 직접 체험했기 때문이다.

다소에 있는 바울의 생가 모습. 현재 남아 있는 일부분의 모습만으로도 그 당시 얼마나 부유한 집안의 사람이었는지 확인할 수 있다.

은 180도 바뀌게 되었다. 그 후 그는 자신의 삶을 바쳐 예수님이 하나님이시라는 사실을 전파하기 시작했다.

사실 예수님이 하나님이라는 사실을 전파한다는 것은 당시 상황에서 어리석은 짓이었다. 이미 유대인들은 유일신 하나님 한 분만을 믿었고, 또한 헬라인들도 육체와 물질은 악하다고 생각했기 때문에 신이 인간의 몸으로 직접 성육신하여 세상에 온다는 것을 믿는다는 것은 사실상 불가능했다. 그럼에도 불구하고 바울이 예수 그리스도를 하나님이라고 고백하고 전했던 것은 그가 그 놀라운 사실을 다메섹 도상에서 직접 체험했기 때문이다.

[핍박당하는 예루살렘교회의 흩어짐]

　　스데반의 죽음으로 예루살렘에 있는 교회에 큰 핍박이 일어났다. 그래서 사도 외에 많은 제자가 유대와 사마리아 모든 땅으로 흩어지기 시작했다. 교회의 핍박은 오히려 다른 지역으로의 전도를 촉진시켜 교회의 분산과 함께 교회의 확산을 가져다주었다. 이런 의미에서 교회의 핍박은 하나님의 섭리이기도 했다.

　　빌립은 사마리아로 가서 전도를 했고, 이것을 계기로 베드로와 요한도 사마리아로 내려가서 사람들에게 성령을 받게 했다. 또한 빌립은 가사에서 내려가 에티오피아의 내시에게 복음을 전하였고, 아소도와 가이사랴에서 하나님 나라의 도를 증거했다. 베드로도 룻다에 내려가서 전도를 하며 거기서 중풍병에 걸린 애니아를 고쳤고, 욥바로 내려가서 죽은 도로가를 살리는 기적을 일으켰다(행 9:32-43). 이렇게 교회의 핍박이 촉진제가 되어 예루살렘 밖에 있는 유대인들은 사도와 제자들의 전도를 통해 그리스도인이 될 수 있었다.

　　베드로는 가이사랴에 있는 고넬료에게 복음을 전하면서 이방인들도 하나님의 말씀을 듣는다는 것을 몸소 체험할 수 있었다. 복음을 통해 이방인들도 하나님이 약속하신 성령을 받을 수 있으리라고는 생각하지 못했던 베드로는 이방인들이 그리스도인이 되는 것을 보고 놀라워했다. 이렇게 교회는 핍박을 통해서 예루살렘 밖에 있는 유대인들에게 복음을 전하게 되었고, 마침내 유대인이 아닌 이방인들에게까지 복음의 손길을 펼칠 수 있게 되었다.

　　물론 오순절 날 각지에서 예루살렘으로 온 경건한 유대인들이 성령 강림을 목격하고 그리스도인으로 회심하고 본향으로 돌아간 이들도 있었다. 그러므로 엄밀히 말해서 교회의 핍박 이전부터 예루살렘 밖에는 이미 복음의 씨앗이 뿌려져 있었다. 그러나 교회의 핍박 이전에는 사도와 제자들의 활동이 예루살렘에 국한되어 있었기 때문에 예루살렘 밖에서는 체계적인 전도와 신앙교육이 이루어지지 못했다.

스데반의 박해로 교회가 분산되는 과정을 누가는 다음과 같이 기록하고 있다. "그때에 스데반의 일로 일어난 환난으로 말미암아 흩어진 자들이 베니게와 구브로와 안디옥까지 이르러 유대인에게만 말씀을 전하는데 그중에 구브로와 구레네 몇 사람이 안디옥에 이르러 헬라인에게도 말하여 주 예수를 전파하니"(행 11:19-20).

교회가 분산되면서 최초로 안디옥에 많은 제자가 생기게 되었고 안디옥에서 예수님을 믿는 사람들은 그리스도인이라고 불리게 되었다(행 11:26). 교회의 확산은 예루살렘에서 사마리아로, 그리고 욥바와 가이사랴와 같은 도성으로 이어졌고, 마침내는 헬라문화의 중심지였던 안디옥까지 펼쳐지게 되었던 것이다. 안디옥은 당시 로마제국의 세 번째 도시로서 팔십만의 인구를 자랑하는 상업도시였다. 이러한 안디옥에 복음이 들어와서 많은 무리가 그리스도인이 되었다는 것은 전적으로 하나님의 은혜였다.

또한 안디옥은 바울의 선교여행을 지원했던 곳이기도 하다. 바울은 안디옥을 기점으로 선교여행을 3차에 걸쳐 수행했다. 이런 점에서 당시 안디옥은 세계 선교의 발판이자 중심지였다. 교회의 핍박을 통해 안디옥에 많은 제자가 생기고, 다시 안디옥은 이방선교의 중심지가 되었다는 것은 하나님의 섭리라고밖에 설명되지 않는다.

시리아 안디옥의 베드로동굴교회. 초대교회 최초로 아시아에 복음이 전파된 선교지 시리아 안디옥(현재는 터키와 시리아의 국경도시). 바위에 굴을 파고 박해를 피해 생활한 흔적들을 곳곳에서 발견할 수 있다. 예루살렘 박해 이후 시리아 안디옥교회가 세계 선교의 전초기지가 되었다.

기독교의 역사를 보면 교회의 성장은 참으로 이러한 핍박을 통해 이루어졌다. 당시에는 핍박이 쓰고 아프나 결과적으로 하나님의 선을 이루는 도구가 되었던 것이다. 바울은 이와 같은 하나님의 섭리에 대해 다음과 같이 말하고 있다. "우리가 알거니와 하나님을 사랑하는 자 곧 그의 뜻대로 부르심을 입은 자들에게는 모든 것이 합력하여 선을 이루느니라"(롬 8:28).

[최초의 이방인 그리스도인 백부장 고넬료]

고넬료는 가이사랴에 주둔하고 있는 로마 군대의 백부장이었다. 가이사랴는 헤롯 대왕이 로마 황제 아우구스투스를 위해 세운 항구도시였다. 헤롯 대왕이 죽은 후에는 가이사랴에 로마 총독이 공식적으로 거주했다. 고넬료는 하나님을 경외하는 경건한 이방인이었다. 그래서 그는 백성들을 많이 구제하고 항상 하나님께 기도했다. 여기서 하나님을 경외하는 경건한 이방인이란 말은 이방인으로서 유대인의 회당에 참석하며 유대의 율법을 지키지만 할례를 받거나 유대인으로 개종하지는 않는 사람들을 말한다.

당시 로마는 황제 숭배를 강요하며 식민지 국가의 종교를 억압했다. 하지만 유대교에 대해서는 관대한 정책을 폈다. 유대교의 도덕성을 높이 평가했기 때문이다. 이런 상황에서 제국 내에 있는 로마 군인들까지 유대교에 관심을 갖는 사람들이 등장할 수 있었다.

고넬료가 제9시쯤에(오후 3시경) 기도를 하고 있을 때 환상 중에 하나님의 사자로부터 욥바에 있는 베드로에게 사람을 보내 그를 청하라는 말씀을 듣게 되었다. 당시 베드로는 욥바에서 죽은 과부 도르가를 살리는 기적을 일으키고 잠시 욥바에 머물고 있는 중이었다. 하나님은 고넬료에게 베드로를 청하라고 한 목적은 고넬료 가족이 하나님의 말씀을 듣고 그리스도인이 될 수 있도록 하기 위함이었다. 이런 의미에서 고넬료는 이방선교의 첫 수혜자라 할 수 있다.

한편 베드로도 욥바에서 기도하는 가운데 환상 중에 하늘에서 큰 보자기와 같은 것이 내려오는 것을 보았다. 보자기 안에는 각색 네 발

가버나움의 회당 유적지. 이 유적지는 예수님 당시의 회당으로 추정된다. 이스라엘 중에서도 이만한 믿음은 만나보지 못하였노라고 칭찬받은 이름 없는 백부장은 아마도 자신의 재산을 희사해 유대인들의 필요에 응답하여 이런 회당을 지어주었을 것이다

가진 짐승과 기는 것과 공중에 나는 것들이 있었다(행 10:9-12). 하나님은 베드로에게 그것들을 먹을 것을 지시하셨다. 율법에 정결하지 못한 것으로 규정한 음식(레 11장)을 먹으라는 명령이셨다. 하나님은 베드로에게 세 번씩이나 같은 명령을 주셨다. 하나님의 명령에 저항하는 베드로에게 하나님은 그것들이 모두 정결하게 되었기 때문에 더 이상 속된 음식이 아니라고 설명해주셨다.

이 환상의 목적은 베드로로 하여금 가이사랴에서 그를 청하러 오는 고넬료의 사람들을 거부하지 말고 그들을 따라가도록 하기 위함이었다. 그리고 신학적으로 이 환상은 복음을 통해 유대인과 이방인 사이에 가장 큰 장벽이었던 음식법이 폐지되었음을 암시하는 것이었다. 그러므로 이제 유대인과 이방인 사이에는 구분이 철폐되고 하나님의 복음이 모두에게 전파될 수 있음을 의미했다.

이 환상 후에 가이사랴에서 고넬료의 사람들이 베드로에게 왔다. 베드로는 하나님의 뜻에 따라 그들과 함께 고넬료의 집으로 갔다. 거기서 그는 자신이 깨달은 하나님의 경륜을 다음과 같이 고백했다. "하나님은 사람의 외모를 보지 아니하시고 각 나라 중 하나님을 경외하며 의를 행하는 사람은 다 받으시는 줄 깨달았도다"(행 10:34-35).

베드로는 고넬료의 집에서 고넬료와 그의 식구들에게 예수님에 관한 말씀을 전해주었다. 베드로가 복음의 말씀을 전하고 있을 때 듣고 있던 사람들에게 성령이 임했다. 베드로는 그들에게 자신에게 내린 동일한 성령이 임한 사실을 그들이 방언하는 것을 보고 알 수 있었다. 실로 오순절 성령 강림을 통해 일어났던 방언의 역사와 똑같은 방언이 그들에게도 일어난 것을 보고 베드로는 고넬료의 사람들에게 성령이 임한 사실을 깨달았던 것이다.

고넬료는 하나님을 사모하는 마음과 경건함으로 인해 최초로 이방인 그리스도인이 되는 영광을 얻게 되었다. 고넬료의 경건은 영적인 차원만을 의미하는 것이 아니었다. 그는 실제로 많은 사람을 구제함으로써 자신의 경건함을 하나님과 사람들 앞에서 드러냈다.

오늘날 사람들은 경건의 의미를 너무 영적인 측면에서만 생각하는 경향이 있다. 그러나 성경에서 말하는 경건은 실질적인 삶의 모습과 밀접한 연관이 있다. 야고보는 경건의 정의를 다음과 같이 내렸다. "하나님 아버지 앞에서 정결하고 더러움이 없는 경건은 곧 고아와 과부를 그

환난 중에 돌보고 또 자기를 지켜 세속에 물들지 아니하는 그것이니
라"(약 1:27). 고넬료의 경건은 오늘을 사는 우리에게 경건의 참 의미가
무엇인지를 보여주는 좋은 본보기이다.

[벨릭스 앞에 선 바울]

　　　　　벨릭스는 노예의 신분에서 자유인이 되어 나중에 유대의 총
독이 된 입지전적 인물이다. 하지만 그는 권력을 쟁취하자 그 권력을
온갖 잔악하고 탐욕적인 방법으로 이용했다. 벨릭스는 점점 막강한 세
력을 형성하고 있던 열심당을 폭력적으로 진압했다. 사도행전 21장 38
절에 의하면 그의 통치시대에 이집트인이 사천의 자객을 거느리고 광
야로 나갔다고 기록하고 있다. 여기서 이집트인은 이집트에 사는 유대
인을 가리킨다. 그는 자신의 추종자들에게 감람산에서 자신이 명령만
하면 예루살렘의 성벽이 무너질 것이라고 거짓 선동했다. 요세푸스에
의하면 이런 사람들은 협잡꾼으로서 민중을 선동하여 사막으로 데려
가 하나님의 기적을 보여준다고 속였다고 한다.
　　바울은 예루살렘의 가난한 사람들을 구제하기 위해 구제물을 가지
고 목숨을 걸고 예루살렘에 왔다(롬 15:25-26). 그는 예루살렘에서 야
고보와 장로들을 만나 그들의 권유에 따라 성전에 들어 결례를 행했다.
그때 아시아에서 온 유대인들이 바울을 보고 그가 성전을 훼방하며 율
법을 헤친다고 선동했다. 선동이 일어나자 천부장은 바울을 군영 안에
가두었다. 그리고 유대인의 공회 앞에서 바울을 심문했다. 그 심문에서

바울은 자신이 단순히 죽은 자의 부활을 믿기 때문에 고소를 당했다고 주장했다. 이 말에 유대인들이 바울을 죽이려고 하자 천부장은 가이사랴에 거하고 있는 총독 벨릭스에게 바울을 보냈다. 이렇게 해서 바울은 총독 벨릭스 앞에서 심문을 받기 위해 서게 된 것이다.

닷새 후에 대제사장 아나니아와 장로들이 가이사랴에 왔다. 그들은 총독 벨릭스를 만나 바울을 송사했다. 그들의 송사 내용은 이러했다. "우리가 보니 이 사람은 전염병 같은 자라. 천하에 흩어진 유대인을 다 소요하게 하는 자요 나사렛 이단의 우두머리라. 그가 또 성전을 더럽게 하려 하므로 우리가 잡았사오니"(행 24:5-6).

이에 총독 벨릭스는 바울을 불러 심문을 시작했다. 먼저 그는 바울에게 자신을 변호할 수 있는 기회를 주었다. 바울은 자신이 결례를 행하면서 아무 행동도 하지 않았고 모의나 소동을 일으킨 적이 없다고 항변하며 자신의 무죄를 주장했다. 더욱이 유대 공회원들은 성전에서 직접 자신을 본 것이 아니기에 송사할 자격이 없다고 말했다.

바울의 말에 총독 벨릭스는 심문을 연기하고 바울을 가이사랴에 가두었다. 하지만 벨릭스는 바울에게 많은 자유를 주었고 친구들이 그를 위해 수종드는 일을 허락했다. 벨릭스는 개인적으로 바울을 불러 자신의 아내 드루실라와 함께 그리스도에 대한 바울의 강론을 듣기도 했다. 여기서 드루실라는 사도행전 24장 24절에 의하면 유대 여자라고 말하고 있다.

벨릭스는 세 번 결혼을 했는데 그중에서 아내로 맞이한 드루실라는 아그립바 1세의 딸이었다. 그녀는 처음에는 에메사의 왕 아시스와 결혼했지만 얼마 지나지 않아 벨릭스가 그녀를 꾀어 아내로 삼았던 것이

에스파냐 엘그레코박물관에 있는 엘 그레코의 〈사도 성 바울〉(1610~1614년 作)

다. 시간이 가면서 벨릭스는 바울이 많은 구제물과 헌금을 가지고 예루살렘에 왔다는 말을 듣고 바울에게 혹시 돈이나 뇌물을 받을 수 있을까 하는 이중적 모습을 보였다.

하지만 벨릭스는 유대인들의 마음을 얻고자 바울을 쉽게 풀어주지는 않았다. 결국 바울은 2년이 지나도록 가이사랴에 있게 되었다. 이 기간에 바울은 모처럼 한가한 시간을 보낼 수 있었다. 아마도 그 기간 동안 구속은 되었지만 자유롭게 친구들과 동역자들을 만나면서 이방 교회의 소식을 계속 들었을 것이다. 그리고 그런 소식에 대한 답장 형식으로 가이사랴에서 여러 서신서들을 기록했을 것으로 추정된다.

[아그립바 앞에 선 바울]

얼마 후 바울은 아그립바 앞에서 자신을 변호하게 되었다. 이 아그립바는 아그립바 2세를 가리킨다. 아그립바 1세는 헤롯 대왕의 손자로서 로마 황제로부터 갈릴리 북동쪽지역을 다스리는 허락을 얻은 자였다. 그 후 유대와 이두매, 그리고 사마리아도 함께 통치할 수 있게 되어 주후 41년부터 그가 죽은 해인 44년까지 헤롯 왕조의 통일 왕국을 다스렸다. 그가 죽은 원인은 사도행전 12장 23절에 의하면 "헤롯이 영광을 하나님께 돌리지 아니하므로 주의 사자가 곧 치니 벌레에게 먹혀 죽으니라"고 기록하고 있다. 여기서 헤롯은 헤롯의 손자인 아그립바 1세를 가리킨다. 아그립바 2세는 이 아그립바 1세의 아들이다. 그의 통치지역은 아버지가 다스린 지역보다 축소되었다. 그는 레바논의 작은 칼시스 지역과 빌립의 옛 왕국, 그리고 그 외에 팔레스타인의 몇 개의 도성을 다스렸다.

벨리스 총독 후임으로 유대 총독으로 베스도가 부임하게 되었다. 베스도가 부임하게 되자 아그립바 2세는 새로 부임된 총독 베스도를 문안하기 위해 가이사랴에 왔다. 기록에 의하면 베스도는 공정한 성품의 사람이었으나 재임기간 중에 갑자기 죽었다고 한다.

베스도도 벨리스와 마찬가지로 유대인들의 호의를 얻기 위해 가이사랴에 갇혀 있는 바울을 예루살렘에서 심문하려고 했다. 이에 바울은 자신이 로마의 시민권자임을 내세워 공정한 심문을 위해 가이샤에게 상소를 했다. 그러는 동안 베스도는 자신을 찾아 온 아그립바 2세에게 바울을 만나 그의 죄목이 무엇인지 심문해 달라고 부탁했다. 이렇게 해서 마침내 바울은 아그립바 2세에게 자신을 변호할 수 있는 기회를 갖게 되었다.

바울은 아그립바 2세가 벨리스 총독보다 더 유대인들의 율법과 관습을 잘 알고 있다는 사실을 알고 그리스도에 대한 그의 복음을 좀 더 강하게 강변했다(행 26:2-3). 바울은 먼저 자신이 고소당한 이유를 과거에 이스라엘 조상들에게 하신 하나님의 약속의 성취를 자신이 단순히 바랐기 때문이라고 설명했다. 그 약속의 핵심은 하나님이 죽은 사람을 다시 살리는 부활의 소망이었다. 그는 자신이 다메섹 도상에서 어떻게 예수님을 만났는지를 증거했다. 그리고 이어서 예수님이 그리스도로서 모세와 선지자들의 예언대로 고난을 받고 죽은 자 가운데서 살아나시고 이스라엘과 이방인들에게 빛을 주셨다고 말했다. 예수 그리스도를 통해 이스라엘과 이방인들이 부활의 소망을 가질 수 있고 구원을 받을 수 있게 되었다는 이야기였다. 이렇게 바울은 자신의 복음이 구약의 예언과 위배되는 것이 아니며 오히려 구약은 예수 그리스도를 증거한다고 아그립바 2세 앞에서 강조했다.

[4차에 걸친 바울의 전도여행]

바울의 전도여행은 죄수의 몸으로 로마에 간 것을 포함하면 총 네 차례의 여행이었다. 바울의 제1차 전도여행 노정은 사도행전 13~14장에 자세히 기록되어 있다. 전도기간은 대략 2년 반으로 전도시기는 주후 47~49년 사이로 추정된다. 제1차 전도여행에서 바울은 바나바와 함께 안디옥에서 선교사로 파송되어 주로 소아시아 지역을 여행했다. 그의 노정은 실루기아, 구브로섬, 살라미, 바보, 밤빌리아, 버가, 비시다아 안디옥, 이고니온, 루스드라, 더베, 루스드라, 이고니온, 비시라아 안디옥, 밤빌리아, 버가, 잇달리아를 통해 다시 실루기와로 와서 안디옥으로 돌아오는 경로였다.

제2차 전도여행은 사도행전 15장 36절에서 18장 22절에 기록되어 있다. 전도기간은 대략 3년간으로 주전 50~53년 사이에 이루어졌다. 그의 전도여행 여정을 살펴보면 수리아 안디옥에서 출발하여 길리기아, 더베, 루스드라, 이고니온, 비시다아 안디옥, 소아시아의 서부지방인 브루기아, 소아시아의 중부지방인 갈라디아, 소아시아의 북부지방인 비두니아, 그리고 소아시아의 서북부지방인 무시아에 도착했다. 거기서 다시 드로아로 가서 유럽선교의 환상을 보고 마케도냐로 갈 것을 결심했다. 마케도냐의 첫 도성인 빌립보에 입성하여 암비볼리, 아볼로니아, 데살로니가, 베레아, 아덴, 고린도, 겐그리아, 에베소를 지나 다시 배를 타고 팔레스타인에 있는 가이사랴 항구에 도착하여 수리아 안디옥으로 돌아왔다.

제3차 전도여행은 사도행전 18장 23절에서 21장 17절에 기록되어 있다. 전도여행 기간은 5년으로 시기적으로 주전 54년 8월에서 58년 오순절까지였다. 전도여행의 노정을 살펴보면 수리아 안디옥에서 출발하여 길리기아, 갈라디아, 부루기아를 거쳐 에베소에 도착했다. 에베소에서 바울은 두란노서원에서 강론하며 2년을 보냈다(행 19:9). 그리고 거기서 마케도냐로 갔고, 다시 소아시아 지방으로 돌아와서 드로아, 일루리곤, 앗소, 미들레네, 기오, 사모섬, 밀레도 항구, 고스, 로도섬, 바다라, 두로, 돌레마이, 가이사랴, 예루살렘으로 돌아왔다.

제3차 전도여행에서 바울은 마게도냐와 아가야 사람들이 예루살렘의 가난한 사람들을 구제하기 위한 구제헌금을 가지고 예루살렘을 방문했다(롬 15:25-28, 고전 16:1-3, 고후 8:1-4). 이 예루살렘 방문에 앞서 바울은 예루살렘에서 자신이 결박당하리라는 예언을 들었다. 그러나 바울은 그 예언에 개의치 않았다. 여기서 바울의 신앙을 말해주는 다음과 같은 유명한 말을 했다. "내가 달려갈 길과 주 예수께 받은 사명 곧 하나님의 은혜의 복음을 증언하는 일을 마치려 함에는 나의 생명조차 조금도 귀한 것으로 여기지 아니하노라"(행 20:24).

결국 바울은 예루살렘에서 유대인의 고소에 따라 결박을 당했다. 그리고 심문을 받기 위해 총독 벨릭스가 있는 가이사랴로 갔다. 가이사랴에서 바울은 황제에게 자신의 문제를 상소하였기 때문에 로마로 압

송되었다. 그 노정을 보면 가이사랴에서 배를 타고 출발하여 시돈, 구브로섬, 무라를 거쳐 미항에 도착했다. 거기서 과동하기 위해 뵈닉스로 가다가 유라굴라라는 광풍을 만났다. 광풍으로 배는 시실리 섬 남쪽에 위치한 멜리데 섬에 정착하게 되었다. 그 섬에서 수라구사로 항해하여 레기온(이탈리아 반도 남단 도시), 보디올(나폴리 만에 있는 항구)을 지나 로마에 입성했다.

바울은 예루살렘으로 가기 전에 로마교회에 보낸 편지에서 로마를 들러서 서바나로 전도여행을 하는 것이 자신의 소망이라고 말했다. 마침내 바울은 그의 소망대로 제국의 도시인 로마에 도착하게 되었다. 비록 죄수의 몸으로 로마에 왔지만 무엇보다 군사들의 호위를 받으며 안전하게 로마에 도착할 수 있었다. 실로 합력하여 선을 이루시는 하나님의 섭리였다. 실제로 바울은 로마에 여러 번 가려고 시도했었다. "형제들아 내가 여러 번 너희에게 가고자 한 것을 너희가 모르기를 원하지 아니하노니 이는 너희 중에서도 다른 이방인 중에서와 같이 열매를 맺게 하려 함이로되 지금까지 길이 막혔도다"(롬 1:13).

바울은 하루빨리 로마에 가기를 원했지만 하나님은 그를 막으셨다. 그때마다 그는 서두르지 않았다. 그는 하나님의 때를 기다렸다. 오히려 바울은 항상 하나님의 뜻 안에서 로마로 갈 수 있는 좋을 길을 허락해 달라고 기도했다(롬 1:10). 여기서 우리는 바울의 신앙을 엿볼 수 있다. 즉 하나님을 앞서지 않고 하나님의 인도하심을 받으며 사역했던 바울의 모습을 보게 되는 것이다.

로마에 가기 전에 바울은 자신의 전도여행을 다음과 같이 평가했다. "내가 예루살렘으로부터 두루 행하여 일루리곤까지 그리스도의 복

터키 에베소에 있는 대원형극장. 에베소 중안에 위치한 대원형극장은 2만 5천여 명을 수용할 수 있는 반원형 로마식 야외극장이다. 공명 상태가 과학적으로 설계되어 극장 내의 모든 사람에게 자신의 뜻을 전달하기에 용이했다. 에베소에 도착한 바울과 요한은 이곳에서 복음을 전했다.

음을 편만하게 전하였노라"(롬 15:19). 일루리곤은 마케도냐의 북서쪽에 위치한 곳이다. 여기서 '두루 행하여'라는 말은 헬라어로 '원을 그리며'라는 뜻이다. 그러므로 바울은 자신의 사역을 예루살렘에서 일루리곤까지 원을 그리는 것에 비유하고 있다. 당시는 세상의 끝이 서바나(스페인)라고 생각했기에 바울은 서바나까지 한 원으로 보고 지금까지의 사역을 반원을 도는 것에 비유했던 것이다. 그리고 나머지 반원을 돌기 위해 로마에서 서바나까지 전도하겠다는 뜻을 밝히고 있다. 이런 점에서 로마는 바울의 전도사역에서 중요한 획을 긋는 곳이었다. 이제 하나님의 섭리에 따라 바울은 로마에 역사적인 발을 내딛게 되었다.

[사도 바울의 육신의 가시는]

"여러 계시를 받은 것이 지극히 크므로 너무 자만하지 않게 하시려고 내 육체에 가시 곧 사탄의 사자를 주셨으니 이는 나를 쳐서 너무 자만하지 않게 하려 하심이라"(고후 12:7). 고린도후서 12장에서 바울은 자신에게 육체의 가시가 있었음을 말하고 있다. 육체의 가시가 무엇이냐에 대한 많은 논란이 있다. 혹자는 그것이 바울을 대적하는 사탄의 세력이라고 말한다. 또한 칼빈과 루터는 바울의 영적 유혹이라고 말하고 있다. 그러나 문맥에서 '육체'라는 말과 '치다'라는 말을 통해, 이것은 바울의 육체적 질병 내지 육체적 흠을 언급한다고 보는 것이 더 옳다. 구약성경 욥기 2장 5절에 보면 사탄이 욥의 몸에 질병을 일으키는 것을 볼 수 있다.

그러면 구체적으로 바울은 어떤 질병을 가지고 있었을까? 이에 대해 여러 추론이 있다. 그중 하나가 눈병이다. 갈라디아서 4장 13~15절에 보면 바울은 자신의 육체의 약함을 얘기하고 갈라디아교회 교인들이 자신의 눈을 그에게 빼어 줄 정도로 사랑했음을 언급하고 있다. 또한 갈라디아서 6장 11절에서는 바울이 큰 글자로 편지를 쓰고 있는 것을 볼 수 있다. 이런 간접적인 증거들을 통해 바울의 가시가 눈병이라는 주장은 신빙성이 높다. 만약 그렇다면 바울의 수많은 전도여행을 고려할 때 눈이 나빴다는 것은 여간 불편한 일이 아니었을 것이다.

또 다른 추론은 바울이 밤빌리아에서 말라리아에 걸렸다는 것이다. 아마도 말라리아에 걸렸더라면 머리의 열 때문에 눈이 잘 보이지 않고 쑤시는 아픔을 당했을 것이다. 또 다른 추론으로는 그의 눌변을 지적한다. 고린도후서 10장 10절에 "그들의 말이 그의 편지들은 무게가 있고 힘이 있으나 그가 몸으로 대할 때는 약하고 그 말도 시원하지 않다 하니"라고 바울의 약점을 언급하고 있으며, 또한 바울 자신도 "내가 비록 말에는 부족하나 지식에는 그렇지 아니하니"(고후 11:6)라고 말하고 있기 때문이다.

어쨌든 바울은 그의 육체적 가시 때문에 하나님께 세 번이나 간구했다. 그러나 하나님은 "내 은혜가 네게 족하도다. 이는 내 능력이 약한데서 온전하여짐이라"고 응답하셨다. 바울이 고린도후서에서 자신의 육체의 가시를 언급한 것은 고린도후서를 바울이 쓰게 된 배경과도 연관이 있다. 당시 고린도후서를 쓰게 된 배경 중에 하나는 고린도교회에 바울에 대한 비판이 일어났기 때문이다. 바울이 사도로서 하나님의 사람이라면 어떻게 그렇게 많은 고난을 가질 수 있겠는가 하는 인신공격이었다. 진정으로 바울이 하나님의 사람이라면 하나님의 보호하심을 통해서 어려움을 당하지 않았을 것이라는 논리였다. 이에 대한 답변에서 바울은 자신을 변호했다.

바울은 자신의 고난에 대해 그것은 오히려 자신에게 큰 유익이 되었다고 말하며 고난의 의미에 대해 이렇게 말했다. "형제들아 우리가 아시아에서 당한 환난을 너희가 모르기를 원하지 아니하노니 힘에 겹도록 심한 고난을 당하여 살 소망까지 끊어지고 우리는 우리 자신이 사형 선고를 받은 줄 알았으니 이는 우리로 자기를 의지하지 말고 오직 죽은 자를 다시 살리시는 하나님만 의지하게 하심이라"(고후 1:8-9). "박해를 받아도 버린 바 되지 아니하며 거꾸러뜨림을 당하여도 망하지 아니하고 우리가 항상 예수의 죽음을 몸에 짊어짐은 예수의 생명이 또한 우리 몸에 나타나게 하려 함이라"(고후 4:9-10). 결론적으로 그는 자신이 오히려 약할 때 강하다고 진리를 강조했다(고후 12:10). 또한 그의 가시는 하나님으로부터 너무 많은 계시를 받았기 때문에 교만하지 않도록 하나님이 허락하신 가시라고 간증했다.

[바울과 다른 사도들 간의 관계는 어땠을까]

앞에서 언급했듯이 바울은 다메섹 도상에서의 회심 이후 그리스도인이 되었다. 회심을 한 후 3년 만에 바울은 바나바의 인도를 받아 예루살렘으로 올라가 거기서 사도들을 만났다(행 9:26-27). 예루살렘에서 바울은 베드로를 보고 그와 함께 15일을 지냈다(갈 1:18-19). 바울은 또한 이후로 예루살렘에 기근이 들었을 때 가난한 자를 돕기 위해 안디옥에서 바나바와 함께 예루살렘으로 파송되기도 했다(행 11:29).

바울은 다시 14년 후에 바나바와 디도와 함께 예루살렘공회에 참석하기 위해 예루살렘을 방문했다. 이 방문의 목적은 이방인 그리스도인들에게 모세의 율법대로 할례를 강요해야 하는가 하는 문제를 다루기 위함이었다(행 15장). 이 예루살렘 방문에서 바울은 예수님의 형제인 야고보를 만났다. 야고보는 베드로가 예루살렘교회를 떠난 후(행 12:7) 실질적으로 예루살렘교회의 수장이었다. 예수님의 형제 야고보는 예

바티칸시국 남동쪽에 있는 성베드로대성당 앞의 사도 바울상

수님의 공생애 동안은 줄곧 믿지 않았다가 예수님의 부활하신 것을 보고 예수님을 그리스도로 믿게 되었다(고전 15:7). 그리스도인이 된 야고보는 그 이후 예루살렘교회의 수장으로서 교회를 지도하게 되었다(행 15:13, 21:18-19). 야고보는 사도는 아니었지만 거의 사도적 위치에서 활동했던 것처럼 보인다.

또한 이 방문에서 바울은 베드로와 요한을 만날 수 있었다(갈 2:9). 바울은 예루살렘공회의 결정에 따라 사도들로부터 이방인 사역을 인정받고 이방인의 사도로서의 역할을 새롭게 부여받았다. 바울은 이 방문의 의의에 대해 다음과 같이 말했다. "베드로에게 역사하사 그를 할례자의 사도로 삼으신 이가 또한 내게 역사하사 나를 이방인의 사도로 삼으셨느니라"(갈 2:8). 그동안 바울의 전도사역은 예루살렘의 사도들에 의존하지 않고 독립적으로 행해졌다. 그러므로 이제 예루살렘공회에서 이방인 사도로 불리게 된 것은 그동안의 이방인 사역을 확증받은 것이라고 평가할 수 있다.

이 예루살렘의 방문 이전, 바울은 1차 전도여행을 마치고 안디옥에 있을 때 그곳에 잠시 머무르던 베드로를 만난 적이 있다(갈 2:11, 행 14:26-28). 베드로는 안디옥에 머무르는 동안 이방인 그리스도인들과 어울리며 생활했다. 그런데 문제가 발생했다. 베드로가 이방인들과 함께 음식을 먹고 있을 때 예루살렘에서 야고보가 보낸 유대 기독교인들을 보자, 할례자들이 볼까봐 두려워하여 먹는 자리를 떠났던 것이다. 바울은 외식하는 베드로를 꾸짖고 할례라는 율법 행위가 아니라 은혜로 구원받는다는 복음의 진리를 다시 확인했다.

바울이 베드로의 잘못을 꾸짖었다는 사실은 바울과 예루살렘의 사도들과의 관계가 종속적인 관계라기보다는 독립적이며 대등한 관계였음을 보여준다. 그러면서 바울은 다른 사도들과 화해와 일치를 위해 노력했던 것 같다.

바울은 분명히 예수님의 열두 제자는 아니었다. 그러므로 바울은 그의 사도직과 관련해서 예루살렘의 사도들과 달리 많은 도전을 받았다. 바울은 자신의 사도직을 다음과 같이 말했다. "나는 사도 중에 가장 작은 자라. 나는 하나님의 교회를 박해하였으므로 사도라 칭함 받기를 감당하지 못할 자니라. 그러나 내가 나 된 것은 하나님의 은혜로 된 것이니 내게 주신 그의 은혜가 헛되지 아니하여 내가 모든 사도보다 더 많이 수고하였으나 내가 한 것이 아니요 오직 나와 함께 하신 하나님의 은혜로라"(고전 15:9-10). 바울은 다른 사도들과 달리 아내를 갖지 않았고(고전 9:4-7) 혼자서 의식주를 해결했다. 그는 오직 주님의 나라를 위해 사역했으며 어느 사도보다도 힘써서 많은 업적을 남겼다.

C·H·A·P·T·E·R·06
믿음의 눈으로 꼭 보아야 할
하나님 나라로의 여행

[열두 제자의 순교]

세배대의 아들 야고보와 요한 중에서 야고보의 순교는 사도행전에 다음과 같이 기록되어 있다. "그때에 헤롯 왕이 손을 들어 교회 중에서 몇 사람을 해하려 하여 요한의 형제 야고보를 칼로 죽이니"(행 12:1-2). 여기서 헤롯 왕은 헤롯 대왕의 손자 헤롯 아그립바 1세를 가리킨다. 헤롯 아그립바 1세는 로마의 가이오 황제에 대한 충성으로 갈릴리와 베뢰아, 그리고 갈릴리 북동쪽을 통치했고, 나중에는 유대, 이두매, 사마리아까지 통치하여 헤롯 대왕 이후 다시 한 번 헤롯 왕국을 통일한 사람이었다. 세배대의 아들 야고보는 이 헤롯 아그립바 1세에 의해 아마도 주후 44년 봄에 처형당했을 것이라고 추정된다.

세베대의 아들 요한은 요한복음에서 예수님으로부터 사랑받는 제자로 불렸다(요 13:23). 요한은 요한복음과 요한일서, 요한이서, 요한

에베소에 있는 누가의 무덤. 한국인 순례자들을 위해 한글로 '누가의 묘'라고 써놓은 푯말이 이채롭다.

삼서, 그리고 요한계시록을 기록했다. 요한은 말년에 밧모섬에 유배되어 죽음을 맞이했다. 밧모섬은 밀레도의 서쪽에 있는 소아시아 해안가의 섬이다.

클레멘트는 요한복음 21장 19절에 예수님이 예언한 말씀대로 베드로가 순교한 것을 언급하고 있다. 그러나 베드로가 어디서 어떻게 순교했는지 구체적으로 말하지는 않는다. 아마도 베드로는 로마에서 네로 황제 때 순교한 것으로 보인다.

한편 베드로가 주님처럼 똑바로 십자가에 달리는 대신 거꾸로 매달려 죽었다는 주장이 제기되기도 하지만 이것은 신빙성이 떨어진다. 어쨌든 베드로는 예수님이 잡히시는 날에 예수님을 세 번 부인한 것에 대한 죄책감으로부터 주님의 치유를 받았고 그 사랑으로 순교하기까지 예수님을 위해 열심히 사역했다.

전설에 의하면 예수님의 제자 빌립은 예수님이 승천하신 후 부르기아에서 전도를 하였고 히엘라볼리에서 순교하였다고 전한다. 다대오라고 불리기도 했던 유다도 전설에 의하면 아라비아와 메소포타미아에서 전도하고 페르시아에서 순교했다고 전해진다.

이처럼 유다를 뺀 예수님의 열두 제자는 대부분 교회의 핍박으로 유배를 당하거나 순교를 당했던 것처럼 보인다. 특별히 네로 황제의 핍박으로 순교는 절정에 이르렀다. 그러나 그들은 순교 앞에서 움츠러들지 않고 오히려 순교를 기쁘게 여겼다.

[모진 박해를 견뎌낸 로마교회]

로마교회의 기원은 오직 간접적인 증거를 통해서만 알 수 있다. 로마서를 썼던 사도 바울은 그 전에 단 한 번도 로마교회를 방문한 적이 없었다. 그러므로 로마서를 써서 보낼 당시 로마교회는 바울 없이 이미 잘 조직된 교회였던 것처럼 보인다. 베드로가 로마교회를 설립했다고 주장하기도 하나 그것은 설득력이 없다.

기록에 의하면 주후 49년에 클라우디우스(글라우디오) 황제가 로마에서 유대인들을 추방했다고 전해진다. 이유는 크리스투스라 불리는 자의 폭동 때문이었다. 이 크리스투스가 그리스도를 언급하는지는 분명하지 않으나, 아마도 이 폭동은 유대 기독교인들과 관련되어 있는 것처럼 보인다. 그렇다면 이것은 주후 49년 전에 그리스도인들이 로마

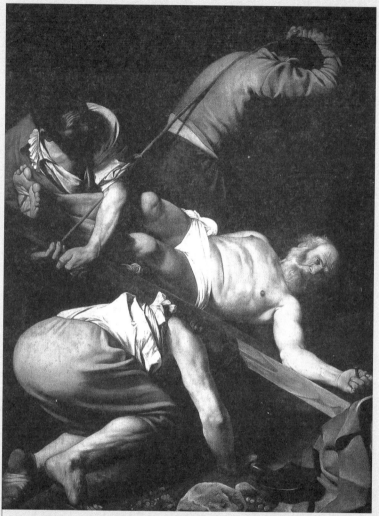

로마 산타마리아 델포폴로성당에 있는 카라바조의 〈성 베드로의 십자가형〉(1600~1601년 作). 베드로 가 예수님처럼 똑바로 십자가에 달리는 대신 거꾸로 매달려 죽었다는 주장이 제기되기도 하지만 이 것은 신빙성이 없다. 어쨌든 베드로는 예수님이 잡히시는 날에 예수님을 세 번 부인한 것에 대한 죄 책감으로부터 주님의 치유를 받았고 그 사랑으로 순교하기까지 예수님을 위해 열심히 사역했다.

카타콤베에서 발견된 물고기 형상. 공교롭게도 물고기를 뜻하는 그리스어는 "그리스도는 하나님의 아들이시며 구원자이시다"라는 말의 첫 글자를 따온 말과 같아서 물고기는 초기 그리스도인들에 의해 교인을 상징하는 암호로 널리 쓰였다.

에서 자리를 잡고 있었다는 방증이다. 실제로 사도행전 18장 1~3절은 다음과 같이 말하고 있다. "그 후에 바울이 아덴을 떠나 고린도에 이르러 아굴라라 하는 본도에서 난 유대인 한 사람을 만나니 글라우디오가 모든 유대인을 명하여 로마에서 떠나라 한 고로 그가 그 아내 브리스길라와 함께 이달리야로부터 새로 온지라. 바울이 그들에게 가매 생업이 같으므로 함께 살며 일을 하니 그 생업은 천막을 만드는 것이더라."

아굴라와 브리스길라는 클라우디우스 황제의 명에 따라 로마에서 추방되어 고린도에 정착한 사람들이다. 고린도에 왔을 때 이들은 이미 그리스도인이었다. 따라서 이 증거는 주후 49년 전에 로마교회가 존재했었다는 것을 보여준다.

사도행전 2장 10절에 보면 "로마로부터 온 나그네 곧 유대인과 유

로마의 칼릭스투스 카타콤베 내부. 카타콤베는 초기 그리스도인들의 신앙이 일궈낸 공동체의 산물이다. 초기 그리스도인들은 사람이 죽은 후 최후의 심판 날이 오면 산 자와 죽은 자들이 모두 죽음에서 깨어나서 부활하게 되며 죽음이란 절망스러운 것이 아니라 영생을 얻기 위한 과정이라고 믿었다. 카타콤베는 부활을 기다리며 잠들어 있는 영혼들의 휴식처였다.

대교에 들어온 사람들"이라는 말이 나온다. 이들은 오순절 날 예루살렘에 왔던 사람들이었다. 이들 중에는 성령의 임재를 통해 예수 그리스도를 믿고 로마로 돌아간 사람들이 분명 있었다. 또한 로마를 방문하는 그리스도인 여행객을 통해 로마에 있었던 초기 기독교 공동체는 바울에 대한 사역과 가르침, 그리고 그 외에 많은 기독교 전승을 듣고 배울 수 있었고, 그것을 기초로 교회를 조직했을 것이라고 추정할 수 있다.

로마교회의 주된 구성원은 로마서를 통해 볼 때 유대 기독교인들이거나 개종한 이방인이더라도 유대인의 색체가 강한 사람들로 이루어졌음을 알 수 있다. 또한 체계적인 교리서로서 로마서의 특징을 고려해볼 때 아마도 로마교회는 사도적 기반이 약했기 때문에 복음의 진수에 대한 체계적인 설명이 필요한 기독교 공동체였을 것이라고 추측할 수 있다.

예루살렘교회가 핍박으로 흩어지면서 당시 정치, 사회, 문화의 중심지였던 로마에 위치한 로마교회는 자연적으로 그 위상이 높아지게 되었다. 그래서 나중에는 로마교회의 수장이 전 세계 교회의 지도자가 되어 교회의 통일성을 이루고 이단을 대적하는 중심세력으로 발전하게 되었다.

[그리스도와 아담에 관한 깊은 상고]

그리스도를 아담과 관련해 체계적으로 설명한 사람은 사도 바울이다. 사도 바울의 회심은 다메섹 도상에서 예수님을 만남으로써 이루어졌고, 그 경험을 통해 바울은 예수님이 하나님이라는 진실을 깨달을 수 있었다.

예수님이 하나님이신 사실을 발견한 바울은 죄 없는 하나님이 왜 이 땅에 오셔서 십자가의 저주를 받으셨을까를 생각하지 않을 수 없었다. 이 물음 앞에서 바울은 성령의 조명으로 그리스도의 죽음이 우리 인간들의 죗값을 치르기 위한 대속의 죽음이었음을 깨닫게 되었다. 그리고 그것이 선지자들의 예언의 성취였음을 알았다. "우리는 다 양 같아서 그릇 행하여 각기 제 길로 갔거늘 여호와께서는 우리 모두의 죄악을 그에게 담당시키셨도다"(사 53:6).

더 나아가 바울은 그리스도의 행동이 아담의 행동과 대조된다는 사실을 발견했다. 아담의 죄는 무엇이었는가? 하나님과 같이 되려고 한 것이었다. 이런 아담의 원죄로 모든 인류에게 죄가 들어왔다. 그런데 하나님이신 예수님은 아담과 반대로 하나님이시지만 하나님과 동등됨을 취할 것으로 여기지 아니하고 오히려 겸손하게 죄인의 몸으로 오셨다(빌 2장). 이렇게 하여 그리스도는 대속의 죽음을 통해 인간에게 죄 용서와 의로움의 은혜를 베풀어주셨다. 이런 점에서 하나님이신 예수 그리스도의 행동과 아담의 행동은 너무나 대조가 된다.

이러한 대조를 통해 사도 바울은 예수 그리스도께서 원래 아담의 원죄를 돌이키는 제2의 아담임을 깨달았다. 따라서 그는 이제 아담을 통해서 죄가 들어온 것같이 제2의 아담인 예수 그리스도를 통해 의가 들어오게 되었다는 진리를 전파했다. 바울은 이 진리를 로마서에서 다음과 같이 말하고 있다. "그런즉 한 범죄로 많은 사람이 정죄에 이른 것같이 한 의로운 행위로 말미암아 많은 사람이 의롭다 하심을 받아 생명에 이르렀느니라"(롬 5:18).

바울은 아담은 단지 하나님의 형상이었던 반면 제2의 아담으로 오신 예수님은 바로 그 하나님의 절대적 형상이라고 강조했다. "그는 보이지 아니하는 하나님의 형상이시요 모든 피조물보다 먼저 나신 이시니"(골 1:15, 고후 4:4, 히 1:3). 그리고 바울은 아담의 범죄로 말미암아 하나님의 형상을 잃은 인간이 하나님의 절대적인 형상인 그리스도의 사역을 통해 다시 하나님의 형상으로 회복될 수 있는 길이 열렸다는 것을 증거했다. "하나님이 미리 아신 자들을 또한 그 아들의 형상을 본받게 하기 위하여 미리 정하셨으니"(롬 8:29).

그러면 우리가 어떻게 그리스도의 형상을 본받아 다시 온전한 하나님의 형상으로 재창조될 수 있을까? 이에 대해 바울은 우리가 그리스도를 구세주로 믿으면 그와 연합하게 되어(롬 6장) 그리스도의 형상으로 옷 입게 된다고 말한다(갈 3:27). 믿음으로 그리스도를 통해 하나님의 형상으로 회복된다는 진리이다.

한편 성도들은 그리스도의 형상으로 옷 입었지만 그 속사람은 아직도 죄인의 모습을 그대로 갖고 있다. 그래서 바울은 아담의 원죄로 잃어버린 하나님의 형상(그리스도의 형상)을 믿음으로 회복했지만 성도들은 속사람까지 그리스도의 형상으로 닮아가기 위해서 노력할 것을 다음과 같이 권면했다. "오직 너희의 심령이 새롭게 되어 하나님을 따라 의와 진리의 거룩함으로 지으심을 받은 새 사람을 입으라"(엡 4:23-24).

여기서 새 사람이란 하나님의 형상으로 새롭게 지음을 받은 사람을 의미한다. 바울은 성도들이 그리스도의 옷(형상)을 입었다고 말하면서도 로마서에서는 그리스도의 옷을 입으라고 말하고 있다(롬 13:14). 그리스도의 사역을 통해 아담이 잃어버린 하나님의 형상이 회복되었지만 아직도 완성된 것은 아니었기 때문이다. 그래서 바울은 계속적으로 새 사람이 되어 하나님의 형상을 이룰 것을 촉구하고 있는 것이다.

바울은 성도들이 실질적으로 하나님의 형상으로 회복되기 위해서는 성령의 능력이 필요하다는 것을 다음과 같이 역설했다. "주의 영광을 보매 그와 같은 형상으로 변화하여 영광에서 영광에 이르니 곧 주의 영으로 말미암음이니라"(고후 3:18). 그러므로 우리의 심령이 실질적으로 그리스도의 형상으로 닮아가기 위해서는 성령을 계속적으로 의지해야 함을 잊지 말아야 할 것이다.

[그리스도인의 결혼에 대하여]

결혼에 대한 성경의 가르침은 다음 구절에 요약되어 있다. "이러므로 남자가 부모를 떠나 그의 아내와 합하여 둘이 한 몸을 이룰지로다"(창 2:24). 결혼은 한 몸을 이루는 것이기 때문에 배우자의 부정을 제외하고는 사람에 의해 인위적으로 나뉠 수 없다. 그래서 예수님도 결혼을 취소할 수 있는 근거는 오직 '간음죄'라고 지적하셨다(마 5:32).

성경은 잡혼을 배격한다. 혹자는 아브라함이 하갈을 취한 예를 통해 두 아내를 거느릴 수 있다고 주장하기도 하지만 그것은 잘못이다. 이미 창세기 서두에서 하나님은 결혼제도를 남자와 여자 각 한 명으로 제한하여 한 몸을 이루라고 말씀하셨다. 아브라함의 경우는 인간적인 방법으로 하나님의 명령을 어기면서 취한 것이기에 나중에 엄청난 고통을 당해야 했다.

바울은 그리스도인의 결혼에 대해 "그러므로 사람이 부모를 떠나 그의 아내와 합하여 그 둘이 한 육체가 될지니"(엡 5:31)라고 하면서 창세기에 기록한 하나님이 계획대로 한 몸을 이루며 연합할 것을 재강조했다. 그리고 고린도전서 7장에서는 다음과 같이 말했다. "음행을 피하기 위하여 남자마다 자기 아내를 두고 여자마다 자기 남편을 두라"(2절). 즉 결혼은 음행을 피하는 수단임을 지적하고 있다. 이것은 결혼 당사자는 결혼 전까지 순결을 유지할 것을 뜻하는 것이기도 하다. 계속해서 바울은 그리스도인의 성생활은 자신을 위한 것이 아니라 배우자를 위한 것임을 말한다. "아내는 자기 몸을 주장하지 못하고 오직 그 남편이 하며 남편도 그와 같이 자기 몸을 주장하지 못하고 오직 그 아내가 하나니"(고전 7:4). 성적 쾌락은 자신을 위한 것이 아니라 배우자를 위한 것이기 때문이다.

바울은 에베소서에서 남편과 아내의 역할을 설명했다. 특별히 바울은 아내에 대해 다음과 같이 말했다. "아내들이여 자기 남편에게 복종하기를 주께 하듯 하라"(엡 5:22). 많은 남편이 바울의 이 말을 인용하여 자신의 아내에게 남편에 대한 무조건적인 복종을 요구한다. 그러나 그것은 바울의 의도가 아니다. 사실 복종하라는 말은 원문에는 없다. 그래서 실제로 어떤 번역판은 '복종하다' 라는 말을 이탤릭체로 써서 그 말이 원어에 없는 단어임을 표시하기도 한다. 문자적으로 22절을 번역하면 '아내들은 남편들에게 주님께 하듯' 이라고 해야 된다. '복종하다' 라는 말은 앞 절에서 "그리스도를 경외함으로 피차 복종하라"(21절)는 말에서 유추하여 22절에 덧붙여진 것이다. 21절과 22절을 문자적 번역하면 다음과 같다. "그리스도를 경외함으로 피차 복종하라(자신을 밑에 놓음으로써). 아내들이여 자기 남편에게…."

여기서 바울은 먼저 피차 복종하라고 명령하고 있기에 아내만 복종해야 한다는 논리는 바울의 의도가 아니다. 아내가 복종해야 할 것을 강조한다면 남편도 아내에게 복종해야 한다는 것을 같이 언급해야 한다. 그렇지 않으면 '피차 복종하라'는 말과 모순된다.

바울은 "이는 남편이 아내의 머리 됨이 그리스도께서 교회의 머리 됨과 같음이니 그가 바로 몸의 구주시니라"(엡 5:23)고 말하고 있다. 이 말을 갖고 혹자는 남편이 아내의 머리이기 때문에 남편은 아내 위에서 군림하는 자라고 주장하기도 한다. 그러나 이 주장은 바울의 의도와는 거리가 멀다. 남편이 아내의 머리라는 진술은 그리스도께서 교회의 머리됨으로 비유되고 있다. 하지만 이 그리스도의 머리되심은 군림이 아니다. 그리스도께서 교회를 위해 머리가 되신 것은 희생과 자기를 내어줌으로써 이루어진 것이다.

또한 그리스도는 머리가 되려고 하는 사람들에게 먼저 섬기는 종이 될 것을 명령하셨다. "너희 중에 큰 자는 너희를 섬기는 자가 되어야 하리라. 누구든지 자기를 높이는 자는 낮아지고 누구든지 자기를 낮추는 자는 높아지리라"(마 23:11-12).

결론적으로 남편은 희생과 봉사로 아내를 섬기고 아내도 남편을 복종하고 섬김으로써 피차 복종하는 관계를 가져야 한다. 서로 지배하고 군림하려는 자세는 아담의 타락을 통해 결혼생활에 들어온 잘못된 모습이다. "또 여자에게 이르시되 내가 네게 임신하는 고통을 크게 더하리니 네가 수고하고 자식을 낳을 것이며 너는 남편을 원하고 남편은 너를 다스릴 것이니라 하시고"(창 3:16). 이것은 결코 하나님의 계획이 아니셨다. 이제 그리스도를 통해 하나님의 형상으로 회복된 그리스도인들은 서로를 지배하고 다스리는 관계에서 벗어나야 한다.

「 초대교회의 논쟁거리,
우상에게 바쳤던 제물 」

바울은 우상의 제물을 먹는 문제를 가지고 특별히 고린도교회에게 교훈을 주었다(고전 8장). 바울이 활동했던 당시에는 많은 지역에서 헬라와 로마 신들을 위한 희생제사가 지내졌다. 우상에게 희생으로 드린 제물들은 일부만 제단 불에 태워지고 나머지는 제사장이나 경배자들에게 돌리거나 시장에서 팔았다. 어떤 사람들은 우상의 제물을 집에 가져와 손님을 초대하고 제물을 먹으며 연회를 베풀기도 했다. 또한 사람들은 시장에서 우상의 제물 고기를 모르고 살 수도 있었다.

이런 상황 때문에 초대교회에서 우상의 제물을 먹는 문제는 큰 논쟁거리였다. 사도행전 15장을 보면 교회는 이미 예루살렘공회에서 이방인 기독교도들에게 우상의 더러운 것과 음행과 목메어 죽인 것과 피를 멀리하라고 결정했었다(행 15:20). 여기서 우상의 더러운 것이란 우상에게 바쳐져서 더러워진 제물을 가리킨다.

그러나 의도적으로 우상의 제물을 피한다고 해도 우상의 제물이 이미 생활 속에 깊숙이 스며들어 있었기에 여간 힘든 문제가 아니었다. 이에 대해 바울은 기본적으로 우상은 아무것도 아니며 음식은 하나님

런던 바티칸박물관에 있는 아데미 여신상. 아데미 여신은 그리스 신화에 나오는 제우스의 딸로서 풍요와 다산을 주관한다고 믿었다. 아데미 여신의 머리에는 바벨론을 상징하는 성을 조각해 놓았고 황소 고환 24개를 걸치고 있다.

이 주신 것이기 때문에 자유롭게 먹을 수 있다고 말했다. 이런 바울의 말은 예수님의 말씀과도 일치한다. "입으로 들어가는 것이 사람을 더럽게 하는 것이 아니라 입에서 나오는 그것이 사람을 더럽게 하는 것이니라"(마 15:11).

그러나 다른 한편에서 바울은 믿음이 연약한 자를 위해 우상의 제물을 먹지 말 것을 또한 권고한다. 이제 막 우상을 버리고 그리스도인이 된 성도들에게는 우상의 제물에 대한 옛날 생각을 떨쳐버린다는 것이 결코 쉬운 일은 아니었다. 그 때문에 다른 성도들이 그들 앞에서 우상의 제물을 먹는다면 그들에게는 시험거리가 될 수도 있었다. 올바른 지식을 가졌다면 우상의 제물은 아무것도 아니지만 새신자들에게는 그런 지식과 믿음이 없기 때문에 바울은 그들을 위해 삼갈 것을 권면했던 것이다. 참된 지식을 가진 사람이라면 거리낌과 의심 없이 우상의 제물을 먹을 수 있다. 하지만 바울은 하나님 앞에서 인정받는 사람은 그런 지식을 소유하는 사람이 아니라 사랑하는 사람이라는 것을 말했다. "우상의 제물에 대하여는 우리가 다 지식이 있는 줄을 아나 지식은 교만하게 하며 사랑은 덕을 세우나니"(고전 8:1).

그러므로 바울은 믿음이 있는 자는 사랑을 가지고 믿음이 연약한 자를 위해 우상의 제물을 먹지 말아야 할 것이라고 말했다. 바울은 그리스도인의 자유는 믿음을 전제로 한다는 사실을 강조했다. 그리스도인의 행동에서 믿음이 없는 자유는 방종이며 죄이다. 바울은 그리스도인의 행동 기준은 오직 하나님과의 관계에서 믿음으로 평가된다고 보았다. 하지만 그런 믿음은 자유와 함께 사랑을 동반한다는 것도 잊지 않았다.

우상의 제물에 관한 바울의 진술은 그리스도인의 참된 신앙의 모습을 가르쳐주는 교훈이기도 하다. 바울은 믿음과 자유와 사랑은 서로 균형을 이루어야 한다고 지적했다. 믿음이 연약한 사람이 믿음 없는 자유를 추구할 때 죄가 되는 것처럼 믿음이 강한 사람이 사랑 없는 자유를 추구할 때 그것도 죄가 된다는 사실을 우리에게 일깨워주고 있다.

[성직에 대한 보수와 자비량 선교]

바울은 사도로서 많은 사역을 했지만 다른 사도들처럼 보수를 받지는 않았다. 세상적인 관점에서 그의 직업은 장막을 만드는 일이었다(행 18:1-3). 이런 점에서 바울은 일종에 자비량 선교사였다. 한편 고린도교회에서는 "바울은 사도가 아니기 때문에 보수를 받지 못한다"며 바울의 사도직에 의문을 제기하는 사람들이 생겨났다.

따라서 바울은 고린도교회를 향한 편지 속에서 성직에 대한 보수 문제를 언급하지 않을 수 없었다. 먼저 바울은 성경의 예를 들어 성직자가 보수를 받는 것은 당연한 일이라고 말했다. 곡식을 밟아 떠는 소에게 망을 씌우지 말라는 율법의 말씀처럼 주님의 일을 위해 봉사하는 자들에게 재정적인 부담을 덜어주는 것은 하나님의 뜻임을 지적했다(고전 9:8-12). 또한 성전에서 일하는 사람들이 성전의 일로 생활을 하는 것처럼 성직에 종사하는 사람들도 당연히 보수를 받아야 한다고 말했다. 더 나아가서 바울은 예수님의 말씀을 인용했다. "주께서도 복음 전하는 자들이 복음으로 말미암아 살리라 명하셨느니라"(고전 9:14).

그러면서 바울은 자신도 사도됨을 인하여 보수를 요구할 수 있음을 명확하게 주장했다. "우리가 다른 사도들과 주의 형제들과 게바와 같이 믿음의 자매 된 아내를 데리고 다닐 권리가 없겠느냐. 어찌 나와 바나바만 일하지 아니할 권리가 없겠느냐"(고전 9:5-6).

바울은 자신이 보수를 받지 않는 이유를 설명했다. 바울은 자신이 복음을 전하는 것은 하나님의 은혜이기에 자신이 자랑할 수 없음을 먼저 말했다. 그래서 하나님 앞에서 자신이 상을 얻기 위해서는 보수 없이 사역하는 길밖에 없다는 사실을 밝혔다. "그런즉 내 상이 무엇이냐. 내가 복음을 전할 때에 값없이 전하고 복음으로 말미암아 내게 있는 권리를 다 쓰지 아니하는 이것이로다"(고전 9:18).

또한 바울은 자신이 보수를 받지 않는 또 다른 이유는 복음에 거치는 일을 없애기 위함이라고 말했다. 복음을 전할 때 다른 사람들에게 재정적 짐을 지우지 않게 하여 더 많은 사람을 얻기 위함이라는 뜻이다. 바울은 율법으로는 당연히 보수를 받아야 했지만 율법을 이해하지 못하는 사람들에게 장애가 되지 않도록 마치 율법이 없는 사람처럼 보수를 받지 않았다는 설명이다.

여기서 바울의 복음에 대한 그의 융통적인 자세를 엿볼 수 있다. "약한 자들에게 내가 약한 자와 같이 된 것은 약한 자들을 얻고자 함이요 내가 여러 사람에게 여러 모습이 된 것은 아무쪼록 몇 사람이라도 구원하고자 함이니 내가 복음을 위하여 모든 것을 행함은 복음에 참여하고자 함이라"(고전 9:22-23).

바울이 성직으로 인한 보수를 받지 않았던 것은 복음에 대한 그의 열정을 대변해준다. 다른 사도들처럼 율법의 관례에 따라 보수와 재정적 지원을 요구할 수도 있었지만 율법에 익숙하지 못한 이방인들을 생각해서 재정적 보수를 요구하지 않았던 것이다. 율법보다도 복음에 의한 영혼 구원을 더 급선무로 생각했기 때문이다. 또한 바울이 보수를 받지 않았던 것은 당시 시대적 상황에서 복음 전도가 초보적 단계에 있었고 교회가 체계화되지 않은 미약한 여건도 한몫했다.

고아의 아버지 조지 뮬러도 고아원 사역을 하면서 공식적으로 보수를 정해놓고 성도들로부터 사례를 받지 않았다. 그런 정해진 사례는 하나님을 의지하는 모습이 아니라고 생각했기 때문이다. 뮬러는 순간순간 하나님이 공급해주시는 양식을 받고 사는 것이 믿음의 삶이라고 생각했다. 물론 성직에 대해 보수는 당연한 것이다. 그러나 바울과 뮬러의 예는 한편으로 사역자들에게 재정적 이유가 아니라 하나님 나라의 확장이 사역의 동기가 되어야 함을 다시 한번 깨닫게 해준다.

[교회에서 여자의 지위와 역할은]

바울은 남자와 여자가 그리스도 안에서 동등하다는 사실을 다음과 같이 말했다. "너희는 유대인이나 헬라인이나 종이나 자유인이나 남자나 여자나 다 그리스도 예수 안에서 하나이니라"(갈 3:28). 그러나 바울은 교회 내에서 여자의 역할을 제한하는 듯한 발언을 했다. "여자가 가르치는 것과 남자를 주관하는 것을 허락하지 아니하노니 오직 조용할지니라"(딤전 2:12).

고린도전서 11장 3~16절에서 바울은 어떤 여자들이 예배에서 머리에 쓴 것을 벗고 참석한 행위를 지적하고, 그것은 잘못되었음을 말했다. 바울은 여자들이 예배를 드리거나 기도할 때 머리에 베일을 써야 하며 그 베일은 권위 아래 있는 표라고 말했다(고전 11:10).

또한 고린도전서 14장 33~35절에서는 직설적으로 여자가 해야 할 일을 다음과 같이 말했다. "모든 성도가 교회에서 함과 같이 여자는 교회에서 잠잠하라. 그들에게는 말하는 것을 허락함이 없나니 율법에 이른 것같이 오직 복종할 것이요 만일 무엇을 배우려거든 집에서 자기 남편에게 물을지니 여자가 교회에서 말하는 것은 부끄러운 것이라."

교회 내의 여자의 역할과 지위를 제한하는 바울의 말은 당시 사회적 구조에 대한 바울의 보수적 태도에서 그 이유를 찾을 수 있다. 당시 사회는 남성우월주의 사회였으며 여자는 남자에 종속되어 있었다. 바울의 목적은 당시 사회적 상황을 개혁하는 것이 아니라 우선적으로 복음을 전파하는 것이었다. 사회개혁은 복음전파 다음의 일이었기 때문이다. 그래서 노예제도를 비롯한 사회적 구조에 대해 바울은 상당히 보수적이었다. 바울의 기본 생각은 "각 사람은 부르심을 받은 그 부르심 그대로 지내라"(고전 7:20)는 것이었다.

그러므로 바울은 하나님의 나라가 완성되기까지 과도기적인 상황에서는 교회에서 여자는 남자에게 종속되어야 한다고 보았다. 물론 바울은 여자가 남자와 동등하다는 진리를 천명했다. 심지어 바울은 남편과 아내의 관계에서 남자와 여자는 서로 군림하는 관계가 아니라 피차 복종하는 관계임을 역설했다(엡 5장). 그러나 교회라는 공동체는 남편과 아내의 부부관계가 아니기 때문에 바울은 좀 더 보수적인 태도를 취하여 교회 내에서 여자의 위치와 지위를 제한했다.

실제로 바울은 교회 내에서 여자들이 일으킨 문제를 지적했다. "내가 유오디아를 권하고 순두게를 권하노니 주 안에서 같은 마음을 품으라"(빌 4:2). 여기서 유오디아와 순두게는 빌립보교회의 여자 성도들로서 서로 갈등 관계에 있었던 자들이다. 바울은 이들에게 한 마음을 가질 것을 권면했다. 또한 바울은 교회에서 젊은 과부들의 폐단을 지적했다(딤전 5:11-15).

하지만 교회에서 여자의 지위가 제한되었다고 교회 내의 여자들의 활동이 위축된 것은 아니었다. 바울이 말한 교회 내 여자의 지위는 교회의 지도권에만 해당되는 것이었다. 교회를 다스리는 감독에 대해서 바울은 분명하게 '한 아내의 남편'이라고 말했다. 하지만 집사에 대해서는 여자도 집사가 될 수 있다는 것을 암시했다(딤전 3:10-11).

바울은 로마교회 교인들에게 교회의 일꾼인 뵈뵈라는 여자를 천거했다(롬 16:1). 여기서 뵈뵈는 성경에 기록된 첫 여자 집사이다. 이처럼 초대교회에서 여자들은 교회 내의 일꾼으로서 왕성하게 활동했다. 빌립보교회의 경우는 두아디라 출신의 자색 옷감 장사 루디아가 첫 번째 회심자였다(행 16:14). 빌립보교회는 그녀의 집에서 모임을 시작했고, 그 때문에 적어도 초기 단계에서 루디아의 역할은 무시할 수 없을 정도로 컸다. 또한 앞에서 빌립보교회의 여자 성도인 유오디아와 순두게는 바울이 자신과 멍에를 같이한 동역자로 소개하고 있다(빌 4:3).

바울은 교회 내에서 징계와 같은 중요한 결정에 모든 성도가 참여해야 한다고 말했다. 그러므로 남자나 여자나 똑같이 회중의 일원으로서 그런 결정에 참여할 수 있었다. 이상의 관찰을 종합해 볼 때 초대교회에서 여자의 위치와 역할은 남자와 거의 대등했다는 사실을 알 수 있다.

[불순종으로 타락한 천사, 사탄]

성경은 천사의 타락에 대해 명확하고 구체적으로 말하지 않는다. 베드로후서에서 베드로는 천사의 범죄에 대해서 언급했다. "하나님이 범죄한 천사들을 용서하지 아니하시고 지옥에 던져 어두운 구덩이에 두어 심판 때까지 지키게 하셨으며"(벧후 2:4). 성경은 범죄로 타락한 천사를 마귀라고 말한다. 구체적으로 마귀에 대해 "죄를 짓는 자는 마귀에게 속하나니 마귀는 처음부터 범죄함이라"(요일 3:8)고 말했다.

하나님이 만물을 창조하실 때 천사였던 마귀는 하나님의 명령을 순종하지 않고 타락했다. 하지만 언제 타락했는지 그 시기는 분명하지 않다. 창세기에서 하나님이 모든 만물을 창조하시고 제6일에 보시기에 좋아더라고 선언하셨기 때문에 아마도 천사의 타락은 그 이후일 것으로 추정된다. 일단 타락한 천사들이 등장하면 그 뒤를 이어 많은 천사가 뒤따랐던 것 같다(마 25:41).

마귀가 천사의 직을 버리고 타락하게 된 이유에 대해서 성경은 명확하게 말하지 않는다. 그러나 이에 대해 디모데전서 3장 6절은 한 단서를 보여준다. "새로 입교한 자도 말지니 교만하여져서 마귀를 정죄하는 그 정죄에 빠질까 함이요." 이 말씀을 근거로 천사의 타락은 교만에 있었다고 추정할 수 있다. 아마도 마귀는 하나님이 인간을 만들고 인간에게 세상을 지배할 수 있는 권세를 주시자 반발했던 것처럼 보인다.

바울은 천사와 인간의 관계에 대해서 다음과 같이 말했다. "모든 천사들은 섬기는 영으로서 구원 받을 상속자들을 위하여 섬기라고 보내심이 아니냐"(히 1:14). 그러므로 마귀는 자신이 인간보다 낮아지는 것을 보고 하나님의 명령에 반항하여 타락했다고 할 수 있다. 유다서 1장 6절에 보면 마귀는 천사로서 하나님이 정한 위치를 지키지 않고 처소

사탄. 히브리어로 사탄은 '대적자'를 뜻하며 법률적 맥락에서는 '고발자'를 의미한다. 본래 대천사였던 사탄은 악의 화신, 하나님과 인간의 적으로 변모했다.

를 떠났다고 기록하고 있다. 타락한 천사였던 마귀는 그 후 공중에 권세 잡은 자로(엡 2:2), 그리고 성도를 참소하는 자로(욥 1:6) 나타난다.

요한계시록 12장 1~12절은 마귀의 운명을 이야기한다. 12장 10절은 마귀에 대해 "우리 형제들을 참소하던 자 곧 우리 하나님 앞에서 밤낮 참소하던 자가 쫓겨났고"라고 말하고 있다. 예수님의 사역을 통해 공중에서 권세를 잡고 성도를 유혹하며 하나님 앞에서 성도들을 참소하던 자가 이제 하늘에서 쫓겨나게 되었다는 설명이다. 그래서 지상에 내려와 자신의 때가 얼마 되지 않은 줄 알고 믿는 자들을 유혹하기 위해 혈안이 되어 있는 마귀의 모습을 묘사하고 있다.

성경은 마귀가 거짓말쟁이라고 다음과 같이 말한다. "너희는 너희 아비 마귀에게서 났으니 너희 아비의 욕심대로 너희도 행하고자 하느니라. 그는 처음부터 살인한 자요 진리가 그 속에 없으므로 진리에 서지 못하고 거짓을 말할 때마다 제 것으로 말하나니 이는 그가 거짓말쟁이요 거짓의 아비가 되었음이라"(요 8:44).

거지말쟁이인 사탄은 이제 하늘에서 쫓겨나와 최후의 발악을 하고 있기 때문에 베드로는 성도들에게 깨어 있어야 할 것을 다음과 같이 경고한다. "근신하라. 깨어라. 너희 대적 마귀가 우는 사자같이 두루 다니며 삼킬 자를 찾나니"(벧전 5:8).

[사탄의 지상대리인 적그리스도]

성경에서 적그리스도란 여러 가지 의미를 함축하고 있다. 하지만 무엇보다도 적그리스도는 그리스도를 대적하는 자이다. 그러나 넓은 의미에서 적그리스도는 자칭 그리스도라고 주장하는 자들도 포함된다(막 13:22). 요한은 적그리스도에 대해서 다음과 같은 말했다. "거짓말하는 자가 누구냐. 예수께서 그리스도이심을 부인하는 자가 아니냐. 아버지와 아들을 부인하는 그가 적그리스도니"(요일 2:22). "미혹하는 자가 세상에 많이 나왔나니 이는 예수 그리스도께서 육체로 오심을 부인하는 자라. 이런 자가 미혹하는 자요 적그리스도니"(요이 1:7).

요한에게서 적그리스도는 예수 그리스도께서 하나님의 아들로서 이 세상에 오신 것을 부인하는 자들이었다. 요한이 이 편지를 쓸 당시에는 이단이었던 영지주의가 교회에 큰 해악을 끼쳤다. 영지주의자들은 기본적으로 세상에 육신을 포함한 물질은 악한 것으로 보았기 때문에 하나님이 인간의 몸으로 오신다는 것은 있을 수 없다고 주장했다. 그래서 그들은 "하나님이 인간의 몸을 입었다"라는 것은 하나님이 잠시 예수의 몸을 빌렸다는 의미로 해석했다. 또한 십자가상에서 하나님이 죽었다는 사실은 있을 수 없는 일이기에 인간 예수가 죽기 전에 하나님이 예수의 몸을 떠났다는 논리를 폈다. 그들은 예수 그리스도께서 하나님의 아들로서 신성과 인성을 동시에 가진 분임을 부인했다. 그래서 요한은 그렇게 주장하는 자들을 적그리스도라고 불렀던 것이다.

바울은 적그리스도에 대해서 데살로니가후서 2장 3절에 다음과 같이 말했다. "누가 어떻게 하여도 너희가 미혹되지 말라. 먼저 배교하는 일이 있고 저 불법의 사람 곧 멸망의 아들이 나타나기 전에는 그날이 이르지 아니하리니." 바울은 최후에 나타나는 적그리스도는 세상 끝에서 전 세계적인 배도가 있은 후 임할 것이라고 말했다.

요한은 당대에 예수 그리스도의 신성을 부인하는 영지주의자들을 적그리스도라고 규정하였던 반면, 바울은 적그리스도가 말세에 나타날 것이라고 말했다. 이런 점에서 이 둘의 시각은 서로 모순되는 것처럼 보인다. 하지만 성경의 관점에서 적그리스도의 의미가 어떤 특정 인물을 가리키는 것이 아니라 예수 그리스도의 메시아 됨과 그의 사역을 대적하는 총체적인 세력을 뜻하는 것으로 이해한다면 요한과 바울의 엇갈린 진술은 충분히 조화될 수 있다. 세상 끝에 분명하게 나타나는 적그리스도는 현재에도 가려진 모습으로 나타날 수 있기 때문이다. 이런 시각에서 요한은 적그리스도의 세력을 당대에 영지주의자들의 모습으로 나타난 것으로 이해했다고 설명할 수 있다.

불법의 아들과 멸망의 아들이라는 바울의 표현은 적그리스도가 하나님의 율법을 반대하는 자이며 그는 최후에 멸망한다는 사실을 암시한다. 바울은 적그리스도가 하나님의 성전에 앉아 자기를 하나님이라고 칭할 것이라고 예언했다. 또한 적그리스도는 모든 능력과 표적과 거짓 기적으로 임하게 될 것을 강조했다(살후 2:9).

그러나 재미있는 것은 적그리스도는 사탄이 아니라는 사실이다. 바울은 적그리스도에 대해 그가 "악한 자의 나타남은 사탄의 활동을 따라 모든 능력과 표적과 거짓 기적과 불의의 모든 속임으로"(살후 2:9-10) 임할 것이라고 말했다. 마치 예수 그리스도가 하나님의 아들이면서 하나님 아버지가 아닌 것처럼 세상 끝에 나타날 적그리스도도 사탄과는 구별된다는 것이다. 일반적으로 적그리스도는 사탄으로부터 권세를 위임받아 사탄의 왕국을 적극적으로 성취하는 사탄의 지상 대리인 세력이다. 그리고 최후의 적그리스도는 세상 끝에 나타나서 사탄의 통치를 전 세계적으로 가시화하는 인물이다.

적그리스도는 다시 요한계시록에서 언급된다. 요한계시록에서는 적그리스도라는 용어를 사용하지 않지만, 적그리스도를 암시하는 짐승에 대해서 증거하고 있다. 그 짐승은 무저갱에서 올라와 하나님의 증인들을 죽인다(계 11:7). 이 짐승에 대한 묘사는 요한계시록 13장에서 다시 자세하게 언급된다. "내가 보니 바다에서 한 짐승이 나오는데 뿔

밧모섬에 있는 요한계시 동굴교회 내에 있는 성화. 사도 요한이 하나님의 계시를 받는 모습을 형상화하고 있다.

이 열이요 머리가 일곱이라. 그 뿔에는 열 왕관이 있고 그 머리들에는 신성 모독 하는 이름들이 있더라"(계 13:1).

요한은 여기서 이 짐승이 요한계시록 12장에 나온 용(사탄)으로부터 권세를 받았다고 설명했다. 온 세상은 이 짐승을 따르고 경배할 것이다. 이 짐승은 데살로니가후서 2장에서 하나님의 자리에서 하나님처럼 행동하는 불법의 아들과 많은 공통점을 가지고 있다. 그러므로 또 하나의 적그리스도라고 할 수 있는 이 짐승은 자신을 숭배하기를 거부하는 자들에게 사회적, 경제적 재제를 가한다. 그러나 요한계시록 19장 20절에 의하면 이 짐승은 하나님의 나타나심을 통해 유황불 붙는 못에 던져지게 된다.

⌈ 행위와 열매로 구분되는 거짓 선지자 ⌉

거짓 선지자와 참 선지자의 문제는 구약에서부터 등장하는 문제였다. 특별히 신약에서 거짓 선지자에 대한 진술은 말세에 일어날 적그리스도의 출현과 관련해서 집중적으로 언급된다. 예수님은 거짓 선지자들이 말세에 거짓 그리스도들과 함께 믿는 자들을 유혹하기 위해 많은 기적을 일으킬 것을 말씀하셨다(막 13:22).

여기서 거짓 그리스도는 엄밀히 정의한다면 자칭 스스로를 그리스도라고 하는 자들이다. 하지만 넓은 의미에서 거짓 그리스도는 예수 그리스도의 메시아를 부인하기 때문에 적그리스도의 세력에 속한다. 요한계시록에는 거짓 선지자들이 땅에서 올라온 또 다른 짐승으로 묘사되고 있다. "내가 보매 또 다른 짐승이 땅에서 올라오니 어린 양같이 두 뿔이 있고 용처럼 말을 하더라"(계 13:11). 이 짐승은 후에 거짓 선지자들로 판명되었다(계 16:13, 19:20, 20:10).

거짓 선지자의 정체와 행동에 대해서 요한은 다음과 같이 자세하게 기록하고 있다. "그가 먼저 나온 짐승의 모든 권세를 그 앞에서 행하고 땅과 땅에 사는 자들을 처음 짐승에게 경배하게 하니 곧 죽게 되었던 상처가 나은 자니라. 큰 이적을 행하되 심지어 사람들 앞에서 불이 하늘로부터 땅에 내려오게 하고 짐승 앞에서 받은 바 이적을 행함으로 땅에 거하는 자들을 미혹하며 땅에 거하는 자들에게 이르기를 칼에 상하였다가 살아난 짐승을 위하여 우상을 만들라 하더라"(계 13:12-14).

여기서 먼저 나온 짐승은 용으로부터 권세를 받는 마지막 적그리스도를 뜻한다. 거짓 선지자들은 이 적그리스도의 제사장이 되어 사람들에게 그에 대한 경배를 강요한다. 그리고 거짓 선지자들은 이적과 기적을 베풀어 사람들을 미혹한다고 말한다. 하지만 종말에 하나님은 이들을 적그리스도와 함께 유황불에 던질 것이다. "그들을 미혹하는 마귀가 불과 유황 못에 던져지니 거기는 그 짐승과 거짓 선지자도 있어 세세토록 밤낮 괴로움을 받으리라"(계 20:10).

예수님은 마태복음 7장 산상설교에서 거짓 선지자들의 위험에 대해 다음과 같이 말씀하셨다. "거짓 선지자들을 삼가라. 양의 옷을 입고 너희에게 나아오나 속에는 노략질하는 이리라. 그들의 열매로 그들을 알지니 가시나무에서 포도를, 또는 엉겅퀴에서 무화과를 따겠느냐"(마 7:15-16). 믿는 자들을 미혹하고 적그리스도를 숭배토록 유도하는 거짓 선지자들을 우리가 외형적으로 판단하는 것은 쉬운 일이 아니다. 그들도 양의 옷을 입고 나오기 때문이다. 하지만 예수님은 그들의 행위의 열매로 그들을 구별할 수 있다고 말씀하셨다.

[미혹하는 영을 가르치는 거짓 선생]

요한은 예수 그리스도의 신성을 부인하고 메시아 됨을 거부하도록 가르치는 자들을 적그리스도라고 말했다. 엄격히 말해 이들은 적그리스도라기보다 거짓 선생들이라고 보는 것이 더 정확하다. 하지만 잘못된 가르침을 전하는 거짓 선생들은 예수 그리스도를 대적하는 적그리스도의 세력이라는 점에서 작은 적그리스도라 할 수 있다.

요한은 적그리스도들인 거짓 선생들에 대해 그들이 적그리스도의 영을 받고 잘못된 가르침을 전하는 거짓 선지자라고 표현했다. 이런 의미에서 거짓 선생들은 또한 거짓 선지자와도 중복된다. 이들에 대해서 요한은 다음과 같이 말했다. "예수를 시인하지 아니하는 영마다 하나님께 속한 것이 아니니 이것이 곧 적그리스도의 영이니라. 오리라 한 말을 너희가 들었거니와 지금 벌써 세상에 있느니라"(요일 4:3). "우리는 하나님께 속하였으니 하나님을 아는 자는 우리의 말을 듣고 하나님께 속하지 아니한 자는 우리의 말을 듣지 아니하나니 진리의 영과 미혹의 영을 이로써 아느니라"(요일 4:6). 작은 적그리스도라고 할 수 있는 거짓 선생들은 미혹의 영을 통해 예수 그리스도의 성육신을 부인하며 거짓 선지자처럼 적그리스도에게로 성도들을 유혹한다.

신약성경의 유다서는 당시 참된 기독교 신앙을 해치고 잘못된 교리

에베소에 있는 사도 요한 기념교회. 대지진으로 거의 전부가 파괴되었고 일부 그 잔해만이 사도 요한 기념교회가 있었다는 흔적을 남기고 있다.

와 관습을 가르치는 사람들과 변론하는 내용이다. 잘못된 가르침을 전하는 거짓 선생들에 대해 사도 유다는 그들의 특징을 다음과 같이 열거했다. "이 사람들은 원망하는 자며 불만을 토하는 자며 그 정욕대로 행하는 자라. 그 입으로 자랑하는 말을 하며 이익을 위하여 아첨하느니라"(유 1:16). 베드로는 베드로후서에서 이들 거짓 선생들에 대해 비슷한 용어를 사용하여 비판했다. 즉 그들이 허탄한 자랑과 미혹과 음란으로 사람들을 육체의 정욕에 빠뜨린다고 말했던 것이다(벧후 2:18).

초대교회는 소위 이단자와 같은 거짓 선생들의 잘못된 가르침의 위협에 항상 노출되어 있었다. 그 위협 중에서 크게 두 가지를 지적할 수 있다. 즉 영지주의자와 같이 하나님이신 예수 그리스도의 성육신을 부인하는 가현설과 그리스도인의 자유를 방종으로 만드는 반율법주의가 바로 그것이었다.

후자에 대해 바울은 그리스도의 자유가 방종의 기회가 될 수 없다는 사실을 분명하게 강조했다. "형제들아 너희가 자유를 위하여 부르심을 입었으나, 그러나 그 자유로 육체의 기회를 삼지 말고 오직 사랑으로 서로 종 노릇 하라"(갈 5:13). 또한 바울은 성도들이 경계해야 할 육체의 일을 다음과 같이 지적했다. "육체의 일은 분명하니 곧 음행과 더러운 것과 호색과"(갈 5:19).

참으로 거짓 선생들은 거짓 선지자들처럼 예수 그리스도를 대적하고 적그리스도를 경배하도록 유도한다. 거짓 선생들의 가르침과 미혹은 세상 끝에서 더욱 극성을 부릴 것이다. 그러므로 베드로의 당부처럼 우리는 이들의 유혹에 넘어가지 않도록 항상 깨어 근신해야 할 것이다.

[믿는 자에게 주어지는 영생의 확증]

영생이란 우리 영혼의 구원을 의미한다. 요한복음 3장 16절에 "하나님이 세상을 이처럼 사랑하사 독생자를 주셨으니 이는 그를 믿는 자마다 멸망하지 않고 영생을 얻게 하려 하심이라"고 말씀한다. 또한 성경은 우리가 믿음을 통해 의롭다함과 구원함을 얻는다고 말하고 있다. 따라서 영생이란 구원과 동의어라 할 수 있다.

새 하늘. 하늘과 땅에서 전지전능하신 예수님은 언젠가 다시 올 것이라
고 말씀하셨다. 예언서의 성격을 갖고 있는 요한계시록에는 지옥에 대한
예수님의 최후의 승리와 새 하늘을 창조하시는 하나님의 모습을 생생하
게 묘사하고 있다.

이 구원은 믿는 자에게 주어진다. "내가 복음을 부끄러워하지 아니
하노니 이 복음은 모든 믿는 자에게 구원을 주시는 하나님의 능력이 됨
이라"(롬 1:16). "내 말을 듣고 또 나 보내신 이를 믿는 자는 영생을 얻었
고 심판에 이르지 아니하나니 사망에서 생명으로 옮겼느니라"(요 5:24).

그러면 이런 믿음을 우리가 어떻게 소유할 수 있는가? 결론적으로 그것은 하나님의 은혜이자 선물이다. "우리가 하나님과 함께 일하는 자로서 너희를 권하노니 하나님의 은혜를 헛되이 받지 말라. 이르시되 내가 은혜 베풀 때에 너에게 듣고 구원의 날에 너를 도왔다"(고후 6:1-2). "너희는 그 은혜에 의하여 믿음으로 말미암아 구원을 받았으니 이것은 너희에게서 난 것이 아니요 하나님의 선물이라"(엡 2:8). 그리고 이 구원의 은혜는 회개하는 사람에게 주어진다. "하나님의 뜻대로 하는 근심은 후회할 것이 없는 구원에 이르게 하는 회개를 이루는 것이요 세상 근심은 사망을 이루는 것이니라"(고후 7:10).

성경은 우리가 믿고 회개한다면 영생의 구원을 얻는다고 말한다. 그러면 우리는 그 구원의 확신을 어떻게 얻을 수 있는가?

어떤 이들은 진정으로 믿고 회개하는 사람에게는 격정적인 회심과 함께 구원의 증표로서 방언이라는 외부적인 표시가 동반되어야 한다고 주장한다. 그래서 소위 구원받은 날짜와 시간을 알 수 있어야 한다고 말한다. 그러므로 모태신앙을 가진 사람들에게는 이런 주장이 큰 짐이 아닐 수 없다. 이 주장대로라면 모태신앙의 소유자들은 격정적인 회심과 같은 구원의 증표를 확실히 받지 못하는 경우가 많기 때문에 구원의 확실성에 의구심을 가질 수밖에 없다.

그러나 이런 주장은 잘못이다. 결론적으로 진정으로 믿고 회개한 자는 외부적인 구원의 증표와 상관없이 영생의 구원을 받은 것이라고 성경은 말한다. 우리의 구원의 근거는 우리의 느낌이나 감정이 아니라 하나님의 말씀이기 때문이다. 우리의 판단 기준은 우선적으로 감정이나 체험이 아니라 성경 말씀이다. 믿음이란 이런 하나님의 말씀을 좇는 일체의 모습이다. 하나님은 믿는 자에게 구원을 주셨다고 법정적으로 선언하셨다. 그러므로 우리는 그 말씀에 근거해서 구원을 확신하고 확증하는 것이다.

때때로 우리의 감정은 우리가 여전히 구원과 영생에서 동떨어진 사람처럼 느끼도록 만든다. 실제로 요한일서 수신자들은 믿음을 소유하고 있었지만 자신들의 구원을 확신하지 못했다. 그래서 사도 요한은 그들에게 편지를 쓰면서 편지의 목적을 다음과 같이 말했다. "내가 하나님의 아들의 이름을 믿는 너희에게 이것을 쓰는 것은 너희로 하여금 너희에게 영생이 있음을 알게 하려 함이라"(요일 5:13).

영생의 확증은 우리의 느낌이 아니라 믿는 자들에게 영생을 주신다는 하나님의 말씀에 근거한 것이다. 물론 간접적인 열매로 우리는 우리의 영생을 확신할 수 있다. 그래서 성경은 다음과 같은 것들을 통해 간접적으로 구원을 확신할 수 있다고 말한다.

먼저 그리스도의 계명에 대해 순종하는가 하는 것이다. "우리가 그의 계명을 지키면 이로써 우리가 그를 아는 줄로 알 것이요"(요일 2:3). 여기서 '안다' 는 것은 '믿는다, 의지한다' 라는 말과 동의어이다.

둘째, 그리스도를 닮으려는 자세가 있느냐 하는 것이다. "그의 안에 산다고 하는 자는 그가 행하시는 대로 자기도 행할지니라"(요일 2:6).

셋째, 형제를 사랑하는 것이다. "그의 형제를 미워하는 자는 어둠에 있고 또 어둠에 행하며"(요일 2:11).

그리고 마지막으로 성령의 증거를 통해 영생을 확신할 수 있다는 것이다. "우리에게 주신 성령으로 말미암아 그가 우리 안에 거하시는 줄을 우리가 아느니라"(요일 3:24).

[예수 그리스도의 부활의 증거들]

　　사도 바울은 고리도전서 15장 12~17절에서 그리스도의 부활이 우리의 믿음의 기초이며 기독교에서 가장 중요한 사건이라고 증거한다. 그리고 바울은 17절에서 그리스도께서 사신 것이 없으면 우리의 믿음은 헛되다고 강조한다.

　　기독교의 본질은 예수 그리스도의 부활에 있다. 루터교와 장로교는 서로 차이가 있다. 종교개혁에서 루터는 믿음으로 구원받는다는 이신칭의의 교리로 개혁의 선봉에 섰다. 루터의 개혁은 죄의 문제에서 출발했기 때문에 그의 강조점은 죄 용서를 위해 십자가상에서 죽으신 예수님의 대속의 죽음이었다. 예수님의 죽으심을 통해 우리의 죄가 속죄되었고 의인이 되었다는 사실을 강조하며 가톨릭의 공로 구원을 비난했다. 그래서 오늘날 루터교 교회 안의 십자가에는 항상 인간의 죄를 담당하기 위해 고난 받으시는 예수님이 매달려 있다. 이렇게 해서 예수님의 대속의 죽음으로 죄의 문제가 해결되었다는 것을 부각시킨다.

　　그러나 장로교는 다르다. 장로교 교회 안에서는 예수님이 못 박혀 있는 십자가의 모습을 찾기가 쉽지 않다. 단지 그냥 십자가만을 세워놓을 뿐이다. 여러 가지 이유가 있겠지만 예수님은 우리 죄를 담당하신 십자가의 주님이시지만 동시에 부활하신 승리의 주님이시기 때문이다. 이런 점에서 장로교는 루터교보다 사도 바울의 가르침대로 부활의 의미를 좀 더 강조하고 있다. 이제 기독교의 핵심인 부활의 증거를 생각해보기로 하자.

▶ 예수님의 부활은 사실인가?

죽은 사람이 어떻게 다시 살아날 수 있을까? 참으로 믿기 어려운 일이다. 당시 사도시대에도 그 사실을 믿을 수 없어 부활과 관련해서 많은 이단이 나왔다. "그리스도께서 죽은 자 가운데서 다시 살아나셨다 전파되었거늘 너희 중에서 어떤 사람들은 어찌하여 죽은 자 가운데서 부활이 없다 하느냐"(고전 15:12). "그리스도께서 만일 다시 살아나지 못하셨으면 우리가 전파하는 것도 헛것이요 또 너희 믿음도 헛것이며"(고전 15:14).

이성을 맹신하는 사람들은 부활사건을 합리적으로 해석하려고 한다. 그들은 예수님의 부활에 대해 실제로 부활이 일어난 것이 아니라 제자들이 예수님을 너무나 사모한 나머지 예수님의 부활을 조작하고 전파했다고 주장한다. 또한 어떤 사람들은 다시 사신 예수님을 환상이나 꿈을 통해 본 것을 마치 죽은 예수님이 살아난 것으로 전했다고 말한다.

구체적으로 부활을 반박하는 논리들을 분류하면 다음과 같다. 첫째, 제자들이 밤중에 시체를 훔쳐가서 예수님이 마치 부활하신 것처럼 꾸몄다는 것이다. 둘째, 여인들이 예수님의 무덤을 잘못 찾아가 다른 빈 무덤을 발견하고서 예수님이 부활하셨다고 착각했다는 것이다. 셋째, 예수님은 돌아가신 것이 아니라 기절했을 뿐이라는 것이다. 그래서 무덤의 서늘한 공기에 정신이 들어 소생하셨다는 것이다. 그리고 마지막으로 부활하신 예수님을 직접 보았다는 사람들은 실제로 예수님을 본 것이 아니라 환상이나 심리적인 착각을 일으켰다는 것이다. 그러나 성경은 분명히 예수님은 로마 군인들에 의해 죽으셨고, 3일 만에 부활하셨으며, 소수가 아니라 많은 사람에게 자신을 보이셨다고 증거하고 있다(고전 15장).

부활은 기독교 신앙의 본질이다. 기독교 신앙의 본질인 부활이 제자들의 착각이나 거짓에 의해 만들어졌다면 어떻게 기독교가 예수님의 부활 이후 2천 년이 넘게 그 박해에도 부활 신앙을 유지할 수 있었겠는가? 그리고 어떻게 기독교는 유대인의 핍박에도 불구하고 예수님이 부활하신 날을 토요일 대신 안식일로 지키는 전통을 세울 수 있었겠는가? 부활에 대한 확실한 체험이 없이는 불가능한 일이다. 오히려 부활을 부인하는 주장들은 현대적 역사관과 이성주의에 의해서 초자연적인 사실을 부정하려는 편견 때문이라고 볼 수 있다.

사도 바울의 경우 그는 다메섹 도상에서 부활하신 예수님을 만났다. 혹자는 바울이 다메섹 도상에서 본 예수님은 부활하신 예수님이 아니라 예수님에 대한 환상을 본 것이라고 주장한다. 그러나 만약 바울이 그가 증거한 대로 부활하신 예수님이 아니라 예수님의 환상을 본 것이라면 그리스도인들을 핍박하던 그가 어떻게 모든 유대적 가치관을 버리고 하루아침에 예수님을 메시아나 구원자로 전파할 수 있었겠는가? 어떻게 부활이 없으면 우리의 신앙이 헛것이라고 목숨을 걸고 전파할 수 있었겠는가?

예수님의 형제 야고보도 처음에는 예수님을 의심하여 예수님을 하나님의 아들로 인정하지 않았다. 그러나 그는 예수님의 부활 이후 완전히 다른 사람이 되었다. 예수님의 초자연적인 부활을 그가 직접 목격했기 때문이다. "그 후에 야고보에게 보이셨으며 그 후에 모든 사도에게와"(고전 15:7).

천사 성당. 예수님의 무덤 바깥방으로 천사가 처음으로 예수님을 부활을 선포한 곳에 세워져 있다.

예수님의 제자들은 예수님의 부활 이후 담대하게 예수님을 그리스도인 메시아로 전하기 시작했다. 당시 유대인의 메시아관은 정치적 메시아로서 이스라엘의 대적을 물리치고 이스라엘을 구원하는 메시아였다. 그렇기 때문에 메시아가 사람들로부터 핍박을 받고 십자가에 달려죽는다는 것은 상상할 수도 없었다. 더군다나 유대인들은 나무에 달린 자마다 하나님으로부터 저주를 받았다는 말씀을 알고 있었기 때문에 (신 21:23) 나무에 달려 죽은 예수가 메시아라는 것은 유대인들의 입장에서는 어불성설이었다.

이러한 상황에서 어떻게 제자들이 한목소리로 예수님을 메시아라고 담대히 증거할 수 있었겠는가? 그것은 놀라운 예수님의 부활을 눈으로 직접 체험하고 예수님이 메시아라는 사실을 깨달았기 때문이라고밖에 설명할 수 없다. 그러므로 우리는 예수님이 분명하게 부활하셨다는 것을 두 가지 방법을 통해 알 수 있다. 즉 제자들의 증거와 믿음의 눈이다.

사도들과 제자들은 예수님의 부활을 자신들의 목숨을 걸면서까지 증거했다. 만약 예수님의 부활이 사실이 아니라 제자들이 조작한 것이었다면 어떻게 제자와 사도들이 목숨을 바쳐가면서 증거할 수 있었단 말인가? 역사적으로 당시 예수님의 부활을 증거하는 사람들은 많은 핍박을 받았다. 유대인뿐만 아니라 나중에는 로마인들까지도 핍박을 가했다. 이런 핍박 때문에 신앙의 이탈자도 많이 생겨났다. 그러나 핍박 가운데서도 제자들이 예수님의 부활을 목숨 걸고 증거했다는 사실은 예수님의 부활을 직접 목격했기 때문이라는 방증이다. 그러므로 이러한 간접 증거들을 통해 우리는 예수님의 부활을 믿을 수 있다.

또한 우리는 더욱 확실하게 예수님의 부활을 믿음의 눈을 통해 알 수 있다. 예수님은 의심하는 도마에게 이렇게 말씀하셨다. "너는 나를 본 고로 믿느냐. 보지 못하고 믿는 자들은 복되도다"(요 20:29). 예수님은 우리가 부활을 직접 목격하지는 않았더라도 믿음을 통해 부활 신앙을 갖기를 원하신다. 그리고 그런 믿음을 칭찬하신다. 이성적으로 생각할 때 도마에게 하신 예수님의 말씀은 이치에 맞지 않다. 어떻게 보지도 않고 믿을 수 있단 말인가? 그러나 예수님이 그렇게 말씀하신 이유는 부활 신앙은 보지 않고 믿음의 눈으로 확신할 수 있기 때문이다.

그러면 어떻게 보지 않고 믿을 수 있는 일이 가능할까? 결론적으로 말해서 부활을 믿으려 할 때 성령이 우리 마음속에 확신을 불어넣어주기 때문이다. 이것이 믿음의 신비이다. 그러므로 부활이 역사적인 사건이었다는 것은 목숨까지 희생했던 제자들의 증거와 믿음의 눈을 통해 확신할 수 있다.

▶ 부활의 영적 의미는 무엇인가?

우리가 예수님의 부활을 믿는다 해도 의문은 여전히 남아 있다. 도대체 그것이 나와 무슨 상관이 있느냐 하는 것이다. 예수님이 부활하셨다 하더라도 그것은 어디까지나 예수님 한 개인의 사건이 아니냐고 반문할 수 있기 때문이다. 실로 성경에는 그와 같은 생각을 하는 이단들이(후메내오와 빌레도) 생겨났다. "진리에 관하여는 그들이 그릇되었도다. 부활이 이미 지나갔다 함으로 어떤 사람들의 믿음을 무너뜨리느니라"(딤후 2:18).

이에 대해 성경은 예수님의 부활은 온 인류에게 의롭다함과 영생을 가져다준 세계적 사건이며, 동시에 죄 아래 있는 만물을 다시 회복시키는 우주적인 의미를 갖고 있다고 말한다. 한마디로 죽음의 길에서 생명의 길을 새롭게 열어 우리로 하여금 영생으로 부활할 수 있다는 부활의 소망을 갖게 하는 사건이라고 선언하고 있다.

아담의 범죄로 이 세상에 죄와 사망이 왔고 그 결과로 만물이 사탄의 통치 아래 놓이게 되었다. 그런데 예수님은 자신의 부활을 통해서 세상에 들어온 사망을 이기시고 세상에 의롭다함과 부활과 영생의 소망을 가져다주셨다고 성경은 말한다.

"사망이 한 사람으로 말미암았으니 죽은 자의 부활도 한 사람으로 말미암는도다"(고전 15:21). "예수께서 이르시되 나는 부활이요 생명이니 나를 믿는 자는 죽어도 살겠고 무릇 살아서 나를 믿는 자는 영원히 죽지 아니하리니 이것을 네가 믿느냐"(요 11:25-26). "예수는 우리가 범죄한 것 때문에 내줌이 되고 또한 우리를 의롭다 하시기 위하여 살아나셨느니라"(롬 4:25). "그의 능력이 그리스도 안에서 역사하사 죽은 자들 가운데서 다시 살리시고 하늘에서 자기의 오른편에 앉히사 모든 통치와 권세와 능력과 주권과 이 세상뿐 아니라 오는 세상에 일컫는 모든 이름 위에 뛰어나게 하시고 또 만물을 그의 발 아래에 복종하게 하시고 그를 만물 위에 교회의 머리로 삼으셨느니라"(엡 1:20-22).

이렇게 성경은 예수님의 부활이 온 인류를 위한 우주적인 사건이었음을 말하고 있다. 혹자는 예수님의 부활이 사실이라 할지라도 어떻게 한 개인의 죽음과 부활이 모든 인류의 운명을 좌우할 수 있는 사건이 될 수 있는가 하고 반문할지도 모른다. 그러나 이런 문제 제기는 하나님의 방법을 올바로 이해하지 못한 데서 나온 오해이다.

125가지 테마와 함께 떠나는 바이블 이야기
거침없이 빠져드는 성경 테마 여행

엠마오교회. "그날에 그들 중 둘이 예루살렘에서 이십오 리 되는 엠마오라 하는 마을로 가면서"(눅 24:13). 부활하신 예수님은 엠마오로 내려가는 두 제자를 만나고 같이 식사를 하셨다. 프란시스코수 도회는 글로바의 집으로 간주되는 지점에 이 교회를 세웠다.

구약시대부터 하나님은 항상 미련하고 작은 것을 통해 역사하셨다. 십자가도 마찬가지다. 그래서 고린도전서 1장 18절에 보면 "십자가의 도가 멸망하는 자들에게는 미련한 것이요 구원을 받는 우리에게는 하나님의 능력이라"고 말씀하고 있다.

구약에 보면 하나님은 홍수로 세상을 심판하실 때 한 개인 노아를 택하여 인류를 구원하셨다. 또한 바벨탑사건 이후 위기에 빠진 인류를 구원하기 위해서 하나님은 한 사람 아브라함을 택하여 부르셨다. 당시에 강대국도 많았다. 그러나 하나님은 처음부터 고대 바벨론 같은 강한 나라를 사용하지 않으셨고, 자신의 구원 계획을 이루기 위해 연약한 한 사람 아브라함을 선택하셨던 것이다. 아브라함의 선택은 한 개인적인 사건이었지만 그 후 성경의 증거와 역사는 그 선택이 온 인류의 구원을 위한 중요한 사건이었음을 웅변적으로 보여주고 있다. 하나님은 이렇게 자신의 뜻을 이루기 위해 우리의 상상을 초월하시는 분이다. 우리의 눈으로는 보잘것없는 방법을 통해 하나님은 인류를 위한 자신의 계획을 실행해 나가셨다.

이처럼 인간의 상상을 초월하는 방법으로 구원을 이루시는 이유는 구원이 인간의 판단이 아니라 하나님의 은혜에 의해 이루어진다는 진리를 보여주기 위함이다. 따라서 우리가 구약을 통해 하나님이 한 개인을 택하셔서 구원 계획을 이루어 가신다는 사실을 알고 하나님의 구원 방법을 이해한다면, 예수님의 부활이 개인적인 차원을 넘어 세상에 영생과 의롭다함을 주기 위한 우주적인 사건이었음을 충분히 믿을 수 있다.

▶ 우리는 부활을 어떻게 맞아야 하는가?

이런 부활에 대해 먼저 우리는 그대로 믿고 감사하는 자세를 가져야 한다. 성경은 예수님의 부활로 인해 얻어진 구원은 마지막 날에 우리 몸이 부활될 때 완성된다고 말씀한다. 성경은 하나님 나라가 온전히 도래할 때 하나님이 다시 우리의 몸을 살리실 것이라고 말씀한다.

바울 당시에 부활의 몸에 대해 의문을 제기하는 사람들이 있었다. "누가 묻기를 죽은 자들이 어떻게 다시 살아나며 어떠한 몸으로 오느냐 하리니"(고전 15:35). 이에 대해 바울은 신령한 몸으로 우리가 다시 살 것이라고 말하였다. "육의 몸으로 심고 신령한 몸으로 다시 살아나나니 육의 몸이 있은즉 또 영의 몸도 있느니라"(고전 15:44).

십자가에서 죽으신 후 제자들에게 나타나신 부활의 예수님은 십자가에서 돌아가시기 전의 모습과는 확실히 다른 모습이었다. 그것은 부활한 신령한 몸이었기 때문이다. 그래서 처음에 제자들 중에는 예수님을 즉시 알아보지 못한 사람들도 있었다.

부활하신 예수님의 모습을 통해 우리는 부활의 몸이 어떤 것인지를 어느 정도 짐작할 수 있다. 확실히 부활의 몸은 세상에 있었던 육의 몸과는 다르다. 그것은 신령한 몸이다. 성경은 성도가 부활할 때의 몸은 그리스도의 영광의 몸과 같이 영광의 형체로 변하게 될 것이라고 말씀한다. "그는 만물을 자기에게 복종하게 하실 수 있는 자의 역사로 우리의 낮은 몸을 자기 영광의 몸의 형체와 같이 변하게 하시리라"(빌 3:21).

그렇다고 부활할 우리의 몸이 세상에 있었던 육신의 몸과 전혀 연속성이 없다는 의미는 아니다. 제자들이 부활하신 예수님을 곧 알아봤다는 사실은 우리의 육신의 몸과 부활할 몸에는 어느 정도 연속성이 있음을 암시한다. 그러므로 이 세상의 몸이 부활할 몸과 연관되어 있다는 사실을 알고 항상 우리의 몸이 죄악에 물들지 않도록 정결하게 살 의무가 있다.

"사랑하는 자들아 우리가 지금은 하나님의 자녀라. 장래에 어떻게 될지는 아직 나타나지 아니하였으나 그가 나타나시면 우리가 그와 같을 줄을 아는 것은 그의 참모습 그대로 볼 것이기 때문이니 주를 향하여 이 소망을 가진 자마다 그의 깨끗하심과 같이 자기를 깨끗하게 하느니라"(요일 3:2-3).

"하나님이 주를 다시 살리셨고 또한 그의 권능으로 우리를 다시 살리시리라. 너희 몸이 그리스도의 지체인 줄을 알지 못하느냐. 내가 그리스도의 지체를 가지고 창녀의 지체를 만들겠느냐. 결코 그럴 수 없느니라"(고전 6:14-15).

다시 말해 성경은 우리 몸이 부활하게 될 몸과 연속성을 갖기 때문에 부활의 소망을 가지고 몸을 정결하게 유지하도록 권면하고 있다. 또한 아담의 범죄로 인하여 죽을 수밖에 없는 우리를 위해 예수 그리스도를 세상에 보내시어 십자가에서 우리의 죄를 대속하게 하시고, 3일 만에 부활하시어 예수님을 믿고 영접하는 누구든지 부활의 기쁨을 주시고자 하는 하나님의 사랑을 증거하고 있다.

끝으로 우리는 사도 요한의 다음 말씀을 깊이 새겨 성경의 소중함을 깨닫고 예수님의 재림을 사모하는 재림신앙을 잊지 말자. "내가 이 두루마리의 예언의 말씀을 듣는 모든 사람에게 증언하노니 만일 누구든지 이것들 외에 더하면 하나님이 이 두루마리에 기록된 재앙들을 그에게 더하실 것이요 만일 누구든지 이 두루마리의 예언의 말씀에서 제하여 버리면 하나님이 이 두루마리에 기록된 생명나무와 및 거룩한 성에 참여함을 제하여 버리시리라. 이것들을 증언하신 이가 이르시되 내가 진실로 속히 오리라 하시거늘 아멘 주 예수여 오시옵소서. 주 예수의 은혜가 모든 자들에게 있을지어다. 아멘"(계 22:18-21).